一脉相承

SAME ORIGIN
SAME HERITAGE

A BRIEF HISTORY OF CULTURAL RELATIONSHIP
BETWEEN CHINA AND VIETNAM
BEFORE 1949

中国古代文化
在越南的传播和影响

马达 著

郑州大学出版社

图书在版编目（CIP）数据

　　一脉相承：中国古代文化在越南的传播和影响／马达著. — 郑州：郑州大学出版社，2022.12（2025.8 重印）
　　ISBN 978-7-5645-8509-9

　　Ⅰ.①一… 　Ⅱ.①马… 　Ⅲ.①中华文化 - 文化传播 - 研究 - 越南 　Ⅳ.①G125

中国版本图书馆 CIP 数据核字（2021）第 278865 号

一脉相承：中国古代文化在越南的传播和影响
YIMAIXIANGCHENG：ZHONGGUO GUDAI WENHUA ZAI YUENAN DE
CHUANBO HE YINGXIANG

策　　划	李勇军	封面设计	吴　月　孙文恒
责任编辑	刘晓晓	版式设计	孙文恒
责任校对	暴晓楠	责任监制	朱亚君

出版发行	郑州大学出版社	地　　址	河南省郑州市高新技术开发区
经　　销	全国新华书店		长椿路 11 号（450001）
发行电话	0371-66966070	网　　址	http://www.zzup.cn
印　　刷	河南瑞之光印刷股份有限公司		
开　　本	710 mm × 1 010 mm　1／16		
印　　张	17.25	字　　数	266 千字
版　　次	2022 年 12 月第 1 版	印　　次	2025 年 8 月第 3 次印刷

书　　号	ISBN 978-7-5645-8509-9	定　　价	68.00 元

目　录

绪　论 1

第一章　源远流长：中国文化与越南古代历史 24

第一节　中国文化与越南开国传说 24

第二节　越南古代简史 30

第三节　构成中越文化关系的因素 38

第二章　汉字：中国文化在越南传播的"先驱" 42

第一节　汉字在越南传播的四个阶段 43

第二节　汉字在越南传播的意义 50

第三章　儒家学说在越南的传播和影响 56

第一节　儒家学说在越南的传播 57

第二节　越南儒学的特点 74

第三节　儒学在越南的影响 81

第四章　中国科举制度在越南的传播和影响 87

第一节　中国科举制度的产生及发展 87

第二节　越南的科举制度　　　　　　　　　　　　90

第三节　科举制度对越南社会文化的积极影响　　　99

第五章　道教在越南的传播和影响　　　　　　　107

第一节　道教在越南的传播和发展　　　　　　　108

第二节　道教在越南的兴衰及其原因分析　　　　118

第三节　道教在越南的影响　　　　　　　　　　121

第六章　中国佛教在越南的传播和影响　　　　　127

第一节　佛教在越南的传播　　　　　　　　　　128

第二节　越南禅宗的发展　　　　　　　　　　　135

第三节　佛教在越南的文化影响——以禅宗为例　143

第七章　中国史学对越南的影响　　　　　　　　149

第一节　越南史学对中国史学的体认　　　　　　149

第二节　中国史学对越南史学的影响　　　　　　152

第三节　黎贵惇:中国史学对越南影响的一个范例　156

第八章　中国古代科学技术在越南的传播和影响　161

第一节　中国古代农业文化对越南的影响　　　　161

第二节　中医中药在越南的传播和影响　　　　　166

第三节　中国古代陶瓷技术对越南的影响　　　　175

第四节　中国印刷术在越南的传播及其影响　　　181

第五节　中国建筑技术在越南的传播和影响　　　191

第六节　中国古代天文学在越南的传播和影响　　198

第七节　中国古代数学在越南的传播和影响　　　　203

第八节　中国古代的生产工艺在越南的传播和影响　　209

第九章　互动与反哺：越南文化对中国的影响　　　213

第一节　越南农业生产对中国的影响　　　　214

第二节　阮安：参与建筑明初北京城的越南建筑家　　216

第三节　越南兵制和火器制造技术对中国的影响　　217

余　论　　　　220

参考资料　　　　234

附录一　关于越南"郡县时期"的时间　　　　252

附录二　越南历史简表　　　　254

附录三　十部越南汉文史籍简介　　　　255

附录四　中越医学交流大事记　　　　263

后　记　　　　267

绪　论

一、源远流长的中外关系史研究

从文献记载看，我国的中外关系，最早可以追溯到上古时期。以西汉著名史学家司马迁的《史记·大宛列传》为嚆矢，以后历朝正史都有关于"西域""南海"和"东夷"等的列传，其中就包含中外关系的内容。但真正学术意义上的中外关系史研究，却是从20世纪初开始的。

清代道咸以后，我国历史学家开始关注西北史地资料的整理与研究，并出现了一批较有影响的著作。① 随着西方列强东来，学者们和有识之士开始关注海上交通的研究。魏源先生的《海国图志》等成为传颂一时的名著。②

进入20世纪，这股研究热潮有增无减，著名学者纷纷加入研究的行列中，使得中外关系的研究一时成为显学。例如，梁启超先生著有《中国殖民八大人物传》《祖国大航海家郑和传》。王国维先生也从国学的研究开始涉猎蒙古学和敦煌学的领域，陈垣先生对于西域史和古代西方人进入中国及其宗教历史的研

---

① 参见谢方：《导读》，载冯承钧《中国南洋交通史》，上海：上海古籍出版社，2005年，第1页。据谢方先生介绍，这一时期的主要著作有：何秋涛先生的《朔方备乘》，李文田先生的《元朝秘史注》《朔方备乘札记》，洪钧先生的《元史译文证补》，屠寄先生的《蒙兀儿史记》，丁谦先生对史书《外国传》中地名的考证等。

② 徐继畬先生的《瀛环志略》、梁廷枏先生的《海国四说》等也是当时有影响的著作。

究则取得了开创性成果。经过一个时期的发展，到 20 世纪 30 年代，中国学术
史上的一门崭新的学科门类——"中西交通史"正式出现。

此后，出现了以冯承钧先生、张星烺先生和向达先生为代表的专门治"中
西交通史"的学者。

中国古代对外关系史的研究，基本上是在"中西交通史"的基础上构建的。
上述几位大家可以说是我国治中外关系史的开山鼻祖。这些前辈学者的著译，
内容涵盖古代中国与中亚、东南亚、南亚、西亚、非洲及美洲交往路线的史地
考证和政治、经济、文化上的关系，反映了中国古代与汉字文化圈以外的异域
文明国家之间交往和文化交流的历史。

到 20 世纪 80 年代，中国学者在"中西交通史"的基础上，将这一专门的
学问发展成为"中外文化交流史"和"中外关系史"。从单纯的研究"中西"
到更加广义的"中外"，从单纯的"交通史"到"关系史"，标志着学术界已经
将研究的视野深入，拓展到了经济、政治、文化等诸多领域，把探索的眼光从
西方转换为除中国之外的所有国家和地区。1981 年 5 月成立的具有全国性质的
"中国中外关系史学会"是一个重要标志，而 1987 年由周一良先生主编、河南
人民出版社出版的《中外文化交流史》的问世，则是该学会成立后的第一个重
要成果。

与此同时，国内其他一些学者也开始放弃使用"中西交通史"这一名称。
1985 年，自沈福伟先生的《中西文化交流史》①出版以后，中国学术界基本上
已经不再使用"中西交通史"的名称。此外，还有一些学者开始使用"中国古
代对外关系史"的学科名称，并对这一学科赋予较为明确的定义。比如，张维
华先生在他的著作《中国古代对外关系史》中开宗明义地说："中国古代对外关
系史所要研究的就是 1840 年以前中华民族同世界各民族间进行的政治关系，以
及物质和文化交流的产生和发展的历史。"②这一定义无疑是有道理的，也为学
术界大部分学者所接受。当然，与之相对应的就是"中国现当代对外关系

---

① 该书于 1985 年由上海人民出版社出版发行。
② 张维华主编：《中国古代对外关系史》，北京：高等教育出版社，1993 年，《前言》第 1 页。

史"了。

从上述讨论可以看出，"中外关系史"所研究的领域相当宽泛，凡是涉及历史上中国与外国的关系，举凡政治、经济、文化等诸领域都属于它所涵盖的范畴。由于范围过于庞大，随着研究领域的不断细化，逐步出现了中国与不同国家关系研究的学科分支，比如中日关系史、中越关系史、中法关系史，等等。

二、中越文化关系史的研究状况

由于特殊的地缘和历史因素，中国学者素有研究越南问题的传统。经过新老几代学人共同努力，中越关系研究呈现出异彩纷呈、硕果累累的局面。但是，随着社会的不断进步，人们对于中越关系史的研究兴趣却呈下降趋势。纵观中越关系史的研究情状，可以归纳为如下几个特点。

（一）研究历史悠久，成果丰富

对于越南的研究，最早可以追溯到中国的古代典籍如《史记》《汉书》等，有关越南社会的政治、经济、军事、文化等领域的记载时常见之于正史。历代寓居、游历越南的文人墨客或政府要员也留下较多的公私著述。如嵇含的《南方草木状》、周去非的《岭外代答》、周达观的《真腊风土记》、赵汝适的《诸蕃志》等，他们用自己的亲身体验，加上观察和思考，写出了内容各异的著作，为后人提供了较好的理解不同历史时期越南社会生活方面的文献资料，是后人研究、了解越南社会史的重要参考文献。

近代中外学者对于越南历史的关注，始于19世纪晚期法国对越南的殖民统治。1884年中法签订《中法简明条约》，中国承认法国对越南的"宗主权"。从此以后，越南与中国封建王朝之间长达一千余年的"藩属"关系宣告结束，完全沦为法国的殖民地。清帝国南部边疆藩篱尽撤，堂奥洞开，法国殖民者企图以越南为跳板，伺机入侵中国华南的广大地区，所以在占领越南北圻以后，便时刻觊觎着中国的南部、西南边疆，中国的西南边疆危机日益加深。正是在这样一种大的时代背景之下,中国知识界的一些有识之士,在倾注大量精力关注中法战争及中国南部、西南边疆危机的同时,亦开始了对越南历史以及现实问题的关注与研究。

具体的研究成果,主要有清代学者龚柴的《越南考略》、徐延旭的《越南世系沿革略》、盛庆绂的《越南地舆图说》、李仙根的《安南杂记》等。(以上诸文均载于《小方壶斋舆地丛钞》第十帙二册,南清河王氏铸版,上海著易堂印行)这些著述分别对越南的民族、国家形态的形成演变、各个封建王朝的兴替承转、领土地舆的沿革发展,以及中越历史关系的演化进程等方面,做了贯通性的概述,虽涉及隋唐时期,但内容较为简略。

与早期中国学者关于越南历史概述性的宏观研究相比,近代西方学者,尤其是法国学者对于越南古史各个方面的探究显然要深入得多。自吞并越南以后,法国不仅利用其建立在河内的法国远东学院(Ecole Francaise d'Extreme-Orient,简称 EFEO,也有译作"法国远东学校"者)① 大量收集散落在越南各地的汉文越南史籍,而且培养了一大批专门从事越南历史、地理、考古、民族等方面研究的学者。由于中国与越南之间悠久的历史文化关系,这些学者要想研究越南问题,必须首先习得中文,尤其是古代汉语,所以这些学者大部分在研究越南问题的同时也成了著名的汉学家,沙畹(E. Chavannes)、马司帛洛(H. Maspero)、费琅(G.Ferrand)、伯希和(P.Pelliot)等便是其中的佼佼者,他们的研究成果无论在当时还是对后来,乃至到今天仍然具有相当的学术价值,并对学术研究产生着广泛而持久的影响。

这一时期的主要研究成果,如费琅的《昆仑及南海古代航行考》(冯承钧译,商务印书馆,1930 年)、伯希和的《交广印度两道考》(冯承钧译,商务印书馆,1933 年)等,对中越、中印交通史及我国古代经由今越南沿海而远航的南海交通研究均具有重要的参考价值。但是,不可否认,法国学者或由

---

① 法国远东学院成立于 1900 年,1902 年将其总部设在越南首都河内,是法国殖民者设在远东地区的一家专门研究东南亚、南亚、东亚文明的研究机构。研究范围涉及历史学、考古学、人类学、民俗学等人文学科。比较著名的学者有沙畹、伯希和、马司帛洛等。

于对中国文献资料的占有所限，或因为汉语水平所囿，或出于某种特殊原因比如政治观点、立场的不同，对于越南历史问题的论述必然有一定的片面性和局限性。

20 世纪 20 年代至 40 年代，越南古史的研究也逐步得到了我国学者的重视，产生了相当数量的成果，形成我国学术界第一个越南史研究的高峰。如卫聚贤的《中国初次征服安南考序》（《新亚细亚》第 6 卷第 1 期，1933 年）、张宗芳的《越南臣服中国考》（《河北第一博物院半月刊》第 9—28 期连载，1933 年）、王辑生的《越南史述辑》（北平，1933 年）、罗香林的《古代越族考上篇》（国立中山大学《文史学研究所月刊》第 1 卷第 2、3 期，1933 年）、梁园东的《古交趾考》（《新亚细亚》第 7 卷第 1 期，1934 年）、陆恩涌的《安南文化考原》（金陵大学《文学院季刊》第 2 卷第 1 期，1935 年）、童振藻的《越南民族之考察》（《民族杂志》第 3 卷第 7 期，1935 年）、韩振华的《越南半岛古史钩沉》（《福建文化》第 3 卷第 3、4 期，1948 年），等等。

近现代以来，有许多中国学者开始关注越南问题。主要著述有：陈修和的《越南古史及其民族文化之研究》（1943 年）、《中越两国人民的友好关系和文化交流》（中国青年出版社，1957 年），黎正甫的《郡县时代之安南》（商务印书馆，1945 年），张秀民的《中越关系史论文集》（文史哲出版社，1992 年），中国社会科学院历史研究所主编的《古代中越关系史资料选编》（中国社会科学出版社，1982 年），北京大学历史系亚非拉史教研室、东语系亚非历史组编著的《中国与亚非国家关系史论丛》（江西人民出版社，1984 年），周一良主编的《中外文化交流史》（河南人民出版社，1987 年），韩振华的《中国与东南亚关系史研究》（广西人民出版社，1982 年），陈玉龙等人合著的《汉文化论纲：兼述中朝中日中越文化交流》（北京大学出版社，1993 年），等等。中国社会科学院哲学所研究员何成轩先生所著《儒学南传史》，于 2000 年由北京大学出版社出版，系统地论述了儒学由中原地区向岭南，包括今天的两广、海南、越南北部地区传播的原因、过程、特征等。北京大学教授杨保筠先生所著的《中国文化在东南亚》（大象出版社，1997 年），部头不大，但是它系统地把中国文化在东南亚的传播和影响勾勒出一个简洁的图景。张海林的《近代中外文化交流史》（南京大学出版社，2003 年）也是一部较好的研究专著。

朱云影先生是中国台湾著名的历史学家，其最为著名的《中国文化对日韩越的影响》一书最早由中国台北黎明文化事业公司于 1981 年出版。2007 年 9 月，广西师范大学出版社出版了该书的横排简体字本。

近年来，国内外学术界对越南问题的专项研究，比如古代文学以及中越关系史，尤其是在中越文化关系史的研究上取得了相当丰硕的成果，为笔者的研究提供了极大的便利：新的视角、新的材料、新的观点与新的方法。

笔者搜罗到了很多最新的研究成果。举其要者列举如下。

王志强的《李鸿章与越南问题（1881—1886）》（暨南大学出版社，2013 年）；〔越〕阮志坚著、郑晓云编的《越南的传统文化与民俗》（云南人民出版社，2012 年）；万明的《明代中外关系史探研》（天津古籍出版社，2019 年）；刘志强的《越南古典文学名著研究》（商务印书馆，2018 年）；陈益源的《越南汉籍文献述论》（中华书局，2011 年）；刘志强的《中越文化交流史论》（商务印书馆，2013 年）；〔越〕黎春德评注，梁远、祝仰修译的《胡志明汉字诗全集》（江苏人民出版社，2017 年）；王介南的《中外文化交流史》（书海出版社，2004 年）；陈文的《越南科举制度研究》（商务印书馆，2015 年）；李未醉的《中越文化交流论》（光明日报出版社，2009 年）；陆凌霄的《越南汉文历史小说研究》（民族出版社，2008 年）；刘玉珺的《越南汉籍与中越文学交流研究》（中国社会科学出版社，2019 年）；宇汝松的《道教南传越南研究》（齐鲁出版社，2017 年）；苏相君等的《中外佛学文化交流史略》（宗教文化出版社，2019 年）；牛军凯的《王室后裔与叛乱者——越南莫氏家族与中国关系研究》（世界图书出版广东有限公司，2012 年）；柯银斌、包茂红主编的《中国与东南亚国家公共外交》（新华出版社，2012 年）；何仟年的《越南古典诗歌传统的形成——莫前诗歌研究》（扬州大学博士论文，2003 年）；李永强、马慧玥的《中国传统法律文化对东南亚之影响》（中国人民大学出版社，2013 年）；〔日〕忽滑谷快天著、朱谦之译的《中国禅学思想史》（大象出版社，2017 年）。

陈益源是近年来研究汉籍在海外传播问题的著名学者。他的《越南汉籍文献述论》是南京大学张伯伟教授主编的"域外汉籍研究丛书"第二辑，由中华书局出版。该书的最大亮点在于强调文化的整体观念，把包括越南汉喃文献在内的海外汉籍文献看作中华文化圈的一部分去进行研究，视野开阔，论述严密。

刘玉珺在《越南汉籍与中越文学交流研究》中继续沿着其博士论文的研究方向，对中越两国之间古代的图书交流以及文学方面的相互影响等问题进行了相当认真、深入的探讨。

陈文穷十数年之功，在《越南科举制度研究》中以530多页的篇幅，道尽了越南历朝历代科举制度的发生、发展、兴盛、式微以及终结的各种情形。在笔者看来，日后很难有哪个学者可以超越她对此问题的研究水平。

牛军凯教授的《王室后裔与叛乱者——越南莫氏家族与中国关系研究》、宇汝松博士的《道教南传越南研究》均为专题研究的优秀著作，二人在书中分别就各自的领域进行了深入客观的研究。

在近期的这些研究专家中，尤其以刘志强较为出色。作为一名"80后"学者，刘志强教授于2013年、2018年先后在商务印书馆出版两部专著。其中《中越文化交流史论》收入各类研究文章14篇，涉及中越文化交流的多个侧面，举凡科举制度、古典文学名著、书法文化等均有较为精深的成果呈现，且颇多新见解、新材料；《越南古典文学名著研究》是在其博士论文的基础上提升而成的，整部书结构谨严，论证有力，跳出了过往学术界对传统文本解读以及以中国为中心的民族主义藩篱，堪称近年来国内学术界对越南问题研究的精品之作，刘志强教授也颇堪"年轻才俊、后起之秀"的称呼，其学术前景不可限量。

对于中越两国文化关系史研究的文章，散见于大学学报和国内专门研究东南亚问题的杂志上。如关于越南儒教和科举制度的文章，就有北京大学梁志明教授的《论越南儒教的流派、特征和影响》［《北京大学学报（哲学社会科学版）》1995年第1期］，黄国安的《孔子学说在越南的传播和影响》（《东南亚纵横》1991年第1期），［澳］塔娜的《越南科举制的产生和发展》（《东南亚纵横》1983 年第 4 期），金旭东的《越南科举制度简论》（《东南亚》1986 年第 3 期），等等。

北京大学、中山大学、暨南大学、厦门大学、云南大学、华东师范大学、郑州大学、山东大学、湖南师范大学等国内高校的硕士、博士论文也有论及这一方面的。①

此外，越南、美国、法国、日本以及我国的港澳台地区的一些学者，近年来对于中国文化与越南文化关系的研究成果也颇为丰赡，国内学界常常在著述和文章里加以引用。

上述这些专著和文章②，均从不同的侧面对相关问题进行了深入、细致的研究，连同中越两国的正史，是笔者在本书写作中的重要参考资料。没有这些丰硕的研究成果做基础，笔者的书就会成为无源之水、无本之木。但是，尽管如此，它们均不能够构成作为系统、全面地论述中国与越南文化关系的专著：有的限于题材，只能够把中越文化交流作为其中一个章节；有的只是就某一个问题进行阐述；有的囿于意识形态，观点多有所偏颇甚至不尽科学，如此等等，不一而足。

（二）不够系统，缺少专门著述

就笔者视力所及，目前国内出版发行的有关"中外文化交流史"的著作，比如卢苇的《中外关系史》（兰州大学出版社，1996 年）、马树德编著的《中外文化交流史》（北京语言文化大学出版社，2000 年）、李喜所主编的《五千年中外文化交流史》（世界知识出版社，2002 年）等，均采用"厚今薄古"的写作方法，来论述中国与外国的历史、文化交往：可能是受史料所限，也可能为篇幅和体例所羁绊，对古代，尤其是上古时代中外文化交流史的研究用墨颇少，对近现代的内容则论述较多，不惜笔墨。

---

① 参见本书《参考资料》之"学位论文"部分，硕士论文未予收录。
② 因为这些著作及文章数量众多，对其出版者、出版时间等相关事项在此不逐一注明，详细情况请参见本书的"注释"以及《参考资料》。

具体到中国与越南的文化交流史研究来说，很多篇幅隐没于中外文化交流史的一隅，简简单单的几行文字，一笔带过，语焉不详，充其量是作为中国跟东南亚在某个时期的文化交流史研究中的一个段落而已。即便如此，几条史料也是被反复地征引，缺乏新材料，无甚新意可言。

在笔者所搜集到的以"东南亚史论文集"或者近似的书名命名的著作中，有关中国跟越南的文化交流史研究的内容也相对较少。以中国东南亚研究会编、1987 年 6 月由河南人民出版社出版的《东南亚史论文集》为例，全书共计 504 页，25 篇文章，跟越南有关的文章有 3 篇，跟中越文化交流史研究有关的只有北京大学梁志明教授所写的《略论越南佛教的源流和李陈时期越南佛教的发展》1 篇，计 24 页。

已故著名东南亚研究专家、云南社会科学院研究员贺圣达先生所著，1996 年由云南人民出版社出版的《东南亚文化发展史》是近年来国内出版的有关东南亚文化的一部力作。它专门以一个整章的篇幅、用 56 页（第 138—193 页）来论述"深受中国文化影响的越南古代文化"（参见该书第三章）。该章主要论述 10 世纪中期越南独立以来，其封建文化的发展：继续在中国古代思想文化的影响下，适应越南封建国家和社会经济的需要，发展了无论在文化内涵或其表现形式上都既属于汉文化圈，又具有越南特色的古代文化。

中国学者一般情况下把中越文化交流的研究放在中国与东南亚国家文化交流的大框架下来进行。比如，周一良先生主编的《中外文化交流史》（河南人民出版社，1987 年），梁志明先生等著的《古代东南亚历史与文化研究》（昆仑出版社，2006 年），朱杰勤先生的《中外关系史论文集》（河南人民出版社，1984 年），中国东南亚研究会编的《东南亚史论文集》（河南人民出版社，1987 年），贺圣达先生的《东南亚文化发展史》（云南人民出版社，1996 年），李未醉先生的《中外文化交流与华侨华人研究》（华龄出版社，2006 年），等等，均是如此。

其实，在环绕中国的东南亚诸邻邦中，"与中国接触最早、关系最深，彼此历史文化实同一体的，首推越南"①。在中越关系发展的漫漫历史长河中，文化交流是双方密切联系的重要纽带。我们可以通过对中越两国的文化交流历史的考察，进而推动两国关系史的整体研究，较为全面、系统地勾画出中越关系发展的全貌。

（三）对中越文化关系的认识未能与时俱进

面对越南被法国殖民者强行划走，中国的学者、士人们痛心疾首。尤其是越南被法国占领，使用的汉字亦被拉丁化的拼音文字——现代越南语所代替以后，中国学者顿时感到越南这块"自古以来"就被汉文化濡染的国度从此将要从中国及其文化中剥离出来了。

著名学者张礼千先生在他1947年由商务印书馆出版的《中南半岛》一书中感慨道："沾染中国文化最深者，越南也；今之壤地相接，而隔阂最深者，亦越南也。"究其根源在于，法国统治后，"推行其所谓'安南国语'，以罗马字传越语之音，汉文几废。今日不特吾人读其音不知其义，即越人亦数典而忘其祖，中越国情之不逮，其在斯乎！"②

这样的说法在其他一些老一辈中国学者中也较为普遍。

面对被法国殖民者占领，"于二千年华化之越南之沦陷"，冯承钧先生"不禁生悲"，发出感慨："昔之四裔，浸染中国文化最深者莫逾越南。今之境地相接，而隔塞最甚者亦莫逾越南。昔日交广并称，其地原为中国南服，不幸误于交州太守之贪利侵刻，始而自立，终为法国所据。致使书同文行同轮之华化民族沦入异国，良可慨矣。""呜呼，国土之亡不足惧，国民性之亡为可忧。"以冯先生治学之冷静而发此语，可见"反主为客"的令人难堪。③

朱偰先生是我国近代著名的经济学家、文化保护专家。1945年，第二次世

① 郭廷以：《中越一体的历史关系》，载《中越文化论集》（一），台北：台湾中华文化出版事业委员会，1956年，第1页。
② 张礼千：《中南半岛》，上海：商务印书馆，1947年，第6页。
③ 朱杰勤：《纪念冯承钧先生》，载《中外关系史论文集》，郑州：河南人民出版社，1984年，第591—592页。

界大战结束后，中国政府作为盟军，是胜利的一方。朱偰先生以财政代表的身份被中国政府派到越南首都河内接受日本投降。1946 年，完成使命归国后有《越南受降日记》行世。在这本日记中，朱先生开篇即说道："余以越南本为中国交阯，即秦之象郡，汉之交阯、九真、日南三郡，晋之交州，唐之安南都护府，明之交阯省，文化种族，皆属中国系统，倘能乘此时机，救民疾苦，布以教化，律之慕义来归，诚为千秋之伟业；即令越人不直接归属我国，而因我国之扶助，得以逐渐独立自治，则存亡继绝，亦属我国固有之美德。"①

透过上述分析，我们可以发现，这些前辈学者及深受中国传统文化濡染的士人们在看待越南问题时受传统思想影响过深，未能够与时俱进、顺势而变，因此难免在思想认识上会存在较为深重的成见。

（四）为政治服务而进行的学术研究，观点、方法和结论难免受到影响

20 世纪 70 年代以后，越南国内掀起了一股排华、反华的逆流，中越政治关系日趋恶化。越南史学界相当一部分御用文人学者趁机而起，肆无忌惮地大量伪造、篡改越南历史以及中越关系史，任意地将历史问题政治化。

为回击越南史学界一大批御用学者肆意伪造、篡改、歪曲历史真相的逆行倒施，我国学者自 20 世纪 70 年代末起，亦从各个方面对越南历史的发展以及中越历史关系的递变做了全面客观的探讨，从而形成了继 20 世纪 40 年代之后，对于越南历史研究的第二个高峰。这一时期，我国学术界的研究涉及领域广泛，研究成果丰硕。

众所周知，在 20 世纪七八十年代，中越两国之间曾经发生过边境冲突。两国之间的关系达到了 1949 年以来的"冰点"。所以，不可避免地，一些民族主义情绪掺进了政治关系史的研究中，也掺进了文化交流史的研究中，其结果自然使得这一时期的研究失之客观。自 20 世纪 80 年代末期以来，中越关系逐渐

---

① 朱偰：《越南受降日记》，上海：商务印书馆，1946 年，第 1 页。

正常化，学者们开始注重两国政治关系的研究。历史地看，这并不是学者们的错误，而是历史使命使然。但是，无论如何，这些研究的"痕迹"的确是历史工作者的一大缺憾。如果一项研究过多地受到政治的影响，被政治左右，那么，通过研究得出的结论，很难说是客观和公正的。所以，"回顾中越文化交流史的研究历程，人们难免感慨万千，也充满遗憾。人们固然对迄今中越文化交流史研究中所取得的若干成就感到欣喜，但也对研究中所遭遇到的曲折和不正常局面，尤其是不正常的政治干预所产生的后果感到惋惜"①。

笔者认为，中国学者在以往对中越文化交流史研究中存在的非科学的干扰主要表现在以下几个方面：

（1）将中越古代文化交流史等同于两国政治关系史，否认文化交流史本身的固有价值和独特性。而当政治关系研究遭到歪曲或服务于某种需要时，丰富多彩的文化交流史研究实际上便已不存在。这种抹杀或贬低两国文化交流史研究价值和意义的做法是不可取的。

（2）狭隘民族主义情绪掺进了政治关系史的研究中，也掺进了文化交流史的研究中。其结果是十分有害的。

（3）即使在两国文化交流史研究中，也因采取非科学的研究方法、手段而使这种研究失真。例如，不注重文化交流场合的连贯性，片面夸大或缩小某些历史事件、人物的影响，等等。

（五）对越南问题研究的兴趣下降，且重政治、经济研究，轻历史、文化研究

关于中国学术界对中越关系研究的状况，下面的一些分析和结论颇能说明问题。厦门大学张旭东先生说："毋庸置疑，中国东南亚史的研究也存在许多不

---

① 高伟浓：《关于在中越两国学术界加强两国文化交流史的"再研究"的一点思考与建议》，载戴可来主编《21世纪中越关系展望》，香港：香港社会科学出版社有限公司，2003年，第217页。

足之处……尤其是在东南亚古代历史与文化方面。"①

他通过对 1980—1989 年、1990—1999 年、2000—2004 年三个阶段中国学者研究越南和中越关系问题的文章数量进行统计分析，发现这三个阶段的历史文化方面论文数目分别为：越南问题，1980—1989 年为 43 篇、1990—1999 年为 24 篇、2000—2004 年为 14 篇；中越关系方面问题，1980—1989 年为 38 篇、1990—1999 年为 23 篇、2000—2004 年为 16 篇，均呈下降趋势。② 两者的对比结论是：越南问题，2000—2004 年是 1980—1989 年的三分之一弱一点，14 : 43；中越关系方面问题，2000—2004 年是 1980—1989 年的二分之一弱一点，16 : 38。

外交学院陈奉林先生的评析文章也认为："国内对东南亚古代历史与文化研究的兴趣在逐渐下降，……在国别研究上，中国学者注重半岛地区的研究，而对海岛地区的研究相对缺乏，对东南亚古代历史研究的人也减少了。许多研究生和博士生很少撰写古代东南亚史方面的学位论文，所有的学术会议与学术刊物都以现代与当代问题作为研究的重点。"③

同时，研讨会和主要研究刊物对于政治、经济的研究却如火如荼般地呈现出一片繁荣的景象。以广西社会科学院东南亚研究所主办的《东南亚纵横》为例，这是一本在全国颇有名气的专门研究中南半岛（印度支那半岛）问题的学术刊物，过去每期有关东南亚历史文化的内容大致会占到三分之一的篇幅，而现在每期有 1—2 篇就很让人惊喜不已。比如 2007 年第 10 期的杂志就只有 1 篇关于越南历史文化的文章，是黄伟生撰写的《越南关于"死亡"的禁忌表达探析》。

所幸的是，随着中越关系进一步改善，中越两国之间的各种交流与来往日益密切，学术界的研究状况得到很大程度上的改观。随着一大批研究者的

---

① 张旭东：《四分之一世纪以来中国学者对东南亚古史的研究》，载梁志明等《古代东南亚历史与文化研究》，北京：昆仑出版社，2006 年，第 84 页。
② 张旭东：《四分之一世纪以来中国学者对东南亚古史的研究》，载梁志明等《古代东南亚历史与文化研究》，北京：昆仑出版社，2006 年，第 90 页，表 6。
③ 陈奉林：《搭建交流与合作的学术平台——"古代东南亚历史与文化"学术研讨会评析》，载梁志明等《古代东南亚历史与文化研究》，北京：昆仑出版社，2006 年，第 401 页。

国际视野、理论高度不断提升，尤其是年轻学者的加入，整个研究界的面貌得到极大改观。他们以更加科学、理性的视角来对待中越关系，摒弃了以往以中国为中心的研究范式，获得了越南学术界乃至更广范围内学者的认可与尊重。

（六）经济因素导致研究兴趣低迷

说起越南，很容易就让人联想起日本和韩国；与中国学术界对日本、韩国的研究热情相比较，对于越南的研究是相对寂寥的。除了上述分析的政治因素、学术界某些禁忌之外，还有一个重要的经济因素。日本姑且不论，它虽然身处亚洲，但一直被视为像欧美一样的"西方发达国家"，其经济实力自不待言；韩国近年的崛起也是有目共睹的事实。经济发达了，学术界的研究兴趣自然就会随之上升。

越南本来就不富裕，加上连年的战争等因素，至少现在不可能给予包括中国在内的外国学者太多的、令人满意的经费来促进对越南问题的研究。毋庸讳言，这也是中国学者近年来研究越南问题，尤其是研究越南古代历史文化问题的成果乏善可陈的原因之一。即使是有一些经费和热情，也大多使用在对于各级政府机构交办的相关政治问题、经济问题，或者是跟现实密切相关的比如东盟问题、中越边界纠纷、南海诸岛的归属与争端等问题的研究上，因为研究这些问题可以在经费保障，课题立项，成果的发表、验收等方面获得来自中国和越南政府以及民间组织更多的支持。

随着中越两国经济的发展和两国关系正常化的不断深入，近年来，这种局面得到较大程度的改善。同时，令人欣喜的是，国内的有识之士，尤其是一些研究东南亚问题的专家学者已经认识到这一问题的严重性，在不同的场合呼吁两国政府加强交流与合作，很多高等院校、科研机构投入了更多的人力物力以加强研究。据笔者有限的观察和不完全统计，近年来，仅国家社科基金项目每年都会有越来越多关于越南问题的科研项目立项。这些项目涵盖面很广泛，既有对历史问题的研究，也有对现实问题的关怀，研究者大都分布在高等院校和科研院所。在此，仅举出 2018、2019 两个年度所获得国家社科基金项目为例，2018 年度共计获得 11 个项目，2019 年度获得了 8 个项目。现录在注释之中，需要说明的是本注释或有缺漏，所列各项的内容，依其先后顺序为：项目名称、研究者姓名、所在单位名称、项目属性、所分布的学科。①

三、选题的意义和研究方法

（一）选题的意义

在亚洲的东南部、中南半岛的东海岸，在中国广西、云南的南部，广东省和海南岛的西部，有一个形状恰似"S"形的国家——越南（Viet Nam）。

越南是中国的近邻，历史上曾经长期属于中国的郡县。中越两国山水相连，越南长期受中国文化的影响，两国关系极为密切。研究两国之间的文化关系史应该成为史学工作者义不容辞的责任。

---

① 以国家社会科学基金项目申请立项为例，2018 年度入选的项目有：中越边境越南难民聚居区社会风险及其治理研究，甘开鹏，云南财经大学，一般项目，社会学；中越老缅边境地区跨国女性"汇款效应"研究，陈雪，云南大学，一般项目，社会学；"一带一路"视野下中越边民跨境交往的研究，潘艳勤，广西民族大学，一般项目，民族学；"一带一路"背景下中越边境地区开放对接的实证研究，覃丽芳，中山大学，一般项目，民族学；新中国援越抗法顾问团档案整理和研究（1950—1954），成晓河，中国人民大学，一般项目，国际问题研究；越南蒙学文献整理与研究，刘怡青，陕西师范大学，一般项目，中国历史；中越沿边村寨治理与边境安全研究（1864—1911），刘超建，广西师范大学，一般项目，中国历史；以《海上医宗》为核心的中越医学交流史研究，肖永芝，中国中医科学院，一般项目，世界历史；越南北使汉文文学整理与研究，严艳，中山大学，一般项目，中国文学；越南与中国南海地名考证及历史地理信息平台建设研究，许盘清，三江学院，一般项目，图书馆、情报与文献学；战后越南（北越）在印度支那地区的政策演变研究（1945—1989），游览，华东师范大学，青年项目，世界历史。

2019 年度也有多个项目入选：越南境内汉墓的考古学研究，韦伟燕，中山大学，青年项目，考古学；明清官修史书在越南的流传与影响研究，宗亮，湖北大学，青年项目，中国历史；越南共产党的建设研究，王育谦，云南省社会科学院，一般项目，国际问题研究；越南民族主义形态嬗变及应对研究，李春霞，国际关系学院，一般项目，国际问题研究；人文视域下明清中越宗藩关系演变研究，陈文源，暨南大学，一般项目，中国历史；中国对越南农业技术援助文献整理与研究（1950—1978），宋超，南京信息工程大学，一般项目，中国历史；越南有关中国享有南海主权文献资料记载及其国际法效力研究，秦爱玲，广西大学，一般项目，中国历史；基于语料库的越南中医古籍辑注及相关问题研究，程文文，重庆师范大学，青年项目，图书馆·情报与文献学。

本书试图用全球化的视野，把中国古代文化置于世界范围内去审视，把"中国古代文化在越南的传播和影响"作为一个重要课题来研究。充分利用和发掘相关史料，汲取前人已有研究成果，立足当下，放眼未来，力争把中国文化对周边国家的影响放在一个较大的框架下来进行探讨。笔者希望通过本课题的研究，能够对于中国文化在世界文化中的地位和作用，尤其是对中国古代文化在越南的传播和影响之研究有所裨益。

（二）研究方法

笔者试图突破以中国为中心的范式来研究中越文化关系的历史，打破以现代民族为单位的族际壁垒，尽可能深入地以"中华文化圈"／"汉文化圈"为研究对象，并将以开阔的视野、较为先进的研究方法以及一定的理论知识为指导，充分利用中越两国大量的历史文献，借鉴中越两国学术界及其他国家和地区已有的研究成果，应用历史学和文化学相比较的方法，对中国和越南在不同时期、不同层面、不同领域的文化交流现象进行对比研究，在前辈时贤大量相关研究的基础上广搜远绍、爬梳剔抉，撰写一部既有一定理论水准又包含相当鲜活历史史料的中越文化交流史。

在具体的论述中，本书采取将宏观研究与微观观察相结合的方法，努力将归纳和演绎相结合，力求做到既有建立在众多资料基础上对问题的归纳，也有对普遍性现象的描述。

总之，本书拟将视野放在全球化的背景之下，以一个中国学者的视角来观察和探讨中国文化在越南的传播和影响，并对中越两国之间文化交流的方方面面进行全方位、多角度、立体化解读，勾画出一幅完整、美丽的中越文化交流画卷，为进一步推进中越两国之间的传统友谊竭尽绵薄之力，增砖添瓦。

四、本书架构及内容简介

本书与中国对外关系史研究的相互关系，如果用一个简明的图表形式表达，可如下图：

本书

中越文化交流史

中越关系史

中国与东南亚关系史

中国与外国关系史

　　本书以时间为经线，以精神文化、物质文化和制度文化为纬线，以具体的文字、宗教、学术、科学技术等中国古代文化在越南的传播和影响为节点，来尽可能全面地描绘出古代中越文化交流的图景，分析其中的内在关联，并总结中越文化交流的规律。

　　根据章节的先后顺序，将本书的主要内容简介如下。

　　《源远流长：中国文化与越南古代历史》是第一章的题目。10 世纪中叶之前，今天的越南中北部地区曾经长期归属于中国历代封建王朝的直接管辖，史称"北属时期"或"郡县时期"。越南的早期开国传说及整个中世纪封建历史的建置沿革、朝代更迭，甚至于"越南"这一名称的来历等，无不受到中国古代文化的深刻影响。因此，在探讨中国文化在越南的传播和影响之前，首先应弄清楚中国文化与越南古代历史的关系以及构成中越文化关系的因素。笔者以越南的开国传说为发端，引述中越两国的历史资料，佐之以其他国家的学术研究成果，就"郡县时期"中国各个朝代的统治情况，越南独立后与中国保持"宗藩关系"时的朝代更迭等史实进行论述，以说明中越两国悠久而又密切的文化关联。

汉字是汉文化最基本的细胞，是中国文化极为重要的组成部分，它负载着悠久的中国文化，是中国文化之母。中国文化在越南的传播，汉字是开路先锋。将第二章命名为"汉字：中国文化在越南传播的'先驱'"，正是基于这样的考虑。在本章中，笔者首次将汉字在越南的传播划分为四个阶段，即"学习、借用、仿造和创造"阶段，并就其意义进行了较为详尽的分析：通过汉字的传播，中国文化的沃土良壤和丰富的养分孕育、哺育、滋润了越南文化。中国文化在越南的兴盛也带动了越南本土文化的不断发展，推动了越南整体文化历史车轮的不断前进。汉字在越南得以传播是中国文化在越南造成影响的开路先锋和先决条件。尽管越南历史上曾经出现过"字喃"，但是它从来也没有能够取代汉字的地位。在越南使用文字的 2000 多年历史中，汉字始终占据着极其重要的位置。时至今日，越南国内恢复使用汉字的呼声一直没有停息。这也是将汉字的传播放在正式探讨中国文化在越南的影响最前端的原因。

儒家学说是中国古代文化最为重要的组成部分，所以，第三章《儒家学说在越南的传播和影响》以较大篇幅，分三个小节，以"儒家学说在越南的传播""越南儒学的特点"以及"儒学在越南的影响"为题逐一展开，进行详细论述。第一节，将儒学在越南的传播分为三个时期：①秦汉三国时期；②两晋隋唐时期；③越南立国（968）以后。第二节，重点探讨越南儒学的特点，主要是与中国儒学加以对比，指出越南儒学不同于中国儒学的地方，例如，"忠孝观"的区别、实用和简约的特点等。第三节里，侧重论述儒家学说对越南社会的稳定、教育发展、人才培养、风俗习惯等方面的影响。其间，对中国文学在越南的影响也有述及。

科举制度是中国古代将教育与人才选拔有机结合的产物，为亚洲一些国家所效仿，越南便是其中之一。第四章以"中国科举制度在越南的传播和影响"为题，专门对科举制度在越南的传播和影响情状加以研究和论述。在简要介绍中国的科举制度后，引述大量史料，采用对比、归纳、综合等方法，重点就越南科举的发轫、勃兴、鼎盛、式微与终结等情状进行研究，指出越南科举与中国科举之异同，并从正反两个方面论述来自中国的科举制度移植后给越南的社会政治、文化、制度等方面所带来的影响。

第五章是《道教在越南的传播和影响》。道教是中国的本土宗教，传入越南后，对其产生过深刻而又长远的影响。道教在越南的传播经历了兴衰的过程演变，故特地拿出一节来论述这一过程及其原因。道教在越南也产生过广泛的影响，包括许多方面：宗教信仰的多样性，文学艺术，风俗习惯，等等。中国封建统治者在政治方面对于越南社会的极大影响为道教这一中国的本土宗教在越南的传播起到了重要作用。此外，在本章中，笔者就道教对越南的文学艺术（包括诗歌、神话传说、戏剧、音乐等）的影响也做了力所能及的介绍和分析。

《中国佛教在越南的传播和影响》是第六章的题目。尽管佛教来自印度，其向外传播的途径也有很多，但是越南则更多地受到来自中国的再传佛教的影响。本章对中外文献进行比对和分析，厘清佛教传入越南的路径，举出中国僧人在佛教南传时的具体事迹，重点探讨越南禅宗的发展以及越南禅宗对越南文学艺术等方面所产生的巨大影响。

中国古代史学十分发达，对近邻越南史学的产生、发展等均产生过重要影响。所以，第七章《中国史学对越南的影响》以"越南史学对中国史学的体认""中国史学对越南史学的影响""黎贵惇：中国史学对越南影响的一个范例"等为具体对象进行专门研究。为了更好地说明中国史学在越南的影响，笔者以黎贵惇为个案，论述其史学成就，分析其史学思想，希冀能够更好地对中国史学的影响有一个清晰的认识。

第八章《中国古代科学技术在越南的传播和影响》，运用中越两国历史文献以及英文等多种语言文本的文献，参照中外学术界已有的研究成果，将中国古代科学技术简要地划分为中国古代的农业文化、中医中药、陶瓷技术、印刷技术、建筑技术、生产工艺、古代天文学、古代数学等八个方面，并分别以其在越南传播及产生的影响的历史作为研究对象，来论述中越古代科学技术交流的概貌。在论述中，除了对现象进行尽可能全面的概述外，还就某些问题进行深层次的理论分析。以中国古代农业文化在越南的传播和影响为例，笔者不仅对中国古代的耕作技术、水利技术等技术层面对越南的影响进行研究，还对"中国古代重农思想对越南的影响"这一问题在理论层面上做了论述。

在前面八个章节中，笔者主要论述中国古代先进文化、科学技术等在越南的传播情形及产生的深远影响，但这并非中越文化交流的全貌。在中越两国悠久的交往历史中，越南的一些先进文化也曾对中国产生过影响，尤其是在技术方面还曾经给予中国很大的"回馈"和"反哺"，比如，我们今天引以为豪的北京紫禁城（故宫）的建设就在很大程度上得力于越南人阮安的设计。这种文化上的互动和来自越南的"反哺"，是中越文化交流史上不可或缺的重要组成部分，所以笔者将第九章命名为"互动与反哺：越南文化对中国的影响"。

在对过往中越两国文化交往历史的研究过程中，笔者常常会生发出一些思考和联想。这些思考和联想或许与本书的研究没有直接关系，却是它的合理延伸。比如，对民族主义的思考、对民族文化遗产的态度以及越南知识阶层的中国情结、对宗藩关系的几点认识等。希望这些看似"边角废料"，实则饱含了笔者长期以来对某些问题深入思考的"余论"，能够对当下的中越关系乃至中国对外关系的处理提出思考。基于如此考虑，将这些内容合在一起，结集成《余论》，列于文末，作为本书的"结论"。

此外，本书对越南"郡县时期"的时间问题也做了考证，首次提出"1202年说"；同时，为了使研究脉络更加清晰明了，还将越南独立建国之前的939年到1945年胡志明建立越南民主共和国临时政府期间的起讫时间及各个朝代变化嬗递情况制作成"越南历史简表"，与前述"1202年说"一起，作为"附录"，以便于使读者对越南的历史脉络有个较为清晰的了解。本书还以附录的形式，简要介绍了越南历史上使用中文撰写的10部重要历史著作，并整理出"中越医学交流大事记"，希望以事实说话，佐证中国古代文化对越南的影响之巨大。

五、几点说明

第一，关于"越南"的名称。在不同的历史时期，越南的名称各有不同。

为了行文的方便，一般情况下均写作"越南"，具体到某个朝代，则使用当时的名称，如，秦汉时称"交趾"，唐时称"安南"，等等。

第二，本书的写作以秦始皇开发岭南为起始点，以 1949 年中华人民共和国成立为下限。对一些特殊问题的探讨，比如，汉字的使用问题等则超出了这一时间限制，使用了最新的资料。

第三，本书所探讨的中越文化交流概念，主要是指越南在公元 10 世纪中叶独立以后的两国文化交流，对于越南独立之前的文化交流则以中国国内文化在各地区的传播和交流来对待。

第四，关于参考资料以及网络资料等的使用说明。

（1）当学者们对某个问题有多种看法，且瑕瑜互见时，采笔者认为立说较长者而从之。

（2）鉴于某些方面的研究成果较少，缺乏可资比对的资料、文献，同时考虑文章的结构等因素又必须参考时，则实事求是地在写作该章节之时，加以注解，标明该章节主要参考的内容，以及出处、版本等信息，以示不敢掠美和谢意。

（3）本书中表格如属引用，则注明出处；如属自己绘制，亦注明所据何在。

（4）在本书的写作过程中，笔者也通过网络查找资料，至感方便。对来自网络的相关信息，无论是否经过加工，则一律注明出处：如属直接引用，则加引号，且注明所引网址；如属间接使用，则加以注释，并注明网址。

第五，关于外文资料的运用。英文、越文和德文在使用时，一般情况下，均翻译为中文，但在注释中或者用原文，或者翻译成中文并注明出处。因技术原因，使用越南文、法文、德文时采用英文拼写，不使用其特殊的字母符号及调号，但基本上不影响阅读和理解。

第六，为了避免行文重复和文章结构杂糅，中越文化交流中的一些内容，如，中国传统思想观念、中国古代政治制度以及中国古代文学艺术在越南的传播和影响等，在本书中均没有列为专章进行探讨，而是在相关章节的论述里提及。比如，有关文学、艺术方面的交流及影响，在"儒家学说""佛教"以及

"道教"在越南的传播与影响等章节中有所体现；中国传统思想观念，像"华夷观"和"正统论"对越南的影响，则以举例子的方式加以探讨。

第七，影响中越文化交流的其他因素，例如，两国之间经济、贸易往来对中越文化交流的影响，历代中国移民在中越文化交流中的作用等方面，限于时间和精力，本书均没能列出专门的章节加以探讨，只是在论述其他问题时偶有提及。倘日后有暇，则定当加以完善。望识者明察并体谅。

第八，关于"文化"的定义。研究文化交流史，须先界定"文化"的内涵，也就是给"文化"下一个明确的定义。这一问题看似简单，其实颇为复杂。

德国学者威廉·格斯曼考证，"文化"（die Kultur）一词源于拉丁文"cultura"，其第一要义是"培植、创造"，即对土地的开垦和耕作，后来才延伸至精神生活的层面，指艺术、诗文、科学、经济、社会、历史、政法、宗教等。①

据著名文化学者、浙江大学教授陈桥驿先生介绍，英国权威的《牛津字典》对 culture（文化）有 16 种释义；另一种《韦氏词典》的释义则多达 19 种。"全世界从各门学科、各个角度给'文化'下的定义，竟有 260 种之多。"②

《辞海》从广义和狭义两个方面给出了定义："广义指人类在社会实践过程中所获得的物质、精神的生产能力和创造的物质、精神财富的总和。狭义指精神生产能力和精神产品，包括一切社会意识形式：自然科学、技术科学、社会意识形态。"③

本书只是简单地给出"文化"的要义，不做更为深入的探究。笔者将文化分为三个层面，即物质文化、精神文化和制度文化来探讨。物质文化方面，包括科学技术等；精神文化方面，包括文字、儒家学说、中国佛教、中国道教等；

---

① ［德］威廉·格斯曼：《德国文化史纲》，联邦德国慕尼黑马克斯·胡伯出版社，1970 年第 4 版，第 7 页。

② 陈桥驿：《浙江文化史·序》，载佘德余《浙江文化简史》，北京：人民出版社，2006 年，第 1—2 页。2006 年早春，当笔者跟导师讨论本选题时，导师劝笔者不要试图在这 260 个定义的基础上再去做出第 261 个定义来。笔者遵从了导师的建议。在本文的写作中只是按照一般意义上的定义来理解文化，即物质文化、精神文化和制度文化。

③ 夏征农、陈至立主编：《辞海》（第六版 彩图本），上海：上海辞书出版社，2009 年，第 2379 页。

制度文化方面，包括科举制度等。本书将尽可能全面地就这些方面加以探讨。

第九，本书之写作历时较长，几经补充完善，方才拿出来今天的样貌示人。从资料的收集整理到材料的取舍运用、参考资料的列出，乃至语言风格等细微之处，存在前后差异较大的情况。细心的读者当能明察，并祈求宽宥。

第十，探讨中越文化交流的历史，是一个庞大而又系统的工程。本书只是这一庞大工程量中很小的一部分具体工作。由于笔者能力有限，才疏学浅，加之时间较紧，定然会存在这样那样的疏漏甚或失当之处。如果尚有些可取之处，则是大量吸收前人以及时贤重要研究结果使然；书中的不当乃至错谬之处，理当由笔者本人承担责任。不足之处，尚望方家不吝赐教为感！

第一章

源远流长：中国文化与越南古代历史

　　中国与越南两国山水相连，壤地相接，历史上关系极为密切。公元 968 年之前，今天的越南中北部地区一直是中国的郡县，直接隶属于中国历代封建王朝的统治之下，史称"郡县时期"。即使到了 10 世纪中叶，越南建立自主封建国家之后，仍与中国的宋、元、明、清等王朝保持着密切的"宗藩关系"。"可以说，世界上没有任何一个国家，与中国关系之密切，有如越南者。"[①]

　　在探讨中越两国悠久的文化交流历史之前，有必要对越南的古代历史和中越两国之间的关系做一些简单的回顾。为了使读者对越南古代历史有一个直观的了解，笔者还将越南独立建国之后的历史制作成一个简明扼要的简表，作为附录附在书后，以供读者随时查阅。

第一节　中国文化与越南开国传说

　　今天的越南北部地区，在我国古代被称为"交趾"或"交阯"。"交趾"作为特定的行政区域——郡的名称，则出现在秦朝末年。

---

　　① 戴可来、杨保筠校点：《岭南摭怪等史料三种·前言》，郑州：中州古籍出版社，1991 年，第 1 页。

　　在中国的古籍中，很早就有关于羲叔"宅南交"，神农、颛顼、尧、舜等"南至交趾"或"南抚交趾"的记载。尽管羲叔、神农、颛顼等是中国上古时期传说中的人物，但是今天的人们仍然可以通过这些传说找寻到上古时期中原地区已经和南方的交趾有直接或间接联系的蛛丝马迹。这些记载是：

　　申命羲叔，宅南交。

　　　　　　　　　　　　　　　　　　　　　　　——《尚书·尧典》

　　昔者神农之治天下也……其地南至交阯，北至幽都，东至汤谷，西至三危，莫不听从。

　　　　　　　　　　　　　　　　　　　　　　　——《淮南子·主术训》

　　帝颛顼高阳者……北至于幽陵，南至于交阯，西至于流沙，东至于蟠木……日月所照，莫不砥属。

　　虞舜者，名曰重华……南扶交阯、北发……四海之内，咸戴帝舜之功。

　　　　　　　　　　　　　　　　　　　　　　　——《史记·五帝本纪》

　　古者尧治天下，南抚交阯，北降幽都，东西至日所出入，莫不宾服。

　　　　　　　　　　　　　　　　　　　　　　　——《墨子·节用》

　　根据这些记载，传说中上古时代的帝王，从神农氏到颛顼、尧、舜等，都曾经南下，"抚有交趾"之地。当然，这里的"交趾"只是泛指南方区域，并不表明特定的地域。就像《礼记·王制》中说的那样："南方曰蛮，雕题交趾。"

　　中国的古代典籍里面，还有交趾使者北上的记载。《尚书大传·周传·嘉禾》记载："交阯之南，有越裳国。周公居摄六年，制礼作乐，天下和平，越裳以三象，重译而献白雉。曰道路悠远，山川阻深，音使不通，故重译而朝。"按照这一记载，我们似乎可以判读出早在公元前 11 世纪的周成王时代，就有使者曾经从南方的交趾之地到达中原地区。

越南在 10 世纪中叶之前既然属于中国的一部分，那么，它的开国传说就难免要受到中国文化的影响。越南方面，其史书上也有一些内容相近或者相似的记载。

越南的开国始祖，相传与中华民族同源。对此，越南史籍记载了两个传说，即"鸿庞氏传说"和"安阳王传说"。

一、鸿庞氏传说

越南的《大越史记全书·外纪》① 卷一《鸿庞纪》认为，"首肇封疆"的越南开国之君是"出于神农氏之后"。神农氏的三世孙帝明，南巡五岭，遇婺仙女，与之结合生子禄续。后来，帝明传位于长子帝宜，令其治理北方；又封禄续为王，治南方，称为泾阳王，国号赤鬼国。泾阳王娶洞庭湖之女曰龙女，生崇缆，继位为王，称雒龙君。雒龙君娶帝来之女曰妪姬，一胎生下百男。一日，雒龙君谓妪姬曰："我是龙种，你是仙种，水火相克，合并实难。"乃与之相别，分五十子从母归山，五十子从父居南，封长者为雄王②，雄王立国，曰文郎国。这就是越南建国之开始。1492 年，越南人武琼修订的《岭南摭怪·鸿庞氏传》也有与之类似的、大同小异的记载③。兹不一一录出。

越南历史上流传的《四字经》也认为："自鸿庞氏，曰泾阳王。系出神农，首肇封疆。"④

对于这一记载，中越两国的历史学家们均能够采取较为客观的态度。比如，

---

① 本书所据《大越史记全书》版本采用已故日本创价大学教授陈荆和先生编校，日本东京大学东洋文化研究所于 1983 年编辑、出版的"校合本"。该书系越南后黎朝（1428—1527）黎圣宗洪德年间（1470—1497）史臣吴士连于 1479 年最后修订完成，是越南最重要的历史著作。本书以下所引均只标明该书书名，不再附写作者、出版者、出版年份等其他版本信息。

② "雄王"实即"雒王"，系"手民之误"，却以讹传讹，成为越南史书中的固定用法。

③ 戴可来、杨保筠校点：《岭南摭怪等史料三种》，郑州：中州古籍出版社，1991 年，第 9—11 页。

④ 黄国安等：《中越关系史简编》，南宁：广西人民出版社，1986 年，第 4 页。

越南史学家陈重金先生认为："我们应该知道，任何国家都是如此，在混沌初期，谁都希望从神话之中寻找自己的根源来光耀自己的民族。无疑也因为这个道理，我国的史书记载鸿庞氏为'仙子龙孙'云云。"①

先师郑州大学教授戴可来先生认为："《岭南摭怪》中的《鸿庞传》以及与其雷同的《大越史记全书》中的《鸿庞纪》，渊源于中国，是越南人杂糅中国古籍中的各种传说和故事而演绎和嫁接而来的。如说越南人为炎帝神农氏之后，是因为中国古籍传说炎帝以火德王，为南方的帝王；而炎帝母游华阳遇神龙首感而生炎帝，又易于和越南人系'龙子仙孙'的说法相衔接。至于泾阳王娶洞庭女的说法……它是根据唐代著名传奇《柳毅传书》编造出来的。"②

《柳毅传》（即《柳毅传书》）的故事情节大致如下：柳毅在前往泾阳途中遇到龙女，龙女向其诉说在夫家受到虐待等，被赶出家门来到荒郊野外牧羊，柳毅出于义愤代替龙女传书给她的父亲洞庭君，洞庭君的弟弟钱塘君出兵灭了龙女夫家泾川次子，救出龙女并将龙女嫁给了柳毅。柳毅最终成了仙人。

戴可来先生在此将越南的鸿庞氏传说与中国唐代传奇《柳毅传》联系起来研究，从比较文化的角度揭示了中国古代文化对越南开国传说的影响，可谓真知灼见。

台湾师范大学教授朱云影先生（1904—1995）对此也提出了自己的观点："这传说可能反映着越南的越族自岭南的越族分出的史影。帝明是北方汉人，岭南出生的泾阳王成为混有土著血统的越族，而更往南迁的雄王，则已是地地道道的越人，所以以居留岭南的越人为仙种，而以迁入越南的越人为龙种。至于所传文郎国的疆域，西抵巴蜀，北至洞庭湖，应该是百越时代的活动区域，又谓'南接占城国'，则已属于雄王开国后的活动区域。"③ 这一说法无疑是正确的。

---

① [越] 陈重金著，戴可来译：《越南通史》，北京：商务印书馆，1992 年，第 17 页。
② 戴可来、杨保筠校点：《岭南摭怪等史料三种》，郑州：中州古籍出版社，1991 年，第 267—268 页。
③ 朱云影：《中国文化对日韩越的影响》，桂林：广西师范大学出版社，2007 年，第 244 页。

越南著名史学家陶维英在其名著《越南古代史》中引用了《史记》中与越人习俗相关的材料："常在水中，故断其发，文其身，以象龙子，故不见伤害。"①

中国学者闻一多先生也认为，龙是一种大蛇，是早期华夏民族其中一个部落的图腾，随着蛇这一氏族的合并，并与其他更多的氏族之间融合，其图腾——蛇也随之变成具有多种动物特征的龙。②

二、安阳王传说

如果上述鸿庞氏传说中的泾阳王、雄王纯属神话传说的话，那么史籍中关于安阳王的传说则具有相当的历史成分，有一定的可信度。

相传雄王传世十八世，到周赧王五十八年（前257）为安阳王所灭。史载，安阳王姓蜀，名泮，巴蜀人。③蜀王欲娶雄王十八世之女媚娘为妻，不成，怀恨在心，嘱咐子孙日后攻取文郎国以报此仇。当时，雄王自恃其兵强将勇，不修国事，沉迷酒食以为乐。蜀王之孙泮获悉这种情况，遂将兵攻取文郎国。雄王败逃，投井自尽。公元前257年，蜀王平定各地，自称安阳王，改国号为瓯骆，定都封溪（今越南福安省东英县）。公元前255年，安阳王在此地修筑螺城。其遗址今日尚存。

俗传安阳王修筑螺城之时，有妖怪捣乱，屡建不成。安阳王乃设坛祈求，有金龟显灵，授王以驱除妖怪之术，其城始得以建成。金龟神又赐给安阳王一爪，用作弩机，若敌来犯，此弩一发，敌则死以万计。正是这一神弩，才使得赵佗无法战胜安阳王。赵佗用计，令其子仲始前去向安阳王之女媚珠求婚，假借和亲之名以刺探实情。仲始娶了媚珠，向妻子打探瓯骆人不败之秘方，媚珠

---

① ［越］陶维英著，刘统文、子钺译：《越南古代史》（上册），北京：商务印书馆，1976年，第42页。
② 闻一多：《神话与诗》，上海：华东师范大学出版社，1997年，第31页。
③ 《大越史记全书·外纪》卷一《蜀纪》，第100页。

讲述了神弩的故事，并取出神弩让仲始观看。仲始看后以假弩归还给妻子，然后打算回去向父亲报信。临行前，仲始问妻子媚珠："我回去后，万一发生战争，将何处相寻？"媚珠说："妾有鹅毛袄，逃向何处，将沿途抛撒，便可知道。"

仲始回到南越国，将刺探到的情况如实相告。赵佗得知实情后，发兵攻打安阳王。安阳王自恃有神弩，全不防备，兵临城下时，才拿来神弩，却不灵验矣。安阳王背起媚珠向南逃跑，逃至暮夜山，近海滨，安阳王见追兵甚急，便向金龟求救。金龟说："王背后者是贼也！"安阳王大怒，剑斩媚珠，随即投海自尽。仲始随其妻所撒鹅毛率兵追至暮夜山，见妻子已死，无限伤心，连忙将其带回螺城安葬，事后仲始投身螺城一口井底而死。据说，在越南福安省东英县古螺村的安阳王庙前，此井至今尚存。

越南民间传说媚珠因为真正的爱情而死，死后其血流入海中，蛤蚌食之，化为明珠。有谁获此明珠，如以螺城仲始自杀之井水洗涤，则明珠会变得更加明亮、光莹。①

螺城古迹至今尚存一些汉文对联，记录这一传说。②

千年运会龟能卜
四顾山河蜀不亡

风会正初开何庸龟爪鸡精王迹至今存信史
山河更几度唯此螺城玉井地灵终古表东郊

千载上是耶非谁能辨之龟爪警机传外史

---

① 关于"安阳王传说"，多取材于《大越史记全书·外纪》卷一《蜀纪》，以及［越］陈重金著，戴可来译：《越南通史》，北京：商务印书馆，1992 年，第 17—19 页。
② 农学冠：《神龟信仰：中越民间文化中的一个母题》，《广西民族学院学报（哲学社会科学版）》2005 年第 27 卷第 3 期。

　　　　五伦中父与夫果孰亲也蚌胎井水独深情

　　对于这段美丽的传说，我国清代著名文人袁枚曾有诗叹曰："赵王父子开边界，赖种兰珠一朵花。铜弩三千随婿去，女儿心太为夫家。"[1]

　　朱云影先生认为，越南历史记载中的这一缠绵悱恻的爱情故事，"反映着越人对中国势力的南下，固然有点不愉快，可是对中国的优美文化，却有更深切的爱慕，所以以悲恋的方式表达其情感，实在是很耐人寻味的"[2]。这一观点，使人们明白中国文化与越南开国传说之间有着血肉联系。

　　此外，越南阮朝时，曾经建有"历代帝王庙"，里面神位的安排也是按照中国的传说来进行的：正中是伏羲氏，左侧是神农氏，右侧是黄帝，左一室为泾阳王。越南"先医庙"中的神位安排，亦是正中为伏羲氏，左侧为神农氏，右侧为黄帝。[3] 这种具有国家性质的祭祀安排，进一步表明越南历史与中国文化之间存在着源远流长的联系。

　　以上这些中越史书的记载，无论是关于鸿庞氏的传说，还是关于安阳王的传说，均是以中国的文化背景流传、创作而成的：鸿庞氏的传说，反映着我国百越的一支南下建立国家的史实；安阳王的传说，则反映出蜀国遗民南下建国的史实。这正是中国和越南两国之间在历史上具有甚为密切关联的最好证明。

第二节　越南古代简史

　　越南迄今为止的历史，在很大程度上跟中国的历史有着重叠和交叉的关系。从传说时代一直到有正史记载，从 10 世纪中叶的独立建国到 1884 年成为法国的殖民地，其间的地名、国名的嬗变，朝代更迭及其建置沿革等情状颇为复杂。

---

① 参见朱云影：《中国文化对日韩越的影响》，桂林：广西师范大学出版社，2007 年，第 248 页。
② 朱云影：《中国文化对日韩越的影响》，桂林：广西师范大学出版社，2007 年，第 248 页。
③ 黄国安等：《中越关系史简编》，南宁：广西人民出版社，1986 年，第 4 页。

下面笔者就有关"越南"这一历史名词的嬗变及建置沿革、历史上的分期等问题做一简要的回顾。

自秦代开始直到 10 世纪中叶，今天的越南北部地区正式纳入中国历代中央政府的统治之下，成为中国行政版图中的一部分，所不同的只是各个时期的名称各异而已。

现将历朝的统治情况略述如下。

一、秦设象郡

公元前 221 年，秦始皇灭六国，统一中原，分天下为三十六郡，建立了中国历史上第一个中央集权的封建国家。当时的疆域，尚未超出五岭地区。自公元前 221 年开始，秦始皇向五岭地区用兵。到公元前 214 年，秦平定南越，略取陆梁地，设桂林、南海、象郡三郡。南海郡在今天的广东境内，桂林郡在今天的广西境内，而象郡包括今越南中部、北部和广西南部一部分地方。秦推行郡县制，设郡置县，象郡开始列入中国版图。

二、赵佗建"南越国"

赵佗，河北真定（治今河北石家庄北）人，受秦始皇派遣，率领军队攻打百越。秦平定南越后，秦始皇任命任嚣为南海郡尉，赵佗为龙川县令。赵佗趁秦朝末年天下大乱、中央无暇远顾的机会，在岭南地区趁机起事，于公元前 208 年自封为南海郡尉，随后，又击并桂林、象郡，割据自立，于公元前 204 年，建南越国，建都番禺，号"南越武王"。汉高祖刘邦统一中原后，起初对赵佗的南越政权采取"羁縻"政策，为了节制赵佗，于公元前 196 年派陆贾出使南越，封赵佗为"南越王"。此后，赵佗又兼并瓯雒、九真二郡，并"命二使者典主交趾、九真二郡民"①。赵佗治理有方，使那里的人口得以增长，而且涤荡其陈规陋俗，使交趾、九真一带与北方地区保持较好的关系，为史家所称道。从此，"交趾"这一地名作为中国域内一个特定的行政区域名称出现于史册。

三、汉平南越设九郡

汉元鼎六年（前111），汉平南越，将原有地盘划分为九郡：儋耳、珠崖、南海、合浦、苍梧、郁林、交趾、九真、日南。其中，交趾郡在今越南河内一带，九真郡在清化、义安一带，日南郡在广平一带。此三郡的地域大致相当于今越南北部及中部地区。

交趾郡共辖十县：赢陵、安定、苟屚、麊泠、曲阳、北带、稽徐、西于、龙编、朱鸢；郡治在龙编（今越南河内）。

九真郡辖七县：胥浦、居风、都庞、余发、咸欢、无切、无编；郡治在胥浦（今越南清化西北）。

日南郡辖五县：朱吾、比景、卢容、西卷、象林；郡治在西卷（今越南广治附近）。

汉朝为了加强统治，在九郡之上设交趾部，委派刺史统管。

交趾、九真、日南三郡的行政格局和经济、文化成长的趋向，都为后来越南国家疆域的形成、王朝的建立和社会的发展做了准备。

四、东吴实行交广分治

三国时期，东吴孙权政府为了加强对交趾地区的统治，接受交州刺史吕岱的建议，将合浦以北地区划为广州，以吕岱为刺史；将交趾以南（交趾、九真、日南）地区归交州管辖，任命戴良为刺史。

---

① 《水经注》卷三十七，"叶榆河"条引《交州域外记》。

从三国至东晋，中国封建王朝对交趾一直实行着比较有效的统治。吴末孙皓时，在今越南中部和北部增置新昌、武平、九德三郡，统辖于交州。两晋时期，对于交趾的统治，一仍其旧。这说明中国封建王朝在交趾地区的统治逐步加强。

五、交州属隋、属唐

隋仁寿二年（602），隋文帝授大将刘方为交州道行军总管。隋唐在交州长期设置军政机构，不过，唐朝在交州建制屡有变动：

唐武德四年（621），设置交州总管府，不久改称为交州都督府。

唐贞观元年（627），将全国划分为十道，交州属岭南道。

唐调露元年（679），设置"安南都护府"，治所在交州。"安南"之名始此。安史之乱后，唐政府很快将安南改为镇南。

唐永泰二年（766），再改为安南。都护府之下设州、县、乡各级地方政府，统治较前代严密。

开元、天宝年间，由于战祸频仍，府兵制日趋破坏，唐王朝在边境和毗邻的少数民族地区设置节度使、经略使。安南自不例外。天宝十载（751）置安南管内经略使，由安南部护兼任。乾元元年（758）升为节度使，不久改为经略使。

唐末，由于南诏对安南的侵扰，于咸通七年（866）再次将经略使升格为静海军节度使。

如上所述，隋唐王朝始终通过这些总管府、都护府、经略使以及州、县等地方机构，直接实行对安南地区的统治。从秦汉交趾到隋代的交州、唐代的安南，其间嬗变之迹历历可寻。

据统计，中国中央政府在越南任命的官吏数目为：自汉迄唐，所置交趾官吏之可考者，刺史九十九人，都督六人，太守四十五人，功曹四人，都尉三人，都护四十人，长史四人，司马三人，别驾、司户、总管、督护共五人，总计二百零九人。① 由此，也可以明显地看出，历代中国中央政府对今天越南的北部地区一直进行着较为有效的统治和管理。

六、吴权称王，越南立国（968）

939 年，吴权大败南汉军，自立称王，在位 6 年（939—944），是为越南独立之前奏。944 年，吴权死；963 年，吴权次子吴昌文死，十二使君起而割据。968 年，丁部领锄平"十二使君之乱"，统一安南，建"大瞿越"国，称万胜王。

按照现在中国史学界通行的看法，一般认为，968 年为越南独立于中国的开始，是越南摆脱中国封建王朝、结束"郡县时期"，同时进入自立、自主封建统治时期的肇端。②

973 年，宋遣使封丁部领为交趾郡王。丁部领死后，大将黎桓于 980 年擅权，篡位自立，取代丁部领氏，建前黎朝（980—1009）。997 年，宋封黎桓为南平王。

此后，李公蕴建李朝（1010—1225），大中祥符三年（1010），宋授李公蕴为静海节度使，封交趾郡王。天圣六年（1028）三月三日，李公蕴死。次年四月，宋"赠公蕴侍中，追封南越王"。同年七月，"除德政（公蕴之子）检校太尉、静海军节度使、安南都护、交趾郡王"。德政死后，亦追赠为南越王。嗣

---

① 陈玉龙等：《汉文化论纲：兼述中朝中日中越文化交流》，北京：北京大学出版社，1993 年，第 344 页。

② 学术界存在多种不同看法，大体有如下几种观点。一是 939 年说。持此种说法者认为，939 年，吴权将南汉军队打败，自立为王，应看作越南独立于中国统治的开始。这种说法在越南学术界较为流行。二是 968 年说。968 年，丁部领将十二使君的暴乱铲平，统一了今越南北部的大部分地区，并建立了"大瞿越"国，在形式上和实质上都具有国家的性质，因此，把这个年份看成是越南自主国家建立的肇端。笔者在学习越南历史的过程中一直持有此说，本书也不例外。三是 973 年说。该说法的出现是基于 973 年中国北宋政权向越南派遣使者，把丁部领封为"交趾郡王"，是从法理学意义上来认定的。笔者认为，越南的独立在前，北宋的认可在后，区别在于时间上。而时间上的差异，乃是因为彼时的社会条件，比如当时的交通状况、北宋政府的内政外交状况等所决定的。我们研究历史应该实事求是地尊重历史事实，所以笔者不赞成此种说法。

后，李朝诸帝，宋封之为交趾郡王，或进封南平王如故。宋朝史书，一般仍称越南为交趾。直到淳熙元年（1174）这种情况才有所突破。

据《宋会要辑稿·蕃夷四》载："淳熙元年二月一日，诏安南入贡，礼意可嘉……特赐安南国名。……封安南国王"；"安南。……诏交趾改赐今名"。安南立国自此始。

由此看来，尽管越南在 968 年已经取得了国家的独立，但是由于与中国源远流长、根深蒂固、千丝万缕的特殊关系，从国家名称的获得这一情状可知，即使是试图获得一个名称，也首先要取得中国官方的认可。

从此以后，越南不再是中国域内的一个郡县，而是与中国壤土相接的藩属。越南摆脱了中国的羁绊，初步取得了"独立"。但自越南建立独立的政权后，到 19 世纪下半叶沦为法国的殖民地为止，越南历代封建王朝一直同中国的封建王朝保持着藩属与宗主的关系。

12 世纪中叶，李朝开始衰微，大权旁落于前指挥使陈守度之手。年仅八岁的女皇李昭皇被迫禅位给丈夫陈日煚。陈日煚即位，建立陈朝（1225—1400）。北方的元朝崛起后，挥师南下，既威胁南宋，又威胁越南。一时出现宋、元、越三角关系。越南陈朝周旋于宋、元之间，处境维艰。陈朝时，元、越之间交恶，元朝还曾三次对越南用兵，但均以失败告终。

明朝初年，曾经将越南、占城等 15 个国家列为"不征之国"。较之元朝，双方关系有明显改善。而陈朝多次向明朝派遣使臣，为的是请封、朝贡、谢恩、告哀等事；明朝亦遣使还答。有时是颁宣诏书，有时是祭吊或者册封。安南向明朝贡，一方面是"奉正朔，保境而威其邻"，系出于政治上的需要；另一方面则是"兼贸易，薄来而厚往"，有利于双方经济交流和贸易往来。

明建文元年（1399），胡季犛弑主自立，取陈朝而代之，改姓名胡一元，改国号"大虞"，以"舜裔胡公满之后"自居，年号"元圣"。不久，一元自称"太上皇"，传位给儿子，称"大虞皇帝"。

七、短暂的"属明时期"（1407—1427）

明永乐四年（1406），明成祖以胡季犛篡逆夺权的名义，历数其二十大罪，出兵越南，长驱直入，破东都升龙（即河内），俘获胡季犛父子后，于 1407 年 8 月改安南为交趾，设置三使司（都指挥使司、布政司、按察司）十五府（交州、北江、谅江、三江、建平、新安、建昌、奉化、清化、镇蛮、谅山、新平、演州、义安、顺化）。下辖 36 州，181 县。从此，越南再次归入中国版图，成为明朝郡县，凡 20 年（1407—1427）。

永乐十六年（1418）三月，越南清化府俄乐县巡检黎利在蓝山发动起义，苦战 10 年，屡创明兵。1427 年 12 月，明交趾总兵官王通立坛与黎利盟誓退兵。次年 1 月，明朝废除交趾三司，越南重新恢复独立。

宣德三年（1428）五月，黎利即位，国号"大越"，是为后黎朝。黎利遣使入明，请求册封，但明朝朝廷于 1431 年、1433 年、1434 年三次答复只让他"权署安南国事"。

八、清朝和越南的宗藩关系

清廷和黎朝的封建宗藩关系，前后维持了 100 多年。当时，越南政权实际上由两个对立的封建集团所控制，北方是郑氏，南方是阮氏，史称"南阮北郑"。为保持统一越南的象征，清廷承认并册封黎氏为安南国王。清初，越南高平地区曾一度出现莫氏割据，清廷封为安南都统使，以示羁縻。

1788 年，黎朝被阮惠领导的西山起义军推翻。清廷出兵干涉失败，为了保全双方的面子，乾隆册封阮惠为安南国王。

西山阮氏政权（1778—1802）于 1802 年覆灭。割据南方的阮氏（即"广南国"）东山南起，取代了西山政权，建立了越南历史上的最后一个封建王朝——阮朝，建都于顺化。

九、越南国名的正式使用（1802）

1802 年（清嘉庆七年，阮朝嘉隆元年），阮福映按惯例向清廷遣使请封"且请改国号为南越"。清廷对此甚为重视，经过大学士保宁等廷议后不同意用"南越"，只同意仍用"安南"，后进一步考虑才同意用"越南"作为国号，册封阮福映为越南国王。①

"越南"作为一个国家的名称从此开始出现，并一直沿用至今。

综上所述，从史前传说到清朝封越南阮氏朝廷使用"越南"的名称，几千年来，越南国名迭经嬗变，先后计有：

南交、交趾、南越国遥领的交趾和九真、秦象郡，汉九郡中的三郡（交趾、九真、日南），交州、安南、镇南，最后定名为越南。而所处地位，由"域外"（徼外）而"域内"（列入中国版图），秦汉时为郡，三国东吴、隋时为州，唐为府道，明设三司十五府凡 20 年，均为直接统治。

越南国名嬗变和建置沿革，内容既丰富，情况又错综复杂。它反映了社会的发展、疆域的变迁、王朝的更替、国力的消长以及经济联系与文化交流。自秦汉设置郡县、唐设府道、明设三司十五府进行直接统治后，中原与交趾地区

---

① 对于越南国名的确定，清朝政府极为审慎。据清朝档案资料《军机处录副奏折》记载的越方奏表及清廷批谕如下："南越国国长臣阮福映稽首顿首谨奏：……兹臣遥伏天威，扫清南服，有此疆宇，亦先祖肇基南越之所自也。……伏望圣聪曲垂轸顾，赐以荣封，兼赐国号南越，俾臣赖得荷殊恩，继先志，奠安南服，永保藩封。……谨奉表以闻。"保宁等议驳后上奏："……考前代之沿革，事惟务实，治在正名。考安南古曰南交，周曰交趾，至赵佗窃据，始自称为南越王。旋为汉灭，郡县其地。……宋太祖开宝三年封丁部领为安南郡王。真宗天禧元年封李公蕴为越平王。至孝宗淳熙元年封李天祚为安南国王。安南立国自此始。元、明至本朝，封号皆因。核其疆域，实止南越之隅，未便以一隅之地，遽以南越自称。且广东、广西皆南越之旧地，自汉以来久为中国，若该国复南越之古，名实既不符合，体制尤为未协。所有该国长请赐名南越之外，应无庸议。至安南国号，自宋迄今，数姓相承，并无更改，该国长但当恪守藩封，……应请仍以安南为称，庶于事理允协。"清廷最后降旨批道："所请以南越名国之处，该国先有越裳旧地，后有安南全壤，天朝褒赐国封，著用越南二字，以越字冠于上，仍其先世疆域；以南字列于下，表其新赐藩封。且在百越之南，与古所称南越不致混淆，称名既正，字义亦属吉祥，可永承天朝恩泽。"从上述史料，可见清廷举措之审慎。既符合历史沿革，又利于现状协调，一名之定，永垂后代。"越南"国名自此始，且沿用至今，已逾 200 年。

的交往日益频繁，可以说是息息相关。不但赋役制度同、人才同选，而且连国制、兵制、田制、学制等典章制度均以中原的模式为蓝本，而文化上与中原地区尤为水乳交融。

弄清越南国名嬗变及建置沿革，有助于我们了解中越关系史之来龙去脉，同时也有助于我们探溯中越文化的共同渊源。

《四库全书总目提要》阙名撰《越史略》三卷提要对此有很好的概括："安南自汉迄唐，并为州郡。……安南自宋以后，世共职贡。"寥寥数语，准确地说明了越南独立前后，中越历史关系有着本质的不同。[①]

陈玉龙先生将越南历史分为传疑时期、郡县时期、自主时期和近现代四个时期。笔者认为这种分法是科学的，并且是符合历史事实的。他将这四个时期形象地概括为"徼外、域内、藩属和邻邦"十分贴切，并且按照这四个不同时期的中越关系的特点总结为"徼外——交南炎荒，情况冥茫；域内——设郡置县，形同内地；藩属——岁修职贡，依违参半；邻邦——唇齿相依，患难与共"[②]，可谓高屋建瓴，字字珠玑。

第三节　构成中越文化关系的因素

有人说，越南有两条大河——其一是可以在地图上找到的，那就是北方的红河和南方的湄公河（亦称九龙江）。它们发源于中国的云南省和青藏高原。千万年来，它们不断地带去中国的泥沙，灌溉蕃息着越南的耕地，养活了越南的人民。而另一条则是发源于中国的"文化大河"。数千年来，这条"文化大河"给越南人民输送了大量的精神养料，丰富了越南的文化宝库。[③]

---

① ［清］纪昀总纂：《四库全书总目提要》，石家庄：河北人民出版社，2000年，第1796—1797页。
② 陈玉龙等：《汉文化论纲：兼述中朝日中越文化交流》，北京：北京大学出版社，1993年，第350页。
③ 颜保：《汉文化在越南》，载季羡林主编《〈东方研究〉论文集》，北京：北京大学出版社，1983年，第329页。

北京大学教授颜保先生的这一比喻，十分形象地说明了中国与越南两国之间存在着的自然和人文的血肉关联。这种自然和人文之间的关联，正是构成中越两国紧密而又悠久的文化关系不可或缺的重要元素，也是中国古代文化能够在越南得以传播并产生影响的必要条件。

中国与越南之间之所以能够构成紧密而又悠久的文化关系，既有地理、历史方面的因素，又有文化和社会方面的因素。

一、地理因素

越南位于中国的南方，与中国的广西、云南接壤，红河和湄公河从中国流经越南，内陆航运十分便捷；与中国的广东、海南隔海相望，自古就有海上航运上的交往和记载。从地理上看，两国之间可谓山水相连、唇齿相依。这种天然的、地缘上的因素为中国文化在越南的传播提供了极大的便利。

二、历史因素

从前述历史传说和有关历史记载看，越南人民和中国人民有着共同的祖先。越南人认为自己是神农的后代，在历代的帝王庙中都供奉来自中国的伏羲、神农、黄帝、泾阳王的牌位。

在历史上，越南与中国自古就关系密切。从秦汉到唐宋，越南长期置于中国封建王朝统治下，越南历史学家称之为"郡县时期"。968 年，越南人民在丁部领的领导下，取得了民族独立。越南独立之后，仍与中国保持藩属关系，有着密切的政治、经济、文化交往。1884 年，越南沦为法国的殖民地，虽然法国殖民者采取各种措施割断越南人民与中国人民的联系，阻碍中国文化在越南的传播，但越南人民仍接受中国文化。即使到了现代，胡志明在 1945 年 9 月 2 日发表的《致华侨兄弟书》中也指出："我们中越两民族，数千年来，血统相通，文化共同，在历史上素称兄弟之邦。"①

越南与中国之间的这种特殊的历史关系和深厚的历史渊源，为中国文化在越南的传播创造了极为有利的条件。

三、文化因素

历史上，越南曾经长期使用汉字，汉字成为越南人通用的"书面语言"。越南是东亚汉语文化圈的重要成员之一。尽管越南历史上曾经出现过字喃，但是它从来也没有真正取代过汉字的地位；即便是越南使用拉丁化的拼音文字，汉字的影响也不可能彻底消除。② 正如越南历史学家文新所说的那样："中国语言文字已经成为越南语言文字的有机部分。""越南语言文字和中国语言文字之间的关系比拉丁字与法国语言之间的关系还要密切。因此，要想真正了解越南语言文字就不得不了解中国的语言文字。"③

文字上的相通，是中国文化与越南文化之间构成亲密关系的主要原因：中越两国语言文字的相同和相通，使中国文化不必通过翻译，就可以既简单又快捷地为越南人民所了解和接受。

四、社会因素

从社会因素看，中国文化在越南的广泛传播适应了越南封建统治者加强中央集权、加速封建化进程和巩固自己统治地位的需要。

968 年之前，越南中北部地区属于中国历代封建王朝的管辖范围，中国文化

---

① ［越］胡志明：《致华侨兄弟书》，转引自黄铮《中越关系史研究辑稿》，南宁：广西人民出版社，1992 年，第 220 页。

② 有关越南使用汉字的情况，请详见本书第二章《汉字：中国文化在越南传播的"先驱"》，兹不多论。

③ ［越］文新：《中越辞典·序言》，河内：真理出版社，1956 年，第 5—6 页。参见《古代中越关系史资料选编》，北京：中国社会科学出版社，1982 年，第 755 页。

在那里的传播自不待言。968 年越南独立之后，开始建立其统一的封建国家。为了达到强化中央集权统治、维护国家统一和社会稳定，以及从思想上控制人民的目的，越南的封建统治阶级就必须寻找一种思想体系作为自己的统治思想，而中国文化正是他们所需要的"灵丹妙药"。

因此，越南的历代封建统治者们不断地从中国借用包括儒家学说、道教、佛教等精神武器，以"为我所用"。在具体的实践中，他们发现以儒家文化为代表的中国文化所宣扬的大一统思想和等级尊卑、纲常名教、礼义教化最适合其封建统治的需要。因此，从李朝开始，封建统治阶级改变"崇佛抑儒"的政策，逐渐重视儒学。继李朝之后，陈朝继续推行重视儒学的政策，并形成了一个比较完整的、包括科举制度在内的儒学教育体系。尤其是在后黎朝，越南的统治阶级更是大力提倡儒学，独尊儒学，儒学在越南进入一个鼎盛时期，使儒家思想渗透到社会的政治、经济、文化教育、民风民俗的各个方面，儒学由此成为越南封建社会后期占主导地位的统治思想。

从社会因素分析，统治阶级的大力提倡和积极推行是以儒学为代表的中国文化在越南得以广泛传播的重要原因。

第二章

汉字：中国文化在越南传播的"先驱"

　　文字是记录和传达语言的书写符号，是人类思想文化得以准确表达、储存、流传的载体，同人的思维、意识、观念有着本质的、直接的联系，而且也从根本上塑造着民族思想文化的某种特性。人类从原始的蒙昧状态进化到文明社会的标志就是文字的发明。

　　汉字作为汉文化最基本的细胞，有着悠久辉煌的历史和鲜明的民族特色。汉字是中华民族在长期的生产、生活实践中创造的记录汉语的载体，它具有几千年的历史，是中华民族的灿烂文化——汉文化的重要组成部分。正如著名学者饶宗颐先生所论："造成中华文化核心是汉字，而且成为中国精神文明的旗帜。"①

　　中华民族的灿烂文化主要是通过汉字文献传播到全世界的。在长期的历史进程中，中国文化对人类文化，尤其是东亚和东南亚文化的发展做出了巨大的贡献。具有浓厚的历史积淀和丰富的文化内涵的中国文化，以中国中原地区为圆心，以极大的魅力呈扇状濡染周边诸多国家和地区，深深地影响着他们的文化生活中的方方面面，对朝鲜、日本、越南以及东南亚诸国产生的影响甚巨，其中，越南是受汉字、汉文化影响最深的周边国家之一。

　　关于文字的传播和发展，著名文字学家周有光先生有过十分精辟的论述。

---

① 饶宗颐：《符号·初文与字母——汉字树》，上海：上海书店出版社，2000 年，第 183 页。

他认为："西方流传一个说法，'文字跟着宗教走'，实际是'文字跟着文化走'。代表较高文化的文字，永远向文化较低的民族传播。文字的传播和发展，一般经历四个阶段：学习阶段、借用阶段、仿造阶段和创造阶段。传播的阶段现象在汉字历史上最为明显。"① 将周有光先生的论述用于考察汉字在越南的传播是再合适不过的了。

笔者将在本章中重点探讨汉字在越南传播的四个阶段②，以及汉字传播的重要意义。

第一节　汉字在越南传播的四个阶段

大体看来，汉字在越南的传播经历如下四个阶段：①传入初期——"学习阶段"；②"借用阶段"；③13 世纪左右开始了"仿造阶段"——字喃的出现；④随着西方殖民者的入侵，开始了越南文字的"创造阶段"——越南语的拉丁化。现分述如下。

一、学习阶段

汉字和汉语是随着古代中原人民的迁移而传入越南的。今天越南的主体民族——越人（京人）曾是古代百越的一支，即雒越。相传在越王勾践时代，他们中的一些人已经能够使用汉字和汉语作为交际工具，开始了与吴国和楚国进行交往的历史。公元前 333 年，楚国灭越之后，越人在不断南迁的过程中，把汉字、汉语以及先进的生产技术和文化带到了红河流域。公元前 316 年，秦灭蜀，蜀部族三万余人也随后逐渐南迁。公元前 257 年，蜀王泮在红河平原上自

---

① 周有光：《建立人类文字学》，载赵丽明主编《汉字传播与中越文化交流》，北京：国际文化出版公司，2004 年，第 126 页。

② 就笔者视力所及，关于汉字在越南传播的"四个阶段说"，在国内学术界尚属首次提出。

立为安阳王。蜀人把其祖居地的西蜀语言和汉字带到了红河流域。

公元前 221 年，秦始皇统一中国后，曾"发诸尝逋亡人、赘婿、贾人"，"以适遣戍"。① 赵佗时，自中原地区不断迁来的"徙民"们，在"与越杂处"、互通婚姻的长期生活、生产交往过程中，也逐渐成为地道的越南人。由于当时越南部族还没有文字，汉字、汉语便在此生根开花，在越人中流行了起来。

汉代时，交趾、九真地区的地方官吏如任延、锡光等人，又"建立学校，导之礼义"②，有意识、有组织、有计划地传播汉字、汉语。经过多年的励精图治、苦心教化，不仅涤荡了原始陋俗，而且"教导民夷，渐以礼仪"③，使越人中懂得汉字和汉语的人数渐渐增加。

从上述史实中我们不难看出，秦汉时期，汉字、汉语传入越南是由于战争导致老百姓的迁移而发生的，属于自然状态，是一种自发行为；而秦汉以降，历代中国封建统治者为了更好地"郡县其地"，出于政治、经济等方面的考虑，不断地加强文化上的传播，这在客观上使越南较早地进入文明时期，从而缩短了它在历史上的蒙昧期。特别是任延、锡光的"建立学校，导之礼义"和士燮的"教以诗书，熏陶美俗"④，更使越南成为"文献之邦"，同时也使越南民族文化大大地发展和丰富起来。

汉字传入交趾伊始，这一地区尚处在原始愚昧的状态之中，汉字和中国文化的传入推动了交趾地区向人类文明社会的过渡。

这一时期为越南对汉字的"学习阶段"。

二、借用阶段

在从汉字传入到 968 年越南独立的 1000 多年间，交趾（交州、安南）地区

① ［汉］司马迁：《史记》卷六《秦始皇本纪》，北京：中华书局，1959 年，第 253 页。
② ［南朝宋］范晔撰，［唐］李贤等注：《后汉书》卷八十六《南蛮西南夷列传》，北京：中华书局，1965 年，第 2836 页。
③ ［南朝宋］范晔撰，［唐］李贤等注：《后汉书》卷七十六《循吏列传》，北京：中华书局，1965 年，第 2462 页。
④ 吴凤斌：《越南使用汉字的由来》，《中国东南亚研究会通讯》1982 年第 4 期。

的郡县官吏均由历代中国封建王朝派遣。西汉末年的交趾太守锡光，东汉初年的九真太守任延和三国时期的交州太守、被尊称为"士王"的士燮等是其中的佼佼者。这些官吏大力推行汉字，建立学校，实行汉文化教育，导之礼义，推行一夫一妻制，大力推广中原地区的先进生产技术与文化等。这些治理措施推动了交趾地区从愚昧走向"通诗书，习礼乐"的封建社会。

唐代在安南设立安南都护府，地方官吏颇注意大力兴办文化教育事业，用儒家学说教化安南的民俗。各个历史时期，因战乱等原因从中原地区移居交州的大量移民中有许多文人、名士。他们讲学、办教育，传授儒学经典，著书立说。他们的学术活动对汉文化在该地区的传播起到了有益的作用，提高了当地居民的文化水平。唐朝，安南地区研习汉文化已蔚然成风，游学中原者络绎不绝，他们和中原士人一样参加科举考试。[①] 这时，汉字读音、汉语使用和汉语教育在安南已经形成完整、正规的体系。越南学者阮才谨指出，现在越南汉字的"汉越读法是源于唐朝汉字的语音体系，具体是约为八九世纪在交州讲授的唐音"[②]。在公元968年越南独立后，越南历代封建王朝都主动地推行汉字、使用汉字，学习先进的汉文化以服务于自己的统治。

这一时期是越南对汉字的"借用阶段"。

三、仿造阶段

探讨越南使用汉字的历史，不能撇开"字喃"（又称"喃字"）的使用历史。越南在10世纪中期摆脱中国封建王朝的统治，建立自主封建国家后，虽然一直对中国朝廷保持着宗藩关系，向中国称臣，定期朝贡，但随着其民族意识和国家意识的不断觉醒，越南无时无刻不在企图创制自己的文字。"字喃"的创

---

① 相关内容参见本书第三章《儒家学说在越南的传播和影响》。

② ［越］阮才谨：《汉越读法的起源和形成》，河内：国家大学出版社，2000年，第17页。参见于在照《汉字与越南的汉语文学》，载赵丽明主编《汉字传播与中越文化交流》，北京：国际文化出版公司，2004年，第319页。

制和使用就是这种心态的一个最好注脚。①

正如越南学者裴磐世认为的那样："喃字的出现大约在自主时期的初年，显示了越南人民对于民族语言的自信心和自豪感，越南人须用越南语言、越南文字来表达和记录自己的独立和豪迈的生活。这也标志着作为民族语言的越南语的一个重要进步。'这是一个在文化领域内民族精神、独立意识的新的表现。'"②

所谓"字喃"（Chu Nom），就是指"越南在借用汉字的年代里，为了书写越南语而借用的汉字和仿照汉字形式创造的越南字"。"字喃"就是"南国的文字的意思"。③"字喃"的创造者是以汉字"六书"中的会意、假借、形声等为造字法的。借用的如"固"（Co），意为"有"，借音不借义；借义不借音的，如将汉字的"年"写作"醉"（Nam）；会意的如"壶"（Troi），意为"天上""天空"；创造的如"凷"（Ba），意为"三"；等等。

"字喃"包括为书写越南语而借用的汉字和另创的越南字。借用的汉字只借音不借义，自创的字则完全模仿汉字的结构，往往由两个汉字拼接而成，一边表声，一边表义，可以说是汉字在越南的衍生物。汉语对越南现在使用的国家正式语言——拉丁化越南语的形成与丰富也做出了极大的贡献，至少有60%的越语词汇借自汉语，越南史学家文新则认为达到70%~80%。④

"字喃"在陈朝时广泛流行，曾经一度跟汉语文言并行，用作正式文字。胡朝时胡季犛还曾用"字喃"翻译儒家经典。但是，总体看来，在越南2000多年

---

① 有学者认为"字喃"创制的原因，是"为了解决语言生活中的口头语和书面语、本族语和外族语的两对矛盾，越南人创制了另外一套文字——字喃"，详见吴受祥《越南汉字使用史上的两次失误》一文"字喃的失败"一节（《解放军外语学院学报》1992年第5期）。笔者认为，吴文是从语言学角度来考察这一问题的，而我们则注重从历史渊源中分析越南使用汉字及创制"字喃"的原因，两者并不矛盾。

② ［越］裴磐世：《越语——越南民族的统一的语言》，越南《历史研究》1976年1—2月，第178期。参见《古代中越关系史资料选编》，北京：中国社会科学出版社，1982年，第758页。

③ 辞海编辑委员会编：《辞海（1979年版）》（缩印本），上海：上海辞书出版社，1980年，第1006页。

④ 于在照：《汉字与越南的汉语文学》，载赵丽明主编《汉字传播与中越文化交流》，北京：国际文化出版公司，2004年，第320页。

使用汉字的漫长过程中，越南人从帝王到贵族、官吏和文人等都崇尚汉字，他们还把汉字称为"儒字"（Chu Nho），或者"我们的字"（Chu Ta），把汉文化典籍奉为神明，把他们用汉语创作的文学作品放在独尊的地位；而把用自己的本民族语言——字喃创作的作品放到了次要的地位，有时甚至采取鄙视的态度。

文字是社会发展到一定阶段的产物，"它沉积着一个民族的心理文化结构，反映着文字制造者的思维观念，是历史在一个时代平面上的投射"①。字喃的出现也反映了越南封建士大夫希图在文化上独立于中国的心态，我们姑且不论及这种心态产生的历史渊源，单就它造成的后果来看，"字喃"这一人为的"以字造字"的产物是失败了。

字喃文学的发展历史也为这种观点提供了有力佐证。字喃文学从 13 世纪产生到 18 世纪兴盛，经历了五个多世纪艰难曲折的发展过程。字喃自出现之日起，几乎没有得到过越南历代王朝的承认和重视。尽管越南的胡朝（1400—1407）和西山阮朝（1778—1802）在越南历史上承认和重视字喃，胡季犛还曾下令把汉语书籍译成字喃，阮氏三兄弟曾在起义过程中以及建立朝廷后把字喃推上正式文字的地位，但遗憾的是胡朝和西山阮朝在越南历史上都是短命的王朝，享国甚短，来不及也不可能在其分别统治的 7 年和 24 年内把字喃发扬光大。阮圣祖明命皇帝（1820—1840 年在位）即位后，针对当时社会中士大夫写作时经常在汉字中夹用字喃这一现象，曾下达诏书，禁止使用字喃，要求越南人以《康熙字典》为圭臬，使用正确的汉字写作。②

正统的越南儒学者们抵制、蔑视字喃的使用，在其深层意识里，唯汉字是正宗，一直把字喃文学视为不登大雅之堂的"俗文学"。因此，不少越南文人的字喃作品完成后不署名，以至于越南文学史上出现了相当多的无名氏字喃作品。"越南人这种'重汉轻喃'的民族心态，无疑也是汉文学、汉文化长盛不衰，民

---

① 姜跃滨、章也：《浮出翰海——汉语与汉文化的建构》，西安：陕西人民教育出版社，1989年，第 141 页。

② 郭振铎、张笑梅主编：《越南通史》，北京：中国人民大学出版社，2001 年，第 581 页。

族语言喃字及其文学发展不畅的一个重要因素。"①

由于"字喃"与汉字"形式上的无懈可击的同质性"，并且"越南俗体文字体系远不具备汉字词义结构的活力"，② 所以，"字喃"到 17 世纪被拉丁文代替，成为一种死文字。但是，现在仍然能够借助汉字释读"字喃"。汉字成为发掘越南传统文化宝库的工具和桥梁，"越南语约 90% 的词汇来源于汉语。过去我们祖先的几乎所有的著作都是用汉字写的。必须认识汉字，才能通过数量巨大的汉—喃书库挖掘民族的遗产"③。现在，越南政府专门设立了"汉喃研究院"，以整理越南的汉字和字喃文献。

据越南汉喃研究院原院长郑克孟先生介绍，近年来，该院已经开始同中国以及法国的一些科研机构和高等学校合作，并取得了一些"旨在向世界文化界介绍汉喃资料的研究成果"，如《汉喃遗产书目提要》（中文）、《越南汉文小说丛刊》（中文）、《传奇目录》、《河内文庙碑刻》（法文）和《越南汉喃铭文汇编》（中文和法文）等。这些研究成果体现出越南汉喃学和国际汉喃学界之间的科研合作关系正在不断发展。

同时，越南汉喃研究院已经开始运用计算机技术，对汉喃遗产进行管理和研究的工作。比如，他们参加了亚洲地区表意文字标准编码的建设工作；汉喃研究院已经用国际标准编码系统（IRG/ISO）输入了 1 万个字喃，其中有近5000 字是纯越词；制作了首批汉喃遗产光盘，其中收录了经过数字化处理的上万张包括文学、史学、地理、地图、律例、科举等多方面内容的汉喃书籍图片。为了便于保存，这些光盘将原版图书按原样录入，构成了汉喃书籍数据库的独立管理系统；为了适应汉喃研究的特殊需要，越南汉喃研究院已经在日常工作中使用多种汉字处理系统，以输入有关信息或发表研究成果。④

---

① 于在照：《汉字与越南的汉语文学》，载赵丽明主编《汉字传播与中越文化交流》，北京：国际文化出版公司，2004 年，第 320 页。

② ［法］汪德迈著，陈彦译：《新汉文化圈》，南昌：江西人民出版社，1993 年，第 100 页。

③ 参阅越南《人民报》1993 年 9 月 26 日，陈英诗文。

④ 参见［越］郑克孟：《越南的汉喃遗产》，载赵丽明主编《汉字传播与中越文化交流》，北京：国际文化出版公司，2004 年，第 269 页。

越南在采用汉字的历史进程中，要么“拘泥于汉字的读音，没有将汉字训读发展起来，从而实现汉字从表达汉语到表达越语的转换”，要么“拘泥于汉字的读音，又拘泥于汉字的形体，没有成功地像日本、朝鲜那样实现由汉字到本民族文字的转换”，①所以，19世纪末20世纪初越南社会的文字危机十分深重，最终随着西方列强的侵入导致了一场深刻的文字革命——文字拉丁化。

越南历史上使用字喃时期是对汉字的“仿造阶段”。

四、创造阶段

越南语的拉丁化，开始于16—17世纪。当时，欧洲的一些传教士出于传播基督教教义和开拓殖民地的需要，开始使用拉丁字母来标注越南语的发音，后来逐渐推广、完善，揭开了越南语拉丁化的序幕。到17世纪30年代，法国传教士罗历山神父（Alexander de Rhodes，1593—1660）制定了越南语的第一种拉丁拼音方案——国语（Guoc Ngo），罗历山神父还于1651年在罗马出版了《安南语—葡萄牙语—拉丁语词典》，这被认为是越南语拉丁化的开端。②自此，拉丁化的越南文成为越南人获取文化知识的又一个工具。

但是，直到1935年，殖民者统辖下的越南政府才批准各学校用拼音文字进行教学，1936年明令废除汉字的通用。1945年“八月革命”胜利后，以胡志明为首的越南民主共和国临时政府于9月正式将拼音文字确定为越南的国家正式文字。

新文字的通行，在形式上似乎扫去了汉文化的痕迹，但实际上中国文化对越南的陶冶熏染既深且久，绝非一纸命令即可除去的。时至今日，越南人民的语言中仍然拥有大量的汉语词汇；越南人民的生活习惯、社会风俗中仍保留着大量的汉民族传统；近现代越南知识分子、革命家中，精通中文者大有人在，

---

① 吴受祥：《越南汉字使用史上的两次失误》，《解放军外语学院学报》1992年第5期。
② 耿昇：《北圻与中国传统文化——法国入华耶稣会士罗历山及其对“东京王国”的研究》，《西北第二民族学院学报》2005年第1期。

潘佩珠、胡志明、武元甲、黄文欢等人均具有很高的汉文修养。

经过对汉字的学习、借用和仿造，历经两千余年的漫长岁月，越南语进入了文字的第四个阶段——创造阶段。自此，越南人终于有了属于自己本民族的语言文字——现代越南文。

第二节　汉字在越南传播的意义

越南在 10 世纪中期建立其历史上第一个封建自主国家后，虽历经十几个朝代，但汉字一直为其通行的文字。自李朝至陈朝的四百余年间，越南文人用汉字写出了大量的著作。著名的如《越史纲目》《大越史记》《大越史记全书》《安南一统志》《岭南摭怪》《大南实录》《钦定越史通鉴纲目》《安南志略》等。

19 世纪下半叶，西方列强开始侵入越南，特别是法国殖民者侵入以后，其出于殖民需要，在越南强令推行法文和国语字，排斥汉文。但由于悠久的历史渊源，汉文仍为越南人民所喜爱，即使在 20 世纪 20 年代，越南仍用汉文出版了《中学越史撮要》《越史镜》《南风杂志》等相当多的书籍、杂志。正如越南历史学家文新指出的那样："中国语言文字已经成为越南语言文字的有机部分，也正因为如此，对（越）南人来说，中国语言文字比任何一种外语都更加需要。"①

法国殖民者曾在 1917 年强令废除汉文，但效果并不明显。据越南总督府在 1937 年公开发表的数字表明：在越南出版的报刊中，中文报纸有 6 种，中文刊物有 12 种，而法文、越文和汉文合刊的杂志只有 4 种。②

20 世纪 40 年代，在胡志明等老一代越南革命家的领导下，越南北部取得解

---

① ［越］文新：《中越辞典·序言》，河内：真理出版社，1956 年，第 5—6 页。参见《古代中越关系史资料选编》，北京：中国社会科学出版社，1982 年，第 755—756 页。

② 吴凤斌：《越南使用汉字的由来》，《中国东南亚研究会通讯》1982 年第 4 期。

放，开始大力推广国语字，但仍有不少人喜欢用汉文写诗作赋，精通汉语者为数甚众。如胡志明于1942—1943年间，在中国广西境内遭逮捕，辗转狱中就写下了百余首具有颇高汉语造诣和修养的诗篇，取名《狱中日记》①。此外，黄文欢、武元甲、范文同等老一辈越南革命家也具有较高的汉文修养。

在越南使用汉字两千余年的历史中，汉字不仅伴随越南由原始蒙昧的部落社会直接过渡到封建社会，而且也伴随它走完了近两千年的漫漫封建社会阶段。在这一过程中，一方面，汉字把源远流长、博大精深的汉文化源源不断地输入越南，为越南社会进步以及政治、经济、文化、教育、科技等各个方面的发展做出了不可磨灭的突出贡献；另一方面，汉字已经渗透到越南社会文化生活的各个层面，起到了承载越南文化的作用。越南历史学家文新在1956年版的《中越辞典·序言》中说："1884年以前，越南人在著书立说时往往使用中国文字来表达自己的思想感情。因而在越南的文化宝库中的大部分著作，也用中国文字来编纂。"② 可见，汉字作为越南使用了两千多年的正式文字，在越南历史上的功绩可谓劳苦功高。

在越南古代文化史中，汉字和字喃是构建越南古代文化大厦的承重材料，尤其是汉字对越南古代文化有着全面而又深远的影响。但是，在法国侵占越南以后，汉字和字喃都逐步被拼音文字取代。这一过程不只是近代越南文字的一大变化，而且对近代越南文化的发展产生了重大影响。正如法国学者佘敷华所说："顿时这种新的书写文字，不说把越南与中国这株大树的主干联系切断，至少也与它脱节了。"③ 尽管由于历史的原因，越南北部的农民"直至今日，对于

---

① 1942—1943年，胡志明被中国广西地方政府逮捕，辗转广西各地一年有余，写下百余首中文诗歌，后以各种名称和多种文字出版。参见拙作《胡志明广西被捕记》（《名人传记》1994年第4期）。笔者所见有关版本：《"狱中日记"诗抄》，人民文学出版社1960年版；《胡志明狱中诗注释》，广西教育出版社1992年版；德国柏林1960年代的德文译本附有汉字书法，却不足100首；笔者所见到的最新的版本是由越南学者黎春德评注，中国学者梁远、祝仰修翻译的《胡志明汉字诗全集》，越南真理-国家政治出版社、中国江苏人民出版社于2017年8月联合出版。

② ［越］文新：《中越辞典·序言》，河内：真理出版社，1956年，第5—6页。参见《古代中越关系史资料选编》，北京：中国社会科学出版社，1982年，第755页。

③ ［法］佘敷华著，袁树仁译：《中国面向世界》，北京：生活·读书·新知三联书店，1987年，第36页。

看得懂汉字的外国人，不仅表现出他们在旧社会对识文断字的人那种传统的敬重，而且还表现出某种深厚、活跃的好感"①。

这里我们还可以举出朱偰先生当年在越南的亲身感受作为例证。朱偰先生是第二次世界大战结束后到越南战区接受日本投降的中国政府财政官员。公务之余，一次跟保大皇帝时期的教育部长黄春瀚谈到越南使用拼音文字的问题。在《越南受降日记》中，朱偰先生曾经发出如此之感慨：

> 傍晚驾车出南郊，驶顺化路（Route de Hue）赴 Bac May 14 访黄春瀚君。黄君曾任保大王朝教育部长，力主提倡汉文，在学校中增加汉文钟点。其祖父为举人，父为秀才。夫妇皆留法，黄君且取得工学硕士学位。家中楹联匾额，皆为汉文，藏书颇富，有旧刻本《大越史记》及《钦定越史通鉴纲目》，皆系木板宋体字，印制颇精。余托以访购一二部，以供阅读。又询以越语罗马字拼音流行结果，是否有不良影响。则答曰越语本出汉文，为方言之一种，汉文有象形，指事，形声，会意，转注，假借六义，而罗马字拼音则但记其音，又以各地方言不一，亦不能完全一致，故对于固有文化之保存，自有不良影响；但今日业已通行，亦难加以废止矣。余观越南文化，全为中国之一枝，而自法属安南，肆行文化侵略，根本扫除其文字，消灭其文化，驯至越人数典忘祖，不复知其种姓，呜呼惨矣！②

另据北京大学教授梁志明先生介绍，在 20 世纪 50 年代中期，越南学术界有人曾以语言为先决条件，认为由越南人用汉字写的所有文章，尽管有浓烈的爱国内容，不论写于哪一个历史时期，都不能视为民族文学。为此，越南《文史地》杂志曾经展开过一场关于越南人用汉字写作的作品是否可以列入越南文

---

① ［法］佘敷华著，袁树仁译：《中国面向世界》，北京：生活·读书·新知三联书店，1987 年，第 35 页。

② 朱偰：《越南受降日记》，上海：商务印书馆，1947 年，第 34 页。

学问题的讨论。①

越南著名史学家明峥（原名屈帷箭）认为，在越南没有自己的民族文字之前，借用中国文字所写的文章，"内容和精神具有越南的性质，为越南民族的发展服务，为什么不能列入越南文学呢"②？最后，文新代表《文史地》杂志为这场讨论做了结论，他认为不能割裂历史，"如果将这些作品排除在民族文学领域之外，那么我们民族的历史将短缺重要的一大块"③。从越南学术界的这次讨论，也可见汉字对于越南民族文化的重要程度。

近年来，越南有一批高级知识分子，尤其是具有海外留学背景的高级知识分子，曾经多次上书越南政府，呼吁恢复越南的汉字教育。曾经留学德国的越南知名学者、法学家范维义在他的著作《经济法专论》中谈及研究古代法律和乡俗习惯的困难时，曾感慨自从以拼音文字取代汉字之后，越南人似乎也自我筑起了一道将后人与先辈隔离开来的语言和文化的围墙。一些词汇如律、例、契约、判官等，现在只在书本上才偶尔见到，现代的越南人大多数已很少能感受到其背后所隐含的文化哲理和精神价值。④

令人感到高兴的是，近年来越南方面已经越来越认识到汉字的重要性。2003 年 12 月，时任越南汉喃研究院院长的郑克孟先生率领研究人员参加在深圳召开的"汉字传播暨中越文化交流国际学术研讨会"，在会议上交流学术论文。2008 年 3 月 4 日，复旦大学文史研究院与越南汉喃研究院合作编纂《越南汉文燕行文献集成》的洽谈会议在上海举行。2010 年 5 月，越南汉喃研究院、中国复旦大学文史研究院合编《越南汉文燕行文献集成（越南所藏编）》由复旦大

---

① 梁志明：《论越南儒教的源流、特征和影响》，《北京大学学报（哲学社会科学版）》1995 年第 1 期。

② ［越］明峥：《越南文学史的一个问题：可以将以前越南人用汉字撰写的爱国文章列入我国民族文学吗？》，载越南《文史地》杂志 1955 年 3—4 月第 6 期。参见梁志明《论越南儒教的源流、特征和影响》，《北京大学学报（哲学社会科学版）》1995 年第 1 期。

③ ［越］文新：《已到暂时结束关于"以前由越南人用汉字写的文章可否列入我们民族文学"讨论的时候》，载越南《文史地》杂志 1956 年 11—12 月第 33 期。参见梁志明《论越南儒教的源流、特征和影响》，《北京大学学报（哲学社会科学版）》1995 年第 1 期。

④ 参见黄河黄：《越南汉字之殇》，http：//humanities. cn/modules/newbb/viewtopic. php？topic_id＝84。

学出版社正式出版。这套文献的出版有利于进一步厘清对于古代中国的认识，促进中越之间的文化交流与对话。

我们认为，就目前情况看，在越南全面恢复使用汉字既无理论上的可能，也无实践上的必要。但是，在越南的教育系统，尤其是高等教育系统和科研机构内加大对汉文化的研究力度，提高汉语人才（特别是古代汉语人才）培养的数量和质量，不至于使越南的汉语人才后继乏人，以恢复越南与中国文化的历史联系，则是极为可行和十分必要的。

总之，我们认为汉字、由汉字构成的汉语语言以及它们所承载的汉文化是越南语言、文学和文化发展的重要组成部分。正是通过汉字的传播，中国文化的沃土才能够孕育、哺育、滋润越南文化。中国文化在越南的兴盛也带动了越南本土文化的不断发展，推动了越南整体文化历史车轮的不断前进。

图 2-1　《论汉字在越南的传播及其影响》［马达著，阮海欢译，《国际研究》（越语版）2021 年 11 月 15 日］

注：本章主要内容曾经以《论汉字在越南的传播及其影响》发表在《河南社会科学》2008 年第 3 期。十余年后被越南学者阮海欢［Nguyen Hai Hoanh，交通运输自动化博士，早年毕业于莫斯科交通运输技术学院，自由翻译者，长期关注汉字和（越南）国语字］翻译成越南语，刊登在越语版《国际研究》（Nghien Cuu Quoc Te，2021 年 11 月 15 日）上。

第三章
儒家学说在越南的传播和影响

儒家学说起源于两千多年前的中国，是以孔子学说为依归，以儒家伦理为核心价值的文化体系。它包括学术思想、伦理规范、思维方式、生活方式和民俗信仰等诸多文化层面。

当代新儒家学者杜维明先生曾经把儒学划分为三种类型，即作为意识形态被政治化的儒学，成为权力者的统治工具；作为一门学问的儒学，涉及复杂的阐释技巧和对儒学经典的注释、训诂；作为为人处世和基本意义上的伦理与生活方式的儒学。[①] 发源于两千多年前的中国儒学，从上述三种意义的层面上，均对越南产生了重要的影响，可以说渗透和支配了越南意识形态的各个领域，影响到越南社会生活的各个层面，成为越南民众价值体系的核心。因此，越南属于儒家文化圈的范围。但儒家文化在越南亦经过损益、整合和重构，融入许多本土文化因素，已不单纯是中国儒家文化的翻版。

笔者拟在本章中对儒家学说[②]在越南的传播和影响情状作一简要论述。

———————————

① 曹长青：《儒学：文化中国的源头活水——杜维明教授和他的"三个意义世界"》，载美国《世界日报》1991 年 12 月 8 日。

② 越南学者通常将儒学称为"儒教"。至于"儒学"到底是否等同于"儒教"，学术界众说纷纭，莫衷一是。笔者对此问题不展开讨论，本书行文偶尔会使用这一说法，不再一一说明。

第一节　儒家学说在越南的传播

一、儒学传入越南的时间

越南的儒学是从中国传入的，这是公认的事实。但是对于何时传入，学术界则并没有达成共识。越南学界各持己见，中国学者的意见也不统一。

越南史学界的说法，常见的有以下几种：

陈重金认为："约在东汉末年儒学已在我国（'越南'）颇为盛行。"[1]

陈文饶认为，儒学是公元初年，在锡光、任延担任交趾太守时期传入越南的。[2]

陶维英认为："到汉代，罢黜各家，独尊孔氏，儒家在中国社会完全占有优势。正是这一时期儒学传入交州。"[3]

丁嘉庆认为，儒学是公元前2世纪西汉时期传入越南的。[4]

中国学术界的说法也有诸家：

黄国安先生认为："孔子学说广泛传播到交趾地区，则是士燮担任交趾太守期间。"[5]

何玉庭先生认为："儒学传入交趾地区的时间今已不可确考。据《史记》《汉书》以及《后汉书》《论衡》的有关记载来看，我们可以大致推算其传入的时间不会早于汉武帝平定南越、开设九郡（公元前111），不迟于锡光任交趾，

---

① ［越］陈重金：《儒教》，胡志明市：胡志明市出版社，1991年，第722—723页。
② ［越］陈文饶：《从十九世纪至八月革命前越南思想的发展》（第一集），河内：越南社会科学出版社，1973年，第463—464页。
③ ［越］陶维英：《越南文化史纲》，胡志明市：胡志明市出版社，1992年，第272—273页。
④ ［越］武挑主编：《古今儒教》，河内：越南社会科学出版社，1990年，第178页。
⑤ 黄国安：《孔子学说在越南的传播和影响》，《东南亚纵横》1991年第1期。

任延守九真之时（公元 29 年前后）。"①

北京大学教授梁志明先生的意见是："儒学输入越南的起始时间可上溯至赵佗建南越国时期，即公元前 207 年至前 111 年。"②

马克承先生则说得比较笼统："儒学大约是在公元前 3 世纪末南海尉赵佗建立南越国时传入越南的。"③

综合中越各家学者的说法，我们认为，儒学传入越南的时间应不早于秦始皇统一中国，不晚于汉代。

二、中国儒学在越南的传播

研究中国儒学在越南的传播这一问题的中国学者很多，著名的有北京大学的陈玉龙先生、梁志明先生，中国社会科学院的何成轩先生等。他们对于这一问题均曾有过专门的论述，何成轩先生更有专著《儒学南传史》④ 刊行于世。此外，还有一些学者以专题论文的形式就这一问题发表了他们的见解。⑤

综合诸位学者对这一问题的研究成果，加上笔者谫陋的见解，这里将中国儒学在越南的传播情形分为三个时期，即：

（1）秦汉三国时期，这是儒学在越南的早期传播时期；

（2）两晋南北朝和隋唐时期，这是儒学在越南的繁衍发展时期；

---

① 何玉庭：《儒学在越南的传播和影响》，《东南亚纵横》1993 年第 2 期。

② 梁志明：《论越南儒教的源流、特征和影响》，《北京大学学报（哲学社会科学版）》1995 年第 1 期。

③ 马克承：《儒学与越南文化》，《中国东南亚研究会通讯》1999 年第 1 期。

④ 何成轩：《儒学南传史》，北京：北京大学出版社，2000 年。

⑤ 主要有黄国安：《孔子学说在越南的传播和影响》，《东南亚纵横》1991 年第 1 期；何玉庭：《儒学在越南的传播和影响》，《东南亚纵横》1993 年第 2 期；梁志明：《论越南儒教的源流、特征和影响》，《北京大学学报（哲学社会科学版）》1995 年第 1 期；刘稚：《儒家文化在越南的传播与整合——兼谈儒家文化与越南的现代化》，《当代亚太》1997 年第 3 期；马克承：《儒学与越南文化》，《中国东南亚研究会通讯》1999 年第 1 期；孙衍峰：《儒家思想在越南的传播发展与变异》，载《汉字传播与中越文化交流》，北京：国际文化出版公司，2004 年，第 354—365 页；程林辉：《儒学在越南的传播和影响》，《南昌大学学报（人文社会科学版）》2005 年第 36 卷第 6 期；等等。

（3）公元 10 世纪中叶越南独立以后至 1884 年越南被法国殖民者占领之前，这是儒学在越南的鼎盛期和由鼎盛走向衰落的时期。

兹一一叙之如下。

（一）秦汉三国时期

公元前 221 年，秦始皇统一中国。公元前 214 年，秦始皇平定岭南，在岭南地区设置南海、桂林、象郡三郡。为镇守岭南地区，秦始皇把大部分参战士兵留驻在那里，同时，还从中原地区迁移了一批商人、手工业者、知识分子和被贬谪的官吏、罪犯到象郡（今越南中北部地区）。司马迁的《史记》对此做了如下的记载："三十三年（前 214），发诸尝逋亡人、赘婿、贾人略取陆梁地，为桂林、象郡、南海，以适遣戍。"[1]"秦时已并天下，略定杨越，置桂林、南海、象郡，以谪徙民，与越杂处十三岁。"[2] 这是中国正史中对中国政府在岭南实施统治的最早记录。

这些从中原地区来到越南的移民以及驻守本地的士兵们和当地的越南人通婚，长期定居下来。在这一过程中，这些中原人士在生产、生活中不仅从中原地区带去先进的生产工具、科学技术，而且也把包括汉字在内的先进文化，比如儒家的思想观念、伦理道德、风俗习惯等带到越南。正是这些移民在儒学传播到越南的过程中起到了"导夫先路"的作用。

公元前 204 年，南海郡尉赵佗，乘天下大乱之机，打着"保境安民"的旗号，吞并桂林、象郡，建立了以番禺（今广州）为中心的地方割据政权——南越国，自称"南越武王"。赵佗建立南越国后，在今天的越南北部及中部地区设立了交趾、九真二郡，并遣使"典主"该地区。[3]

在统治南越期间，赵佗把中原文化传播到越南，使越南人开始濡染先进的中原文化。他率先在岭南地区建立学校，用儒家的《诗》《书》《礼》《乐》教

---

① ［汉］司马迁：《史记》卷六《秦始皇本纪》，北京：中华书局，1959 年，第 253 页。
② ［汉］司马迁：《史记》卷一百一十三《南越列传》，北京：中华书局，1959 年，第 2967 页。
③ 余天炽、覃圣敏等：《古南越国史》，南宁：广西人民出版社，1988 年，第 32 页。

化百姓。赵佗还在南越国境内推广汉语言文字，因此从汉代以来，越南就开始
使用汉字，并逐渐接受汉语的词汇和语法。由于赵佗采取的一系列措施有利于
促进越南经济文化的发展和社会的安定，因而受到越南人民的欢迎。越南人把
南越国称为赵朝，尊赵佗为赵武帝，称之为越南的开国之君。

赵佗对儒学在越南的传播贡献甚巨。何成轩先生对此评价道："在汉文化和
儒学初传岭南的过程中，赵佗实起了'导夫先路'的作用，做出了不可磨灭的
贡献。"①

越南的历史学家也给予赵佗高度的评价。越南历史学家黎嵩在《越鉴通考
总论》中说："赵武帝乘秦之乱，奄有岭表，都于番禺，与汉高祖各帝一方。有
爱民之仁，有保邦之智，武功慑乎蚕丛，文教振乎象郡，以《诗》《书》而化
训国俗，以仁义而固结人心。教民耕种，国富兵强。……南北交欢，天下无事。
享国百有余年，真英雄才略之主也。"②

越南近代史学家陈重金的评价是："赵佗建立了南越国，把中国文明传播到
南方，因而自此以后我国之人都濡染了这种文明。"③

汉武帝于元鼎六年（前 111）平定南越，在岭南地区设置九郡，其中交趾、
日南、九真三郡之所在，大体相当于今天的越南中北部地区，并设立交趾刺史
部管理岭南地区。两汉三国时期，对促进交趾经济社会发展和传播儒家文化贡
献最大的地方官员是交趾太守锡光、九真太守任延和交趾太守士燮。

据范晔《后汉书·南蛮西南夷列传》记载："凡交趾所统，虽置郡县，而言语
各异，重译乃通。人如禽兽，长幼无别。项髻徒跣，以布贯头而著之。"④ 有些地
方，甚至仍然保留原始社会的婚姻形式，如交趾的糜冷、九真的都庞地区就保留
"兄死，弟妻其嫂"的转婚制，而日南郡则"男女裸体，不以为羞"。这反映出当
时的越南在政治、经济和文化教育、风俗习惯等方面均相当原始和落后。

---

① 何成轩：《儒学南传史》，北京：北京大学出版社，2000 年，第 79 页。
② 《大越史记全书》卷首，第 84 页。
③ ［越］陈重金著，戴可来译：《越南通史》，北京：商务印书馆，1992 年，第 24 页。
④ ［南朝宋］范晔撰，［唐］李贤等注：《后汉书》卷八十六《南蛮西南夷列传》，北京：中华书
局，1965 年，第 2836 页。

为了改变原始和落后的状况，锡光和任延在交趾地区时采取了许多措施。这些措施大体可以归纳为以下四个方面：

一是"教其耕稼"：由于当时交趾地区仍处于刀耕火种、耕作技术十分落后的状况，他们向当地的老百姓传授中原的先进农业技术，提高粮食产量，满足老百姓的生存需要。二是涤荡原始落后的生活习俗：针对交趾部分地区"男女裸体，不以为羞"的愚昧落后的风俗习惯，制作"冠冕衣服"，推广中原的服饰，使老百姓明廉耻、别尊卑，初步形成比较文明的生活方式。三是制定婚姻制度：针对交趾地区"无嫁娶礼法"，老百姓"各因淫好，无适对匹，不识父子之性，夫妇之道"[1] 的原始群婚制残余，移风易俗，制定婚姻嫁娶方面的礼仪，使老百姓懂得长幼有序、男女有别，初步形成一夫一妻制的稳定家庭。四是建立学校，"导之礼义"，大力发展文化教育事业：锡光、任延在交趾地区创办学校，传播儒家文化，这有利于促进当地文化教育事业的发展和文明程度的提高。

由于锡光和任延在推动交趾地区经济社会发展和传播儒家文化方面做出了巨大贡献，他们理所当然地赢得了当地人民的尊敬。任延在离任时，"九真吏人生为立祠"[2]。《资治通鉴·汉纪》"光武帝建武五年"条也记载："锡光者，汉中人，在交趾，教民夷以礼义。帝复以宛人任延为九真太守，延教民耕种嫁娶。故岭南华风始二守焉。"[3]

士燮是东汉末年到三国时期对传播儒学和发展交趾经济文化做出重要贡献的交趾太守。士燮于汉灵帝中平四年（187）担任交趾太守，到三国时孙权黄武五年（226）在任上以九十岁高龄去世，统治交趾凡四十年。

《大越史记全书》认为："我国（指越南）通诗书，习礼乐，为文献之邦，

---

① ［南朝宋］范晔撰，［唐］李贤等注：《后汉书》卷七十六《循吏列传》，北京：中华书局，1965 年，第 2462 页。

② ［南朝宋］范晔撰，［唐］李贤等注：《后汉书》卷七十六《循吏列传》，北京：中华书局，1965 年，第 2462 页。

③ ［宋］司马光编著，［元］胡三省音注：《资治通鉴》卷四十一《汉纪》，北京：中华书局，1956 年，第 1339 页。

自士王（即士燮）始。"又说："王器体宽厚，谦虚下士，国人爱之，皆呼曰王。汉之名士避难往依者以百数。"①

陈重金在其所著的《越南通史》中赞曰："士燮治民有方，循循善诱，国人爱之，皆尊称为士王。"②

北京大学教授陈玉龙先生对士燮也有极高的评价："士燮不但是一位学识渊博的学者，而且是一位杰出的政治家。当中原大乱之时，他不但能安土守境，民不失业，而且能礼贤下士，开创交州学术风气，使其成为汉末中国学术史上南方的学术奇葩……"③

综合各种史料，士燮统治交趾地区的贡献主要有如下两个方面：

第一，通过多种内政与外交的手段，保持交趾地区的社会稳定，大力促进经济发展，同时，以博大的胸襟容纳全国各地前来避难的知识分子，使交趾成为名重一时的学术文化中心。东汉末年和三国时期，北方连年战乱，中原板荡，饿殍遍野，老百姓流离失所，而交趾地区地处岭南，远离中原，未曾被战火殃及，加之士燮治理有方，遂使社会秩序安定，人民安居乐业，成为中原士人向往的栖息地。一时间，中原士人纷至沓来，交州地区贤者云集。

史书记载，士燮"体器宽厚，谦虚下士"，因而在任交趾太守期间，"中国士人往依避难者以百数"。④ 当时一些颇有名望的学者，如刘熙、程秉、薛综、许慈、许靖、虞翻等人，聚集在交州，安心于对儒学经典的研究和探讨，使文化本来比较落后的交趾地区变成中国南方的学术文化中心。中原士人在推动交州地区的文化发展和儒学的传播方面，无疑做出了巨大的贡献。正如越南社会科学委员会编著的《越南历史》所描绘的那样："自东汉以后，特别是公元二世纪末叶，汉族的士大夫到交趾的越来越多。儒教比过去更得到普遍传播。儒家

① 《大越史记全书·外纪》卷三《士王纪》，第133页，第130页。
② ［越］陈重金著，戴可来译：《越南通史》，北京：商务印书馆，1992年，第32页。
③ 陈玉龙等：《汉文化论纲：兼述中朝中日中越文化交流》，北京：北京大学出版社，1993年，第356页。
④ ［晋］陈寿撰，［南朝宋］裴松之注：《三国志》卷四十九《士燮传》，北京：中华书局，1959年，第1191页。

的'经典'著作《论语》《春秋》等书，在封建政权和士大夫开办的学校里普遍讲授。"①

第二，对原有的汉语教学方法加以改进，扩大了儒家经典在交州地区的传播力度，使更多的越南人了解儒学。汉字是当时交州地区的通用书面语言，但由于汉语发音与越语发音有很大的不同，汉语发音以"喉音"为主，越语发音以"舌音"为主。针对这种"字与中华同，而音不同"的情况，士燮借鉴佛经翻译的方法，以经传翻译音义，将音韵译为越声，并且制定了一定的平仄音调，既便于记忆，又便于诵读。此举极大地方便了越南人学习汉语，也为儒学在交趾的传播扫除了语言上的障碍。越南人铭记士燮在传播儒学和繁荣越南文化、教育、学术方面的功绩，将士燮称为"南交学祖"，并尊为"士王"。②

总之，两汉三国时期是儒学在交州地区传播的重要时期，儒学的传播更加普遍，而且对越南社会精神文化生活的影响更加广泛，就连最为边远的地区也是如此。

（二）两晋至隋唐时期

两晋南北朝时期，越南的中北部地区仍然属于中国中央政府的管辖范围，时称"交州"。这一时期里，儒学在该地区得到更加广泛的传播。

两晋南北朝时期，中国封建政权更迭频繁，兵燹连年。相对来说，交州地区比较安定，中原一带的士子学人陆续到交州避难，客观上促使了儒学在该地区的传播。东晋至南朝时期，交州地方官吏在推广中国传统学术和观念方面起到了很大的作用。南齐武帝永明年间（483—493），范云担任广州刺史、平越中郎将时，大力提倡孝义，曾派人祭祀罗威、唐颂等人之墓，以宣扬孝义忠烈。③经过政府的提倡奖励，南迁人士的传播影响，儒教伦理道德在交州地区逐渐取

---

① 越南社会科学委员会编著，北京大学东语系越南语教研室译：《越南历史》（第一集），北京：人民出版社，1977年，第75页。（为简便计，以下本书的注释只署作者，不署译者）
② 何成轩：《儒学南传史》，北京：北京大学出版社，2000年，第110—126页。
③ 何成轩：《儒学南传史》，北京：北京大学出版社，2000年，第133页。

得支配地位，社会风气为之改观。"其流风遗韵，衣冠气习，熏陶渐染，故习渐变，而俗庶几中州。"①

两晋时期，对在交州传播儒学和中原文化贡献最大者当属陶璜和杜慧度。陶璜在西晋时期任交州牧，封宛陵侯。他曾向晋武帝上疏建议，治理交州这样的蛮荒僻远地区，不应该以武力压服，而应该施行礼乐教化，"今四海混同，无思不服，当卷甲消刃，礼乐是务"②。陶璜治理交州三十年，奉行儒家"富而后教"的方针，一方面发展经济，提高人民的生活水平；另一方面向老百姓灌输儒家的仁义思想，进行礼乐教化，因而深得民心。据《晋书·陶璜列传》记载，在陶璜去世时，"及卒，举州号哭，如丧慈亲"。《大越史记全书》也说："璜有谋策，周穷好施，得人心，故人人乐为之用。"③ 陶璜是继士燮之后在交趾地区任职时间最长、最得人心的地方官员。④

杜慧度在担任交州刺史期间，亦采用儒家的治国方略来治理交州："禁断淫祀，崇修学校。岁荒民饥，则以私禄赈给。为政纤密，有如治家。由是威惠沾洽，奸盗不起，乃至城门不夜闭，道不拾遗。"⑤ 他在禁止原始巫术迷信的同时，大力发展文化教育事业，亲民爱民，博施济众，恩威并施，政令严明，从而使得老百姓路不拾遗，夜不闭户，可见交州社会风气良好之一斑。

儒家思想逐渐向社会各个领域渗透，尤其是儒家伦理道德观念影响到社会下层普通民众，这是两晋南北朝时期儒学在越南传播的一个特点。

初唐时期，中央政府在交州设立"交州总管府"，后改为"交州都督府"；唐高宗调露元年（679），将"交州都护府"改为"安南都护府"，任命刘延祐为都护兼经略招讨使，自此以后越南被称为"安南"。安南都护府治宋平（今越南河内），管辖今中国云南东南部、广西西南部和越南北部地区。唐肃宗至德二载（757）改"安南都护府"为"镇南都护府"，招讨使升为节度使。代宗永泰

---

① ［清］阮元修，［清］陈昌齐等纂：《（道光）广东通志》卷九十二。
② ［唐］房玄龄等：《晋书》卷五十七《陶璜列传》，北京：中华书局，1974 年，第 1560 页。
③ 《大越史记全书·外纪》卷四《属吴、晋、宋、齐、梁纪》，第 140 页。
④ 何成轩：《儒学南传史》，北京：北京大学出版社，2000 年，第 134 页。
⑤ ［南朝梁］沈约撰：《宋书》卷九十二《杜慧度列传》，北京：中华书局，1974 年，第 2265 页。

二年（766）复改"镇南都护府"为"安南都护府"。

隋唐时期，整个中国重视文化教育，学校教育得到了进一步的推广和普及。所以，尽管安南地处僻远，也能够看到林立的学校，听见琅琅的书声。这一时期，封建统治者将儒家经典规定为科举考试的主要内容，于是士子们攻读儒学的热情被大大地刺激起来。广大的士子们为了求取功名，不闻窗外之事，专心苦读"圣贤之书"。因此，隋唐时期，尤其是唐代的儒学得以广泛传播，就连安南的各个州县，也是儒风广披，出现了不少"词理兼通，才堪理务"的儒士，甚至有一些佼佼者被推荐到朝廷和全国其他地方去担任官员。爱州日南（今越南清化省安定县）人姜公辅、姜公复兄弟就先后考取进士。特别是姜公辅，被征召为翰林院学士，并被唐德宗任命为宰相。姜公辅从一介平民，通过攻读儒家诗书，一举成名，位至宰相，对安南文人儒士产生了极大的激励作用，"于是安南之文风益兴盛，儒教之思想，更为深入"①。

可以说，"经过从汉到唐几百年儒学的传播和熏染，越南的儒学到了春华秋实的收获时期"②。

陈修和先生对此评论说："唐朝为吾国历代文治武功，发达最高时期，而越南九真人姜公辅，竟能由科举出身，仕为中央政府之首相，足证当时之交人，已与中原人士，并驾齐驱，毫无轩轾矣。"③

从汉武至唐末一千余年的时间里，儒家思想的传播主要借助国家政权，通过兴办教育，移风易俗，以及组织"使驿往来，观见礼化"等措施自上而下加以推行。同时，交趾地区人民在同中原移民的交往融合中也受到潜移默化的影响。

正是在士燮等人的努力下，儒家伦理思想才得以逐渐向越南下层民众渗透，从而为越来越多的人所接受。这些历代郡守们为儒学在越南早期的传播做出了不可磨灭的贡献。

---

① 黎正甫：《郡县时代之安南》，上海：商务印书馆，1945年，第177页。
② 程林辉：《儒学在越南的传播和影响》，《南昌大学学报（人文社会科学版）》2005年第36卷第6期。
③ 陈修和：《越南古史及其民族文化之研究》，1943年昆明版，第143页。参见何成轩《儒学南传史》，北京：北京大学出版社，2000年，第178页。

（三）越南立国以后

由上述可见，在历代郡守的倡导和努力下，儒家思想在越南得到了较好较快的传播，逐渐为越来越多的越南人所接受。然而，儒家学说在越南得到更加广泛的传播和更为迅速的发展，却是在越南立国之后。儒家学说在越南经过了一个从受压抑到被推崇的逐步发展与兴起的过程，其兴盛发达的高峰期是 15 世纪初叶的后黎朝时期。

968 年，丁部领平定"十二使君之乱"，统一了越南北方，建立丁朝。这是越南的立国之始。973 年，宋朝封丁部领为"交趾郡王"，从此，越南获得了真正意义上的独立。越南独立以后，仍然在一个很长的时间内保持与中国的藩属关系。1884 年，越南沦为法国的殖民地，才结束了与中国的藩属关系。儒学在越南立国后的近千年里，经过了一个从兴盛到衰落的演变过程。

从 968 年到 1009 年短短的 42 年时间里，越南经历了丁朝（968—980）和前黎朝（980—1009）两个王朝的更替过程。无奈两朝皆享国甚短，且政权更迭频繁，统治者对国家治理的大事还无暇顾及，更遑论恢复和发展文化教育事业。与此同时，社会上崇佛、佞佛之风蔚然而起，更有甚者，佛教领袖（即所谓"僧统"）吴真流竟然被丁朝皇帝封为"匡越大师"，成为堂堂的朝廷政治顾问。前黎朝的情形与丁朝大致相若，一些著名的僧人，像如月禅师、万行禅师等也在朝野权倾一时。佛教独尊的局面，当然使得儒学没有发展的空间和可能。

但是这种情况到了李朝开始有所好转。李朝（1010—1225）虽然仍崇尚佛教，但局面已开始改变，儒、道、佛三家可以相互尊重、共同发展。这与李朝采取提高儒学地位的一系列措施密不可分。1070 年，李圣宗（李日尊，1054—1072 年在位）下令在首都升龙（今河内）南面建筑文庙以供拜周公和孔子；同时，命令皇太子到文庙和其他官吏子弟一道学习。所以，越南的文庙早在建筑初期就增加了国学学校的职能，"不同于中国、朝鲜的文庙只是供拜儒教始祖的地方"。①

1075 年，李仁宗（李乾德，1072—1127 年在位）在升龙进行了第一次科举考试，为国家和各级行政机构选拔官吏。考试内容包括儒、道、佛三教经典，并且第一次把儒学作为考试的重要内容。1077 年，李仁宗在文庙旁边建立国子监，越南教育史上第一所正式国学学校从此诞生。② 国子监的主要职能当然是传授儒学。通过实施一系列推崇儒教的措施，儒学在李朝得到了一定的发展。但从总体上看，李朝时，佛教仍然占据优势，儒学的地位仍然无法与之相埒。

李朝末年，各地农民起义频仍，统治集团内部相互争斗，最终李朝覆灭。陈朝（1225—1400）统治者获得政权后，痛感佛教之不能任事，开始把儒学作为统治思想，用儒家的纲常名教、等级尊卑来规范人们的思想，以维护社会秩序。为此，陈朝采取了多种措施以提倡和传播儒学。归纳起来，这些措施主要是：

第一，以儒家的"四书五经"为教育的主要内容，建立完整的教育制度，大力发展学校教育。在中央，成立了国子监、国学院、太学，这些学校不仅可以让贵族和官吏的子弟入学就读，而且一般的儒生也可以入学就读；在地方，则在州县成立府学。此外，允许民间办学，特别是在农村地区，鼓励个人开办私塾。这样就建立了一个从中央到地方的自上而下遍布全国的教育网络。

第二，通过科举考试，使儒生得以入仕，客观上推动了儒学的发展。③ 陈太宗时，朝廷规定每 7 年举行一次科举考试，称为"大比"，考取的人被称为进士。1247 年，又增设了"三魁"（即状元、榜眼、探花）的称号。科举考试的内容也由李朝的儒、道、佛三教兼顾，改为只考《诗》《书》《礼》《乐》等儒家经典。

---

① ［越］杜文宇：《文庙历史遗址》，越南《人民军队报》1976 年 6 月 6 日。参见《古代中越关系史资料选编》，北京：中国社会科学出版社，1982 年，第 758 页。

② ［越］杜文宇：《文庙历史遗址》，越南《人民军队报》1976 年 6 月 6 日。参见《古代中越关系史资料选编》，北京：中国社会科学出版社，1982 年，第 758 页。

③ 有关科举制度在越南的传播和影响之内容此处从略。详细内容请参看本书第四章《中国科举制度在越南的传播和影响》。

第三，在普通民众中普及儒家的伦理道德教育，特别重视"忠孝节义"等思想观念的教育。陈英宗（陈烇，1293—1314 年在位）时期，一名黎氏女子在丈夫病故后，哀痛三日，不食而死。陈英宗听说此事后，特赐银帛，加以旌表。由于统治者的大力提倡，普通老百姓开始接受"三纲五常""忠孝节义"等观念和思想，士大夫更是以"正心诚意""修齐治平"为本。因此，元朝历史学家汪大渊在《岛夷志略》一书中，描述当时的越南为"俗尚礼义，有中国之风"。①

经过一个时期的推广与普及，一个新的社会阶层——儒士阶层逐渐在越南的陈朝形成。这一阶层的人数众多，在政治和思想领域中逐渐取代了僧侣阶层的势力，成为社会的主流。正如《越南历史》一书所述："在政权机构中儒士出身的官吏日益占优势，他们担当着朝廷中的重要职务。文学创作也完全由儒士阶层承担起来。在这个阶层中出现了许多有名的思想家、诗人、作者和学者，如朱文安、黎文休、阮诠等人。"② 被称为"越南儒宗"的朱文安，一生从事儒学教育，范思孟、黎括都是他的学生，他曾担任国子监司业，给太子讲解儒经。朱文安继承了朱熹的思想，著有《四书说约》一书，阐述宋儒的性命义理之学，为儒学在越南的传播做出了重要贡献。朱文安死后得以从祀文庙，开启越南儒士享祀文庙之先河。黎文休是越南著名的史学家，他仿效司马迁的《史记》，编纂《大越史记》共 30 卷，记录了从南越国到李朝一千四百多年的历史。黎括和张汉超则对佛教进行了猛烈的批判，主张崇儒灭佛。由于黎括和张汉超等人大力排佛，在陈朝末年，儒学已经在思想文化领域中居于主导地位。

总之，李陈时期是越南儒学传播历史上的发展期，随着佛教在越南社会影响的日益衰退，儒学得以逐渐取得主导地位。崛起的儒士阶层不断地对佛教和道教发起抨击，朝廷也能够听取文臣们的建议，采取了沙汰僧、道，限制佛教和道教势力发展的措施。

① 参见程林辉：《儒学在越南的传播和影响》，《南昌大学学报（人文社会科学版）》2005 年第 36 卷第 6 期。

② 越南社会科学委员会编著：《越南历史》（第一集），北京：人民出版社，1977 年，第 249 页。

　　胡季犛篡夺陈朝政权，于 1400 年建立了胡朝（1400—1407）。胡季犛虽然享国甚短，但在其统治期间，却继续实行限制佛教、尊崇儒学的措施：征召僧人参军以征战占婆；通过考试，淘汰不合格的僧人并勒令其还俗；设立学官，扩大儒学教育；亲自撰写《明道》十四篇，翻译《书经》之《无逸》篇等，普及儒家文化。在《明道》中，胡季犛"以周公为先圣，孔子为先师。文庙以周公正坐南面，孔子偏坐西面"[①]。

　　胡季犛的这些抬高周公、贬低孔子等作为，反映了他试图有选择地接受儒学的倾向。这是儒学在越南传播过程中一个十分特殊的情况。在实践中，胡季犛是越南中世纪时期力图按照儒家思想进行改革、治理朝政的君主。[②]

　　1428 年，黎利建立了后黎朝（1428—1788）。后黎朝是越南历史上"独尊儒学"的时期，神化孔子，以儒学为国教。历任皇帝大都能够尊崇儒学，以儒学作为治国安民的指导思想和制定各种典章制度的理论依据。所以，儒学在后黎朝时期，尤其是黎圣宗（黎思诚）在位时期（1460—1497），达到了登峰造极的鼎盛时期。

　　黎太祖黎利（1428—1433 年在位）登基伊始，即着手制定礼乐，创办学校，恢复科举制度。后黎朝不仅扩建京师的文庙，增加大成殿，而且在全国各地大修文庙，尊孔祭孔，将孔子尊奉为"大成至圣先师"。同时，后黎朝还大规模地翻译、印刷儒家经典。如黎太宗（黎元龙，1434—1442 年在位）在绍平二年（1435）刊刻《四书大全》，黎圣宗在光顺八年（1467）下诏重刻五经，并将四书、五经和《文献通考》《昭明文选》《通鉴纲目》等儒家书籍发给国子监和各州县府学，把它们作为学校的教材，列为科举考试的内容。为确保儒家经典的权威性，黎圣宗在 1467 年首次设立五经博士，规定每人专治一经，教授诸生。黎圣宗还非常重视科举考试，将科举考试制度化，规定每三年一大比，全国参加考试的士子多达数千人。为了鼓励儒生勤奋学习，使其在科举考试中一

---

　　① 《大越史记全书·本纪》卷八《陈纪》，第 467 页。
　　② 梁志明：《论越南儒教的源流、特征和影响》，《北京大学学报（哲学社会科学版）》1995 年第 1 期。

举成名，"黎朝设置了唱名礼（宣读中考的人的名字）、荣归礼（迎接中考的人回乡），举办把考取进士的人名刻在文庙里的石碑（常常叫作进士碑）上的典礼"①，给予考中进士者以无上的荣耀。

越南学者杜文宇也说道："1484 年，黎朝以能文著称的皇帝黎圣宗开始在国子监——文庙立碑，把自黎圣宗皇帝时代大宝三年的壬戌年（1442 年）起每年考取进士的人名单记在碑上。为了鼓励子弟勤奋学习，民间常提到'金榜石碑千秋在'。"②

黎圣宗的上述这些做法，极大地调动了越南人学习儒家学说的积极性，促进了儒学在越南的传播和发展。

黎圣宗还以法律手段强制人民遵守儒家的道德规范。他仿照中国隋唐律例，颁布《洪德法典》（又称《洪德律例》），将儒家的伦理纲常、道德训诫、礼制仪式、等级尊卑、社会秩序等具体化为法律条文，制定了《二十四训条》，强制老百姓遵行，违者治罪。如《二十四训条》对老百姓的婚丧嫁娶、日常生活就有这样的规定：妇人在丈夫死后不能再嫁，应该留在夫家，更不得携带财产回娘家；在民间戏场、法会等公共娱乐场所，男女之间不能互相混杂，"以杜淫风"；男女之间不得在同一条河流洗浴，"以明礼别"；兄弟之间应该和睦友爱，邻里之间应该以礼相待，等等。③ 这些措施，将儒家的伦理纲常、道德规范化为容易被普通民众理解和接纳的法律条文和乡规民约，使儒学在越南民间得到很好的普及。

此后的黎玄宗和黎裕宗等皇帝也大力推行类似的政策、措施，以扩大儒家学说在越南的传播。

黎玄宗（黎维禑，1663—1671 年在位）于 1663 年 7 月颁布申明《教民四十七条》。其主要内容是："为臣尽忠，为子止孝，兄弟相和睦，夫妻相爱敬，朋

① 越南社会科学委员会编著：《越南历史》（第一集），北京：人民出版社，1977 年，第 326 页。
② ［越］杜文宇：《文庙历史遗址》，越南《人民军队报》1976 年 6 月 6 日。参见《古代中越关系史资料选编》，北京：中国社会科学出版社，1982 年，第 758—759 页。
③ 有关《二十四训条》内容很多，兹不录。请参见 ［越］陈重金著，戴可来译：《越南通史》，北京：商务印书馆，1992 年，第 175—177 页。

友止信以辅仁，父母修身以教子，师生以道相待，家长以礼立教，子弟恪敬父兄……男女不得肆淫风……"同时，玄宗还要求官员们将这些条文颁行各地，并"讲解晓示，使之耳濡目染，知所劝惩"。①

黎裕宗（黎维禩，1706—1729 年在位）于 1719 年颁布诏谕："恤民当施仁政，仁政当均赋役。"②次年又颁布《教化十条》："为士当勤学业，礼义忠信，先须讲明。为人当叙彝伦，同宗表亲，毋相混娶，官民礼隔，不得倨傲。民间服用，不可僭逾，毋狃弊俗，竞费于盘飧。无惑异端，相从于游惰。礼节从中，以昭俭约之俗。丧家相恤，以敦救助之风。"③

正是由于历代皇帝的大力提倡和宣扬，儒学在后黎朝时期达到了鼎盛。这一阶段，有关儒家学说的著述颇为丰赡，名儒辈出，出现了阮廌、吴士连、黎贵惇等一批著名的儒学家，产生了《平吴大诰》《易经肤说》《春秋略论》《大越史记全书》《四书略解》《书经演义》《群书考辨》等阐述儒家思想的著作以及在儒家思想指导下撰写的史学书籍。

阮廌的《平吴大诰》以正统的儒家思想贯穿始终，他写道："仁义之举，要在安民。吊伐之师，莫先去暴。惟我大越之国，实为文献之邦。……虽强弱时有不同，而豪杰世未尝乏……卒能以大义而胜凶残，以至仁而易强暴。"④ 可谓大义凛然，慷慨激昂。

吴士连的《大越史记全书》，是在黎文休《大越史记》和潘孚先《史记续编》的基础上编撰而成的。该书通篇贯穿着儒学思想。吴士连认为，自己编撰《大越史记全书》是效法司马迁，目的是劝善惩恶，垂鉴后世。在《大越史记全书》中，他对朱熹的理学进行了高度的评价："朱子生于宋末，承汉唐诸儒笺疏六经之后，溯流求源，得圣人之心于遗经，明圣人之道于训解。研精殚思，理

---

① 《大越史记全书·本纪》卷十九《黎纪》，第 974 页。
② 《大越史记全书·续编》卷二《黎纪》，第 1045 页。
③ 《大越史记全书·续编》卷二《黎纪》，第 1047 页。
④ 参见［越］陈重金著，戴可来译：《越南通史》，北京，商务印书馆，1992 年，第 164—167 页。原文较长，兹不多录。

与心融。其说也详，其指也远。所谓集诸儒之大成，而为后学之矜式者也。"①

黎贵惇②（1726—1784）是后黎朝晚期的著名人物，他饱读诗书，具有深厚的汉学修养。在思想上，他深受儒家"民本思想"的影响，认为得民心者得天下，因此统治者应该行德政、解民忧、宽民力、得民心。在哲学上，他受到宋明理学的影响，撰写了《四书略解》等著作，对宋儒的"格物、致知、正心、诚意、修身、齐家、治国、平天下"进行了全面的阐述和注释。

阮福映于1802年建立阮朝（1802—1945），定都顺化。从1802年阮朝建立到1884年沦为法国的殖民地，其间越南仍然与中国保持着"宗藩关系"，中国儒家学说的影响仍在继续。所不同的是，这一时期是儒学在越南由盛而衰的转折时期。

为了强化君主专制统治，阮朝在建立之初仍然把儒学作为统治思想，提倡儒学。因此在阮朝前期，儒学在越南仍得到一定程度的发展。具体表现在：

一是兴办学校，大量印行儒家经典著作。嘉隆帝（阮福映，1802—1819年在位）认为："学校储才之地，必教育有素，方可成材。朕欲法古设学以养，文风振作，贤才并举，以为国家之用。"③ 因此，他在顺化设立国学堂和崇文馆，把全国各地的学者都吸引到京师。阮圣祖明命二年（1821）建国子监，并置国子监祭酒（教育行政最高长官）、司业（协助祭酒掌管训导工作）。明命五年（1824）设"积善堂"，以为皇子们学习的场所，开设"四书""《书经》""《春秋》""《易经》""《孝经》"等课程。明命十八年（1837）规定：无论官民，家中孩子在七八岁时，必须送其上学，这样极大地提高了教育的普及率。在阮朝前期，学校的教育基本上是儒学教育。明命帝、绍治帝时期镌刻了诸如《四书大全》《五经大全》《小学集注》《四书人物备考》等儒家书籍，这些书籍是当时越南学生的必读书目。

二是尊孔崇儒。阮朝把后黎朝每年一次的祭孔活动改为每年两次，即春、秋各祭孔一次。祭孔活动的仪式非常隆重，每次皇帝都亲自到京师的文庙参加。

---

① 参见何成轩：《儒学南传史》，北京：北京大学出版社，2000年，第355页。
② 有关黎贵惇的史学思想请参见本书第七章《中国史学对越南的影响》。
③ 《大南实录》第一纪卷四十八。

最初的祭祀，只是祭孔子一人，后来又增设颜回、曾子、子思、孟子四人配享文庙，与孔子一起享受祭祀。

三是在民间推行礼乐教化。阮朝皇帝标榜自己是"以孝治天下"，因此经常发布诏书，劝告老百姓要敬仰祖宗、尊亲事孝。对于那些表现突出的孝子贤孙，统治者还赐予"孝行可风"之类的牌匾条额进行鼓励。1834年，明命帝颁布《十条训谕》，基本精神就是用儒家的仁义礼智和忠恕孝悌来规范老百姓的言行。

四是施行仁政。阮朝的几代君主大都能够施行仁政。例如，嘉隆十年（1811）越南北部发生灾荒，嘉隆帝下诏书曰："天灾流行，古今代有。悯灾恤患，仁政所先。"下令地方官员赈济灾民，不必上报。嗣德帝也曾经对臣子说："恤刑慎讼，仁政所先。"嗣德元年（1848），越南清化省官吏请求拨付款项修筑道路和桥梁，嗣德帝批复说："桥以济人，亦仁政之一事。"①

由于阮朝前期几代皇帝注重儒家学说，加上推行科举制度，当时越南社会习经治学，蔚然成风。随着疆域的进一步扩大，儒家思想文化推广至湄公河三角洲地区，普及了今天的越南全境。19世纪初期，儒家学说在越南再度昌盛，使得越南涌现出了一批文学、史学名著。由阮朝国史馆汇集多位史家编纂的《钦定越史通鉴纲目》《大南实录》《大南列传》以及《嘉定通志》等均"本儒家精神为主论之旨"，为研究越南历史文化的必读史籍。②

儒家学说作为越南封建制度的思想支柱，其盛衰与其所依附的本体息息相关。随着1884年越南沦为法国的殖民地和阮朝的最终灭亡，维护越南封建统治的儒家学说也不可避免地走向衰落。在法国的殖民统治下，中越之间几乎失掉了各种传统联系，儒学遭到压制、排斥，在越南通行了千余年的汉字以及以汉字为基础而创造的字喃被废止，科举制度亦在1919年被废除。儒家思想也因越南的殖民地化而丧失了它作为统治思想的社会基础。19世纪末20世纪初，西方资产阶级的思想文化猛烈地冲击着越南固有的文化传统，儒学的地位一落千丈，

---

① 参见黄国安：《孔子学说在越南的传播和影响》，《东南亚纵横》1991年第1期。
② 梁志明：《论越南儒教的源流、特征和影响》，《北京大学学报（哲学社会科学版）》1995年第1期。

迅速由鼎盛走向衰落。从此以后，儒教独尊的优越地位在越南一去不复返了。不过，作为越南民族传统文化的重要组成部分，儒学已经渗透了越南民族文化思想和社会生活的方方面面，形成了强大的习惯势力，在越南社会仍有很深的影响。其思想影响至今仍未泯灭，而是绵延不绝，生生不息。

儒家思想在越南社会发展的历史进程中，不论在封建社会上升时期所起的进步作用，还是在封建社会衰落时期所起的阻碍作用，都是持久而又巨大的。越南古代的政治、经济制度，礼法制度，民间的风俗习惯等都受到儒家思想的深刻影响。儒家思想是越南民族文化的重要渊源之一，也是越南民族传统思想文化的重要组成部分。正如越南著名学者潘玉所言："越南文化，不管是文学、政治、风俗、礼仪、艺术、信仰，没有哪一点不带有可以被视为儒教性质的印记；任何一个越南人，不管他怎样反对儒教，也都不可能摆脱儒教的影响。"[1]越南近代史学家陈重金也说："须知我南国自古至今，凡事皆以儒教为依据，以三纲五常为处世之根本。君臣、父子、夫妻，为我国社会所固有的伦理。谁若违背这些伦理，则被视为非人。"[2]

第二节　越南儒学的特点

如上所述，儒学在秦汉之际开始传入越南，至今已有两千多年的历史。中国儒学的各个发展阶段都对越南有着不同程度的影响。

那么，在漫长的历史长河中，在中国儒家学说浸润下的越南社会是否产生了具有自己特色的越南儒学呢？换言之，越南儒学是否有其自身的特点呢？

北京大学教授梁志明先生认为："从中国输入的越南儒教，作为一种学说，有其完整的体系与内涵，古代越南确实没有创造一种独立于中国儒学之外的学

① ［越］潘玉：《越南文化本色》，河内：河内文化通讯出版社，1988 年，第 209 页。
② ［越］陈重金著，戴可来译：《越南通史》，北京：商务印书馆，1992 年，第 313—314 页。

派，而是将中国儒学应用于本国。"①

越南学者武挑对此的看法是："从朱文安到张汉超、阮德达，越南诸位儒学家，培养了众多的学子，撰写了许多注解四书五经的著作，但他们只是停留在理解和依靠、应用汉儒、宋儒的范围，很少有批判或违背。像胡季犛那样对孔子提出质疑和提高周公的情况甚为罕见。"②

纵观中国儒学对越南的影响，其最大者当属宋明理学。宋明理学以儒家伦理为核心，具有融和儒教、佛教和道教而形成的"三教合一"的特征。自儒学在越南李朝初步发展到后黎朝达到极盛这段时间，正是宋明理学在中国蓬勃发展的时期。这一时期由中国传入越南的儒学自然是宋明理学。由于宋明理学所主张的伦理思想、道德规范和修养方法是维护封建集权统治最有效的强大思想武器，所以理所当然地得到了当时的越南封建统治者的大力提倡。越南历史上的名儒，像朱文安、张汉超、阮廌、阮秉谦、黎贵惇等人，无一不是理学的代言人。可以说，理学思想是越南自李朝到后黎朝期间占据完全支配地位的正统思想，对后世也有不可估量的深远影响。

然而，儒家思想传到越南后，并不像人们一直认为的那样毫不走样。实际上，儒家思想在越南传播与发展的过程也是它在越南经过损益、整合和重构的过程，在这一过程中，中国的儒家文化融入许多越南的本土文化因素，形成了具有越南特色的儒家文化。

这些特色，从宏观上考察，归纳起来有以下几点。

一、具有较强的包容性

以后黎朝为例，历任皇帝在独尊儒教的同时，对于佛教和道教并没有采取绝对排斥的态度，对待三教之间的矛盾，也采取了较为灵活和实用的态度：在

---

① 梁志明：《论越南儒教的源流、特征和影响》，《北京大学学报（哲学社会科学版）》1995 年第 1 期。

② ［越］武挑主编：《古今儒教》，河内：越南社会科学出版社，1990 年，第 311 页。

世俗学问上，为达到"治国安民"推崇儒教；在出世学问上，则崇奉佛教和道教。时至今日，在越南的寺院中，常常是一个屋檐下既供奉佛教人物，又有道教的神案，甚至于在一些地方，在大殿的中央供奉佛像，而孔子、老子的塑像分别立在两边。这种现象发展到了近现代，则在越南产生了一种新的宗教——高台教。①

二、"三教考试"：独具特色的考试形式

在越南儒教发展过程中，中国的教育制度和科举考试制度也随之被渐次引入。可以说，越南儒教的发展是随着教育制度和科举制度的引入同步进行的。与中国不同的是，越南科举考试举办儒、佛、道"三教考试"，独具特色。越南于1195年举办了儒、佛、道"三教考试"。② 1227年，陈朝时又举办了"三教考试"。"即使到了（后）黎朝，儒教已经占统治地位，但科举考试并没有因此而'唯儒一家，别无他教'，相反，在一定时期里，儒、佛、道三教考试规模更大了，取士之门开得更大了。"③

"三教考试"是越南科举制度的一个重要特色，是越南封建社会在不同的历史条件下的特定产物，是科举制度在封建社会发展过程中所做出的主动适应，对于维护越南封建社会的统一和发展是有贡献的。

正是有了历代封建朝廷的重视和"三教考试"的实行，越南历史上才会出现儒、佛、道诸宗教共生共荣的局面。

三、越南儒学呈现出实用和简约的特点

中国儒学传入越南后，越南历代封建统治者和儒生们在尊重其基本精神的

---

① 请参阅本书第六章《中国佛教在越南的传播和影响》。
② 罗长山：《越南传统文化与民间文学》，昆明：云南人民出版社，2004年，第316页。
③ 罗长山：《越南传统文化与民间文学》，昆明：云南人民出版社，2004年，第319页。

前提下，根据本国的实际情况和不同阶段社会发展的需要，对其进行了某些阐释和改造，使儒学呈现出实用和简约的特点。

戴可来先生指出："越南接受中国文化的特点，主要是把中国文化加以简化和实用化，以适应越南的国情。越南在学术上形成了一种简化、明快的风格。陈朝的朱文安，把中国的四书简化，写成《四书说约》；裴辉璧把明朝的《性理大全》简化为《性理撮要》。史学上，越南史学家从中国学习了简单扼要的编年体来编写他们的正史，如《越史略》《大越史记全书》《越史通鉴纲目》等，而且还出现了许多'撮要''节要''史约'的著作，都体现了这种简化风格。"①

以上在宏观层面上简要说明越南儒教的特色，下面仅以"忠孝观"和"妇女地位"为例，在微观层面上比较中越两国在儒学方面的差异。

"忠"与"孝"是儒家思想的两个重要命题。儒家学说"三纲五常"中的"君为臣纲"和"父为子纲"分别说的就是"忠"和"孝"，可见其重要。而儒家"男尊女卑"的思想以及封建礼教对妇女的严重戕害也是我们在儒家思想研究过程中的重要课题之一。

四、"忠"：越南人侧重于"忠于国家"

在中国封建社会的语境里面，"忠"即"忠君"，忠君，即忠于君王，忠于家天下，忠心事君，为君效死，唯君是从。悠悠万事，唯君为大。即使是对暴君、昏君，也要奉行"君叫臣死，臣不死为不忠"的信条。

在中国长期的封建社会里，忠君思想对加强皇权、维护君主专制的中央集权统治起到了重要作用。君王具有至高无上的绝对权威，是国家的代表和社稷的象征。即便是外族入侵、山河破碎，国家处于生死存亡的紧要关头，士大夫们仍能够做到"文死谏者，武死战者"，大义凛然、宁死不屈；但从民族大义出发，从国家的最高利益出发，登高一呼，主张废黜昏庸皇帝、重整山河的人，

---

① 戴可来：《对越南古代历史和文化的若干新认识》，载《北大亚太研究2》，北京：北京大学出版社，1993年，第103页。

则寥寥无几。

与中国相比较，越南人也讲究"忠"的概念，但是对于"忠"的理解却有所不同。

在越南封建社会里，统治者为了加强其统治地位，无不极力宣扬忠君思想。越南历史上也确有不少忠君的例子。比如西山王朝光中皇帝（阮惠，1788—1792 年在位）的大臣阮贯，在皇帝阮惠驾崩（1792）后随即自尽，以表忠心，被称颂一时。但是，在越南人的观念中，似乎盲目忠君的程度要弱一些。在他们的心目中，"忠"的最高境界是忠于国家。国家重于皇帝，皇帝只是治理国家的人，而不是至高无上的主宰。在这一点上，越南与中国有不易为人注意的差异。比如，"19 世纪末期，法国殖民者入侵越南，阮朝嗣德皇帝（阮时，1847—1883 年在位）割让南方三省给法国。越南国内群情激昂，举人潘文治就喊出了'斩嗣德之首，剖嗣德之肝，饮嗣德之血'的口号，几乎举国的儒生群起响应。成为历史上为人称颂的义举。这种大大有悖于忠君信条的举动，在中国是难以想象的"①。

五、"孝"：越南人更侧重于"孝国家"

孔子在《论语·学而》中说："孝悌也者，其为仁之本与!"儒家思想认为，没有孝悌，仁就无从谈起。而没有仁，则礼便成为空壳，乐也毫无意义。"人而不仁，如礼何? 人而不仁，如乐何?"（《论语·八佾》）"孝"是一切道德的根本，是所有教化的出发点。《孝经》说："夫孝，德之本也。"在儒家思想中，孝是一种思想，也是一种行为，它是"仁"学思想的基本内容，也是儒家重要的道德规范。

孝，并非仅仅局限于家庭范围之内，而是扩大延伸到国家、社会之上，带有不少政治色彩。比如孔子提倡的孝，就是从家庭推延至社会，从个人推延至

① 孙衍峰：《儒家思想在越南的传播发展与变异》，载赵丽明主编《汉字传播与中越文化交流》，北京：国际文化出版公司，2004 年，第 361 页。

君王。"弟子入则孝，出则悌，谨而信，泛爱众而亲仁。"（《论语·学而》）孔子认为，"事公卿"与"事父母"的基本原则、方法和精神是一致的。凡事父母能孝者，必定事君王能忠。所谓"孝慈，则忠"（《论语·为政》）。所以，孝在儒家道德规范中占有极其重要的地位，在传统社会伦理道德中也受到特别的重视。

孝，作为一种社会伦理道德在越南所受到的维护与推崇，与中国相比有过之而无不及。但是他们的"孝"有两层含义，在孝敬父母这一点上，他们"孝"的观念与中国完全相同。除此以外，他们还有一种"孝"，这便是对国家的孝。越南人把对父母之孝称为"小孝"，把对国家之孝称为"大孝"。"小孝"要服从"大孝"。

"15世纪初，榜眼阮飞卿被明军俘获，将解往他乡。其子阮廌（时为太学生，相当于中国的进士）携弟哭送。阮飞卿对阮廌说：'小孝可由汝弟行之。汝有才学应思救国救民以行大孝。随父作女儿啼何益？'这是两个越南儒家之间的对话。其大意可理解为：在孝敬父母与报效国家不能两全时，应该舍弃'小孝'而行'大孝'。这与中国'忠孝不能两全'（孝要服从于忠）的说法有异曲同工之妙。不过，中国封建社会'忠孝'中的'忠'多指'忠君'，而越南人的'大孝'则指报效国家。"①

六、"男尊女不卑"

孔子曰："唯女子与小人难养也。"尽管后人对孔子的这句话有若干不同的理解，但儒家思想主张"男尊女卑"却是确定无疑的。

在中国的封建社会里，妇女在社会生产中处于从属地位，而宗法制度又剥夺了妇女的政治和经济地位，封建礼教还给妇女戴上了种种精神枷锁，因此，中国妇女在漫长的封建社会中始终处于服从和被支配的地位，始终处于社会的

---

① 孙衍峰：《儒家思想在越南的传播发展与变异》，载赵丽明主编《汉字传播与中越文化交流》，北京：国际文化出版公司，2004年，第362页。

最底层。封建礼教把妇女发挥作用的范围严格限制在家庭内部，使妇女被完全排除在社会事务之外，剥夺了妇女的独立人格，使其听命、服从于男子，处于从属地位。在婚姻方面，男女也是不平等的：男子可以三妻四妾，女子却须从一而终；男子可以休妻（有"七出之条"），而女子却不能"休夫"；男子可以再娶，女子却不能改嫁。

在儒家"男尊女卑"思想的影响下，越南妇女的社会地位也非常低下，重男轻女思想普遍存在，"一男曰有，十女曰无"的俗语在越南家喻户晓。妇女的"三从四德"越南人也尽人皆知。妇女不能参加科举，不能担任官职，不能参加公共的祭祀活动。

但是，与中国相比，越南的情况所不同的是：越南妇女并没有被严格限制在家庭内部，而是可以参加一些生产经营等社会经济活动。赶集经商，多由妇女承担。至于农业生产，更是少不了妇女的参与。越南妇女在家庭中并非一切听命于男子，相反，在家庭事务中有自己的发言权，重大事务多由夫妻共同商定，家庭经济也多由妇女管理。在男女婚姻方面，越南也明显要平等一些。

对此，越南学者潘玉认为："在越南家庭中，妇女受到尊重，她们掌握着家庭财宝箱的钥匙，操持生意，……她们受到法律的保护，而不像中国妇女那样地位低下。"[1]

黎宗圣时代的《洪德律例》规定，如夫妻双方无子女，丈夫离家出走五个月，妻子可以再嫁；如夫妻双方有子女，丈夫离家出走一年，妻子可以再嫁；越南妇女继承权受到保护。《洪德律例》还规定，"父母过世，儿子和女儿都可继承死者的土地。如无儿子，女儿代行祭祀父母"。[2]

同时，在越南封建社会，越是受儒家思想影响大的社会阶层，如皇家、官宦之家、儒士之家等，妇女受封建礼教束缚禁锢就越严重，其地位就越低；而

---

① ［越］潘玉：《越南文化及其新视角》，河内：文化通讯出版社，1994 年，第 55 页。参见谭志词《中越语言文化关系》，北京：军事谊文出版社，2003 年，第 191 页。

② 孙衍峰：《儒家思想在越南的传播发展与变异》，载赵丽明主编《汉字传播与中越文化交流》，北京：国际文化出版公司，2004 年，第 363—364 页。

一般普通百姓家庭，受儒家思想的影响相对较弱，妇女受封建礼教的束缚相对少一些，地位也相对高一些。

可见，越南在接受来自中国的儒家学说时，并未完全照搬照抄，而是根据自己的国情加以"扬弃"，从而形成了具有越南特色的文化体系。

北京大学教授李谋先生在谈到中国文化对东南亚的影响时，认为"东南亚各国妇女问题表现为绝对没有接受印度的种姓概念或中国文化的道德标准，印度妇女在夫君死后殉葬的习俗，中国妇女三从四德与贞节的观念在东南亚都不存在"[①]。在这里，东南亚当然也包括越南。尽管李谋先生的话说得有些绝对，但是，这也使我们可以从另外一个侧面佐证上述观点之正确。

第三节　儒学在越南的影响

中国的儒家文化自西汉开始传入交趾地区，到越南阮朝的嗣德年间（1848—1883），历时两千多年，特别是从陈朝末年到阮朝前期的五百多年，儒学已渗透到越南古代社会生活的各个方面，对越南古代社会政治、经济、文化的发展产生了极为深远的影响。总的看来，儒家文化对越南的影响主要体现在以下几个方面：

第一，儒学的传入加快了越南独立以前交趾地区封建化的进程，对促进当地的经济和文化教育的发展以及促进其民族开化起到了重要作用。

如前所述，秦汉之际，越南在生产上尚处在刀耕火种时代，在婚姻上"民如禽兽，长幼无别"，还保留着原始群婚制的残余。一批又一批来自中原地区的官吏、知识分子和移民，如锡光、任延、士燮等，把包括儒学在内的先进的汉族文化和生产技术传播到交趾地区。经过他们和那里的原住民的共同开发，交趾地区的社会形态和生产力水平发生了质的飞跃，迅速从氏族社会过渡到封建

---

① 李谋：《试析中国文化、印度文化与古代东南亚》，载梁志明等《古代东南亚历史与文化研究》，北京：昆仑出版社，2006年，第210页。

社会。在从秦汉到唐末的一千多年中，不少中原人士迁居交趾地区，和那里的原住民通婚，从而促进了该地区民族的融合和道德水平、文明素质的提高。在这个过程中，儒学起着重要的作用。从赵佗时代到唐末，绝大部分在交趾、安南任职的官员都实行"德治为主，教化为先"，把儒学作为治国安民的指导思想。他们贯彻儒家"先富后教"的方针，积极发展生产，组织民众开垦荒山、兴修水利、加固海堤、提高粮食和其他农作物产量。他们重视教育，开发民智，积极提高老百姓的文化教育水平，以至人才辈出，交州地区一度还成为中国南方的学术中心。

第二，越南独立以后，封建统治者推行儒家所倡导的宗法制度，规范和加强越南社会的宗法体系，巩固和强化越南的封建中央集权统治，加快了越南的封建化进程。

自 10 世纪中叶越南独立之后，历代越南封建统治者为了巩固自己的统治地位，强化中央集权，特别是从陈朝以后的历代皇帝，都把维护封建大一统、强调君权至上和等级尊卑制度的儒家学说作为自己的统治思想武器。在沿袭中国封建统治者的统治机构和典章制度的同时，自上而下地大力推广儒学，将儒学定位为"国学""国教"，以儒家思想为立国的理论基础；以"三纲五常"的宗法思想规范朝纲和社会秩序，以儒家的伦理道德教化百姓；通过学校教育，向老百姓灌输儒家思想，同时将儒家的伦理道德具体化为可操作的法律条文和乡规民约，强制老百姓在日常生活中遵照执行；同时通过科举制度，笼络知识分子，选拔符合封建统治需要的人才，以维护封建专制统治。

儒家宗法思想的推广和发展，使得越南形成了一整套维护封建统治的宗法制度，逐步完善了官僚机构和典章制度，加快了越南的封建化进程，从而巩固了从中央到地方直至村社基层组织等封建社会的统治体系，大大加强了越南封建王朝的中央集权统治，使得越南封建社会日趋发展和繁荣。

第三，儒学的传入，促进了越南教育事业的发展和人才的培养，从而使中国儒学发展成为越南儒教，构成越南民族文化的重要组成部分。

儒家学说历来重视教育、知识和人才的培养。在儒学传入越南的过程中，越南全国各地兴办学堂，建立了从县、府至中央国子监的教育系统，实行了遴选官吏的科举制度。越南儒教强调家庭教育的意义，每个家庭，尤其是儒士家庭十分重视教育，从而形成了全民尊师重教和讲究文明礼节的社会风尚。通过儒家学说的长期洗染，越南化的儒教已经成为越南民族文化的重要组成部分。

由于越南封建王朝实施"教化"政策，儒家伦理深入民间，在尊崇儒学的社会风气熏陶下，老百姓虽没有条件学习儒家经典，但耳濡目染、潜移默化的影响使他们自觉或不自觉地遵循儒家的伦理道德和行为规范。"孝"被视为百行之先，受到特别推崇。"不孝有三，无后为大"已成为越南民谚。"忠孝节义""三纲五常"成为家喻户晓的伦理道德。儒家文化在民间已成为风俗习惯的一部分。据 17 世纪的耶稣会教士克利斯朵夫·波里（1618—1623 年居住在越南）的报告，在"交趾支那"（今越南南部）人民中存在着儒教徒的行为，例如妇女特别的贞节、独特的居丧行为等。①

第四，儒家思想渗透到越南的文学、艺术作品中，极大地丰富了越南的文化内涵，促进了越南文化事业的发展。

越南古代的政治、历史、哲学、文学等著作，除了极少一部分是用字喃写成外，其余均用汉文写成，并被深深地打上了儒学的印记。孔孟之道、纲纪伦常是越南历代士大夫和文人墨客所常常吟诵的主题，其中隐喻和彰显的伦理思想无不深深地打上儒家思想的烙痕。

以文学艺术作品为例，《金云翘传》是越南最具重要地位的文学作品，其内容揭露、控诉了腐朽的封建制度，赞扬自由和爱情，歌颂反封建人物，然而它的人物却是按儒家正统观念来塑造的。作为治乱之鉴的史书的撰写也是在儒家思想的框架内完成的。现存的具有重要价值的越南国史——《大越史记全书》（1479 年成书）就明显地受到朱熹《资治通鉴纲目》史学思想的影响。从吴士连在《全书凡例》所作的说明以及范公著在《本纪·凡例》中所定的纪年原则，我们可以清楚地看到，他们所据以编纂历史的原则是辨正闰，明顺逆，严

① ［美］亚历山大·B.伍德斯特著，李延凌译：《中世纪的越南与柬埔寨：比较评论》，《东南亚纵横》1985 年第 1 期。

篡弑之诛，而这一点正是朱熹《资治通鉴纲目》的精神所在。《大越史记全书》的编撰者并以上述原则作为判别人物忠奸顺逆的依据：凡是正统的，一定是顺的、义的；凡是僭伪篡窃，一定是逆的、不义的。像丁朝末年起兵反抗把持朝纲的黎桓，就被看作是顺的、义的。"其起兵非称乱也，一心左袒为丁氏也，诛桓不克而死，死得其所矣。"[1] 一种崇敬之情流露笔端。在他们的行文或评论中还极力褒扬尊者、贤者与死节者，对伤风败俗者则加以谴责。《资治通鉴纲目》的扶纲常、植名教的鲜明特点在《大越史记全书》中也得到充分体现。

第五，儒学思想已经内化为越南民族精神的一部分，并成为维护国家统一和民族独立的重要精神支柱。

1884 年以来，越南先是沦为法国的殖民地，后来又遭到日本的占领（第二次世界大战期间）和美国的侵略（1960 年代）。在近百年的反抗外国侵略的斗争中，儒家学说中的"忠孝节义"和"仁义礼智"等思想已经成为越南人民唤起民族精神、摆脱殖民统治、反抗外国侵略的思想武器之一。越南著名的抗法爱国志士吴德继，推崇"汉文即为国文，孔学即为国学"，他呼吁越南人民用儒家文化抵制法国的殖民文化。1884—1896 年，越南出现了一个反抗法国殖民者的"勤王运动"，其主要成员便是儒士阶层，所以又叫"文绅运动"。他们在"忠君爱国"的旗帜下，和法国殖民者进行了长达十多年的英勇斗争。

近现代以来，随着西方殖民统治的确立和马列主义的传播，儒家文化在越南的影响大大下降。但儒学所包含的积极因素，如爱国主义、杀身成仁、舍生取义、以义节利等思想激励了无数仁人志士在国家遭受侵略、民族受到奴役时，为了国家的独立、民族的解放而奋不顾身、前赴后继，这也是越南始终未能被法国、日本、美国等西方国家征服的原因之一。一个明显的例子是，被称为越南无产阶级革命指导思想的"胡志明思想"，它的爱国主义和革命道德观即包含了极为丰富的儒学因素。在他的道德观里，就包含有忠、孝、勤、俭、廉、正

---

[1] 《大越史记全书·本纪》卷二《丁纪》，第 184 页。

等儒家学说中的传统道德因素。①

第六，儒家学说对越南社会的负面影响不容忽视。

儒家学说在越南得以传播和发展，对于越南社会既有正面的、积极的作用，也产生了负面的、消极的影响。如前所述，在封建社会里，儒家学说对于越南来说，既有巩固社会稳定、促进国家统一的积极的一面，又有限制人民思想、压制人民反抗的消极的一面。尤其是在越南封建社会的后期，儒家思想中保守、僵化的特点，表现为对新生事物的抵制和排斥，不利于社会的进步和发展；儒家学说片面提倡德治，不重视法治，重农抑商，将科学视为奇技淫巧等观念也严重地阻碍了社会的和谐和科技的昌明、经济的壮大；儒家学说中传统的轻视妇女的观念，亦与越南社会的传统习俗相背离。

这些负面影响，在近现代的越南表现得尤其突出。面对法国殖民者的入侵，崇尚儒教的阮氏朝廷中的一些儒臣束手无策，不战而和，拱手让出国土。面对西风东渐的大局，阮氏朝廷惧怕改革，许多旨在自救、救国的"革新"② 策略都被朝廷束之高阁，儒教思想体系中的守旧思想压倒了从真正爱国心出发的维新思想。这是使越南在独立千年后变为殖民地的重大原因之一。③

综上所述，中国的儒家学说自汉代传入越南，在历代中国郡守的倡导和积极努力下，在今天的越南北部、中部地区得到较好、较快的传播和发展，被越来越多的越南人接受。公元 10 世纪中叶，越南独立后，虽然经历了短暂的"崇佛抑儒"时期，但是到了 11 世纪的李陈时期，这种局面得以改观。自此，儒家学说在越南的地位开始呈现出上升的趋势。李陈时期，推行儒、释、道三教并尊的政策，但是在崇佛的同时，对儒家学说的伦理思想却更加重视，儒学地位

① 可参见拙著《胡志明·胡志明思想中的儒学因素》中的相关内容，载于向东、蔡德贵主编《东方著名哲学家评传：越南卷 犹太卷》，济南：山东人民出版社，2000 年，第 318—329 页。

② 在越南语中，"革新"（Doi Moi）的语义等同于汉语中的"改革""变革"。如，汉语中说"改革开放"，越南语中则说"革新开放"。

③ 梁志明：《论越南儒教的源流、特征和影响》，《北京大学学报（哲学社会科学版）》1995 年第 1 期。

日益提高，到陈朝末期已经渐渐占据优势地位。从后黎朝起，越南进入独尊儒学时期，将儒教奉为"国教"，确立儒学为建国、治国的正统学说，至黎圣宗时期臻于鼎盛，之后逐渐走向衰落。

在越南的历史上，中国的儒家学说与其封建社会相始终。在这一过程中，儒家文化与越南的民族文化相辅相成，构成了越南民族的精神支柱和民族心理，成为越南传统文化的主流。中国儒学不仅影响着越南封建社会的政治、经济、文化、宗教、社会等各个方面，而且还影响到越南的民族心理、风俗、习惯等，成为越南国家性格中的重要组成部分。

第四章
中国科举制度在越南的传播和影响

第一节　中国科举制度的产生及发展

中国是世界上最早采用考试制度来选拔官员的国家。科举制是设科考试用以选拔官吏的制度,始于隋文帝开皇七年(587),形成于唐朝,终于清光绪三十一年(1905),前后延续1318年。

选拔人才、任用官吏的形式,远在隋朝之前已经存在,秦汉时期的"察举制""征辟制",魏晋南北朝的"九品中正制"等,就是后来"科举制度"的滥觞。

隋朝统一中国后,为了适应封建经济与政治关系的变化,满足广大中小地主阶级参与政权的要求,加强中央集权制度,缓和阶级矛盾,隋文帝把选拔官吏的权力收归到中央政府手中,用科举制度代替九品中正制。隋文帝开皇七年(587)定制每州每年贡士三人。此后,以秀才、明经等科目选拔官员。隋炀帝时期,又设立进士科,把进士科与试策联系在一起,通过考试来选拔进士科的人才,从而使得"科举"和"考试"联系在一起,产生了"科举制度"。

唐循隋制,继续施行科举取士。唐朝将科举分为"制举"和"常举",前者由天子主持,根据需要临时下令举行;后者的考生来源有二:生徒和乡贡。

常科中明经、进士为重要科目，成为莘莘学子加官晋爵的主要门径。有唐一代，大批经国治世之士正是通过进士科被选拔出来，从而进入最高统治机构担任要职的。唐代的宰相以及大部分高级官吏，均为进士出身。进士科已经成了为朝廷提供高级官员的主要来源。

宋代的科举制度在形式和内容上都进行了重大改革：在常举和制举之外，又确立了殿试，皇帝将科举取士之权牢牢掌握在手中；放宽了录取的范围，扩大了录取的数量，唐代每年录取进士不过二三十人，宋代则可达二三百人乃至五六百人；确立了三年一次的三级考试制度（州试、省试和殿试）；为防止徇私舞弊，采用了糊名和誊录等保密措施。由于宋代广纳有才贤士，许多科学家、文学家、诗人、经学家，比如沈括、王安石、司马光、苏氏父子、欧阳修等，都是由科举出身进而名垂青史的。

元代的科举考试带有较为明显的民族歧视性质，虽然蒙古、色目、汉人、南人都采用汉文答卷，但是前两种人的题目较后两种为易，且分左右两榜公布成绩。元代的科举每三年举行一次，分为乡试、会试、殿试。内容以程朱理学为主。

明代统治者对科举高度重视，方法之严格，较往代尤甚，科举制度更加完善。明代立国之初，十分重视搜罗人才，一方面急于开科取士，"非科举者，毋得与官"；另一方面重视设立学校，太学在明朝初年培养了大批德才兼备的官吏，进学校成为科举的必由之路。英宗之后，朝廷形成"非进士不入翰林，非翰林不入内阁"的局面。

明清两朝科举制度的最大变化是考试内容的变化。乡试和会试只能在四书、五经的范围里命题，考生不能自由发挥，答题必须按照破题、承题等八个部分进行，不得违背。这种由宋代的"经义"演变而来的形式被称为"八股文"。在明清两朝的五百多年里，这种死板的形式严重地束缚了士子学人的思想，舞弊现象时有发生，导致科举制度最后进入死胡同。随着清季西学东渐，中国古代传统教育空疏无用的缺点暴露无遗，在有识之士"废科举，兴学校"的呼声中，清王朝首先对科举考试的内容进行改革，其次递减录取名额。然而，中国的科举制度最终还是走向了穷途末路，终于在光绪三十一年（1905），清政府下令"停科举以广学校"。至此，中国的科举制度终于走完了它一千三百多年的漫长历程。

科举制度，作为中国古代特有的选拔人才的制度，曾经被世人称作中国的"第五大发明"①，其重要性是毋庸置疑的。它改变了过去传统选官制度中自下而上的做法，成为由中央制定标准、决定取舍的自上而下的方式；把选拔人才的权力从门阀士族大家手中收回，有利于中央集权和社会的稳定；彻底打破了官僚士族对选官的垄断，在较大范围内开辟了一条入仕途径，缓和了阶级矛盾；不断吸收有才华之人补充官僚体系，有利于国家机器的正常运作，使其不断吸收新鲜血液，以保持政府的足够活力；从下层吸收人才不仅改变了官吏构成，还笼络了广大中下层士大夫，收到了"得人"和"赚得英雄尽白头"的双重效果；培养了全民族尊师、重教、崇儒等良好品质。历代因为科举而入仕、成名者可谓数不胜数。

然而，随着科举制度的长期施行，其弊端也日益凸显出来，内容和方法失当，导致士子学人不认真读书或者多读无用之书，八股取士使其弊端愈演愈烈；功名利禄皆出自科举，必然会导致贿赂公行，舞弊不断；只重视四书、五经，导致不注重自然科学的学习。历史进入近代，科学昌明，文明进步，莘莘学子仍然固守四书、五经，导致与社会科学文化严重脱节，科举制度退出历史舞台是必然的结果。

科举制度是中国的首创，它将教育、考试与选拔官员有机地结合在一起，有其科学的一面和积极的社会意义。梁启超先生在 1910 年就曾经说过："夫科举，非恶制也。所恶乎畴昔之科举者，徒以其所试之科不足致用耳。昔美国用选举官吏之制，不胜其弊，及一八九三年，始改用此种试验，美人颂为政治上一新纪元。而德国、日本行之大效，抑更章章也。世界万国中行此法最早者莫如我，此法实我先民千年前之一大发明也。自此法行而我国贵族寒门之阶级永消灭，自此法行，我国民不待劝而竞于学，此法之造于我国也大矣。"② 汤因比

---

① 刘海峰：《科举制——中国的"第五大发明"》，《探索与争鸣》1995 年第 8 期。
② 梁启超：《饮冰室合集》文集之 23《官制与官规》，北京：中华书局，1989 年，第 68 页。

认为，西方文官制度也曾经受到过中国科举制度的影响，间接地对世界文明进程做出了贡献。① 它不仅对整个中国古代封建历史时期产生了重要影响，而且对周边国家，尤其是朝鲜、越南、日本产生过深远影响。科举制度为东亚国家所借鉴，在一定程度上形成了汉字文化圈，有力地推进了中国文化的传播和各国文化水平的提升。

第二节　越南的科举制度

越南科举的实施从公元 1075 年始，至 1919 年废止。与朝鲜、日本相比，越南是最迟实行科举，同时也是世界上最晚废止科举的国家。科举制度在越南共计实行了 844 年。本节将对越南科举制产生、发展、衰落的历程予以简要论述。

一、越南科举制度的发轫

自秦始皇略取岭南之地，到公元前 111 年汉武帝平南越，设九郡，其中三郡交趾、九真、日南在今越南境内，此后，在一千多年的时间里，越南处于中国封建王朝的直接统治之下。隋唐时期，科举渐行，并开始向全国各地推广，作为中国领土之内的安南士人也可"应诸色乡贡"②。唐武宗会昌五年（845）更有规定，安南和岭南、桂府、福建等地一样，每年送进士 17 人、明经 10 人到礼部，会同全国各地的乡贡、生徒，参加科举考试。为选拔人才，唐朝还在科考中设南选使，选取安南人在当地或入朝做官。唐德宗时，爱州日南（今越南

---

① ［英］汤因比、［日］池田大作著，荀春生等译：《展望二十一世纪——汤因比与池田大作对话录》，北京：国际文化出版公司，1985 年，第 275 页。"实际上现代英国的官吏制度，是仿照帝制中国的官吏制度而建立的。同罗马相比较，中国的这种制度取得了很大的成功。约在两千年的时间里，或大或小，它成了统一中国和巩固秩序的支柱。……英国人曾考虑以后英国是否也要采用。各种议论的结果，同样在英国也确立了通过考试选拔任用行政官的制度，今天已经广泛普及。"
② ［宋］王溥：《唐会要》卷七十五《南选》，上海：上海古籍出版社，1991 年，第 1622 页。

清化省安定县）人姜公辅考中进士，官至谏议大夫，为唐名相之一。① 唐宪宗时，安南诗人廖有方也考中进士。

五代战乱，导致安南士人无法像中原的莘莘学子那样参加科举考试。968年，丁部领建立"大瞿越"国，标志着越南脱离中国中央政府，获得独立。但是，丁朝和前黎朝均享国短暂，大部分时间处于动荡之中，百废待兴，科举考试不可能提上议事日程，于是出现"所谓学校科举之政无所闻焉"的局面。②

长期战乱使得安南地区人才陷入极度匮乏的境地。987年，当北宋使臣李觉出使安南册江寺时，越南前黎朝整个朝廷中竟然找不出一个可以与他应对酬酢的儒臣，天福帝黎桓（980—1005年在位）只好"遣法师名顺假为江令迎之"，才算应酬过去。③

较之丁朝（968—980）和前黎朝（980—1009）而言，李朝（1010—1225）时越南封建国家走上了较为稳定的发展道路。为了选拔内政和外交人才，李仁宗太宁四年（1075）开科取士。《大越史记全书》记载：李仁宗太宁四年（宋熙宁八年，1075）春二月，"诏选明经博学及试儒学三场，黎文盛中选，进侍帝学"④。这被视为越南历史上的第一次科举。1076年，李仁宗又在京都设立国子监，作为皇太子及文职官员学习儒学的地方。1086年，成立翰林院。1087年，起造秘书阁。李高宗时期，诏求贤良，以使"内则奉侍经幄，外则教民忠孝"⑤。

然而，纵观整个李朝，科举考试并非常制，而是主要集中在仁宗、英宗、高宗三代君主。据《李、陈、黎、莫、阮进士科试和考取进士人数综合表》⑥统计，整个李朝共录取27人，举行过4次科举：第一次，1075年，仁宗首次科

---

① ［宋］欧阳修、［宋］宋祁等：《新唐书》卷一百五十二《姜公辅传》，北京：中华书局，1975年，第4831页。

② ［越］吴时仕等：《大越史记·本纪》卷一，天福八年。

③ 《大越史记全书·本纪》卷一《丁纪》，第191页。

④ 《大越史记全书·本纪》卷三《李纪》，第248页。另据《钦定越史通鉴纲目》正编卷之三记载，太宁四年"选明经博学者以三场试之，擢黎文盛首选，入侍学"。两条记录可以互为印证。

⑤ 《大越史记全书·本纪》卷四《李纪》，第303页。

⑥ 陈科寿译：《越南历代作家小传》，河内：越南史学出版社，1962年，第122—125页。

考；第二次，仁宗广祐二年（1086），"秋，八月，试天下有文学者，充翰林院官。莫显绩中选，除翰林学士"①；第三次，高宗贞符十年（1185），"春，正月，试天下士人，自十五岁能通诗书者，侍学御筵。取裴国忾、邓严等三十人，其余并留学"②；第四次，高宗天资嘉瑞八年（1193），"试天下士人，入侍御学"③。

由以上分析可知，李朝总共举行了 4 次科举考试，第一次与第二次相距 11 年，第三次与第四次相距 8 年，可第二次、第三次科举之间竟然间隔了 100 年！且前两次科举，仅取士 1 名，到了第三次，则录取了 30 人，是李朝最多的，第四次举行科举考试，录取人数却又降了下来。由此，我们可以得出结论：在施行科举考试的早期，如果抛开社会经济等因素，越南封建王朝对于这种新生事物，在技术操作层面上是很不成熟的，对于科举制仍然处于一种探索和尝试阶段。

二、越南科举制度的勃兴

陈朝时，科举制度在越南得到较大程度的发展。陈朝共开科 14 次，取士 337 名。陈朝科举制的发展不仅体现在开科次数和取士人数的增加，更在于陈朝历代君主逐步完善了越南的科举制度。1232 年，陈太宗设太学生科，首开陈朝科举，并且制定以三甲分高下。1246 年，陈太宗又定科举大比以 7 年为限。1247 年，陈朝开始设状元、榜眼、探花三魁之选，赐太学生出身。1304 年的科考，不再限于太学生，而是允许全国士子都可参加考试，这次考试还明确了太学生科的四场考试内容：第一场，暗写；第二场，经义、诗赋各 1 篇；第三场，诏、制、表各 1 篇；第四场，策 1 篇。1374 年，陈朝设置进士科。

从表 4-1 可看出，陈朝科举以太学生科为主。其考试对象主要是"三馆属

---

① 《大越史记全书·本纪》卷三《李纪》，第 251 页。
② 《大越史记全书·本纪》卷四《李纪》，第 304 页。
③ 《大越史记全书·本纪》卷四《李纪》，第 306 页。

官、太学生、侍臣学生、相府学生，及有爵者"①。太学生科的设置是陈朝的首创，是科举制度传入越南后本土化的体现。陈朝初期士子大多集中在中央的学校，就全国而言，儒士人数还是比较少的，尚不具备举行大规模"试天下士人"的条件。

1304 年，太学生科面向全国士人，但仍以太学生和官员为主。1314 年以后，太学生科逐渐衰落，太学生素质下降，考试流于形式。

表 4-1　陈朝科举取士一览②

年份	科目	取士数量	特点及演变
1232	太学生科	5	以三甲定高下
1239	太学生科	4	以三甲定高下
1247	太学生科	48	设三魁，赐太学生出身
1256	太学生科	43	设京寨状元各一
1266	太学生科	47	设京寨状元各一
1275	太学生科	27	取消京寨状元之设
1304	太学生科	44	科举面向全国士人，定四场试士，有廷试，三魁游街三日，置黄甲为第四名，余 330 人皆留学
1314	太学生科		太学生质量下降，取士数锐减，取消三魁及黄甲
1323	太学生科		同上
1345	太学生科		同上。试法改为两场
1374	进士科	50	创置进士科，分别赐三魁，黄甲、进士及第和同进士及第，赐宴筵、衣服
1381	太学生科		1314、1323、1345、1381 年四科共取士 9 名
1384	太学生科	30	
1393	太学生科	30	

---

① 《大越史记全书·本纪》卷七《陈纪》，第 445 页。
② 转引自金旭东：《越南科举制度简论》，《东南亚》1986 年第 3 期。

鉴于此，陈睿宗于 1374 年设进士科，《钦定越史通鉴纲目》记载："太学生即进士科也，但当辰（时）中者惟谓太学生，至睿宗隆庆二年（1375）甲寅科始以进士名。"① 但是，太学生科把科举囿于狭小的范围之内，只在中央的学校进行，这些学校的学生大都是贵族、高官子弟，没有地主阶层的知识分子参加，也注定了太学生科随着越南科举制度的发展必然被淘汰。

三、越南科举制度的鼎盛

儒学的传播在越南后黎朝（1428—1788）时期达到鼎盛，随着儒学传播在越南蒸蒸日上的局面而出现的是越南统治者对科举制度的极度重视，同时也迎来了越南科举考试制度的鼎盛时期。

经过短暂的"属明时期"（1407—1427），越南清化黎利领导蓝山起义，于 1428 年建立黎朝。黎太祖黎利（1428—1433 年在位）振兴教育，设国子监于京师，以使官员及平民俊秀子弟入学学习；于各府路开办学堂，延请教师教授儒学。然后又令文武官员四品以下者，必须应明经科考试，文官考经史，武官考武经。在各路也开明经科试，使隐逸之士出来应试，以选拔人才。②

黎太宗（1434—1442 年在位）时期重新整顿科举。制定每五年举行一次乡试、六年一次会试之例。考试方法方面，规定第一场撰写经义一道，四书义各一道，并限每道 300 字以上；第二场，制、诏、表；第三场，诗赋；第四场，策一道，1000 字以上。③

到壬戌年（1442），黎太宗再开进士科试，及第者都得题名树碑，以示奖励文学之士。进士刻名于文庙之碑，自此始。④

黎圣宗光顺三年（1462），定乡试法：先暗写一场，谓之汰冗。第一场经、

---

① 《钦定越史通鉴纲目·正编》卷六"建中八年"条。
② ［越］陈重金著，戴可来译：《越南通史》，北京：商务印书馆，1992 年，第 168 页。
③ ［越］陈重金著，戴可来译：《越南通史》，北京：商务印书馆，1992 年，第 171 页。
④ ［越］陈重金著，戴可来译：《越南通史》，北京：商务印书馆，1992 年，第 171 页。

传义，共五道；第二场诏、制、表；第三场诗、赋，诗用唐律，赋用古体《骚》《选》；第四场策一道，问以经史世务。①

黎圣宗（1460—1497 年在位）及其后的几个皇帝统治的大约 100 年内是越南封建社会的全盛时期，此时越南科举制度也发展到了历史上的鼎盛时期。黎太宗正式定科取士，其后，黎朝历代帝王莫不以设科取士为先务。据《大越史记全书》统计，这一时期科举取士情况如表 4-2 所示：

表 4-2　黎朝科举取士一览②

帝王名称	在位年代	开科次数	取士人数
黎太祖	1428—1433	0	0
黎太宗	1434—1442	2	23
黎仁宗	1443—1459	3	31
黎圣宗	1460—1497	12	511（金旭东的统计数字为 501）③
黎宪宗	1497—1504	2	116
黎威穆帝	1505—1509	不详	109
黎襄翼帝	1510—1516	2	43
黎昭宗	1516—1526	2	20

从表 4-2 可以看出，黎朝前期不论是开科次数还是取士人数，都远比李朝、陈朝多得多，科举之盛，前所未有。黎圣宗在位 38 年（1460—1497），开科达 12 次之多，取进士 511 名，比李、陈二朝科举取士总数还要多。不仅如此，黎圣宗光顺（1460—1469）、洪德（1470—1497）年间，科举制度还得到了全面的

① 《钦定越史通鉴纲目·正编》卷十九。
② 转引自黄敏：《科举制度在越南的嬗变及其对越南文化的积极影响》，《解放军外国语学院学报》2003 年第 26 卷第 6 期。
③ 金旭东：《越南科举制度简论》，《东南亚》1986 年第 3 期。

改进，以使其更加符合越南当时的实际情况，这些措施是：① 光顺四年
（1463），初定三年大比之制，把科举考试的时间固定下来，使之制度化。②制
定乡试、会试条例，规定参加会试者的资格。③洪德十四年（1483），规定乡试
的入场日期，并首次对各承宣使司每科贡士来京参加会试的人数做了明确规定。
④洪德二十三年（1492），任命翰林院官员充任乡试考官。⑤洪德三年（1472），
制定进士资格："第一甲第一名，授正六品官，第二名，授从六品官，第三名，
授正七品官；第二甲，授从七品官；第三甲，授正八品官。"⑥洪德十五年
（1484），追立大宝三年（1442）以来进士碑，以后又坚持了会试当年立碑的传
统。⑦洪德十五年（1484），将状元、榜眼、探花改称为进士及第，正榜改称为
进士出身，附榜改称为同进士出身。①

黎圣宗的这些改革措施，对越南的科举制度影响极大。它们不仅被黎朝后
续统治者继续推行，而且此后各朝代统治者也基本上沿用这些办法，只是在一
些小的方面加以改进而已。

科举制的各种制度在光顺、洪德年间的完备，标志着越南科举制度进入了
鼎盛阶段。正如《大越史记全书》所言："然则黎朝文明之详，科目之政，肇于
顺天，始于大宝，行于太和，而特盛于洪德也。"②潘辉注《历朝宪章类志》也
说："历朝科举之盛，迨于洪德至矣。其取人之广，选人之公，尤非后世所
及。……天下无遗贤，而朝廷无滥用，此典章之所以大备，政治之所以日隆
也钦。"③

此时，越南科举制采用的是乡试、会试、殿试齐备的三级考试制度。乡试
于子、卯、午、酉年八月举行，称秋试或秋闱，中试者称举人。会试于丑、辰、
未、戌年三月举行，又称春试或春闱。会试在京师举行，试场设于讲武殿庭，
及格者称为贡士。会试内容和乡试基本相同。会试考中四场者，可以参加殿试。
殿试也称廷试或御试，在会试后数月举行，由皇帝亲自主持。殿试为了显示皇

---

①　金旭东：《越南科举制度简论》，《东南亚》1986 年第 3 期。
②　《大越史记全书·本纪·实录》卷四。
③　［越］潘辉注：《历朝宪章类志》卷二十六。

恩浩荡，只分名次高下，不用筛选出局，考试及格者称为进士。

越南的黎朝除了进士科外，还举行过 4 次制科考试，分别是 1554 年、1565 年、1577 年和 1787 年。同时，黎朝还举行过 1 次明经科（1429），1 次选举科（1757），5 次宏词科（1429、1467、1691、1732、1757），9 次士望科。

综上所述，越南的科举制度在黎朝达到鼎盛。三级考试程序最终确立并完备，四场考试内容一贯始终，各种考场规制严密，考试科目以进士科为主，考中进士后按所定资格授官。这一时期可谓越南封建时期在科举制度方面的集大成时期，也是越南封建时期人才培养、选拔、使用的黄金时期。

在越南历朝历代中，黎朝统治的三百余年里取士的数量为最多。据金旭东先生的研究结论，越南历代总计开科 187 次，取士 2991 人，其中黎朝就开科 129 次，取士 1936 人。[①] 可见黎朝科举之盛况！

四、越南科举制度的式微与终结

像中国的情形一样，随着时间的推移，越南科举考试制度的弊端也日益显现出来。其禁锢士人的思想、腐蚀学子的灵魂的消极作用也不断地暴露出来。当科举考试成为士子学人追求功名利禄的唯一途径时，许多人便以科举考试、金榜题名为第一要务，不注重个人的道德修养和真才实学的研习，为达到荣华富贵、出人头地的目的，把礼义廉耻抛之脑后，甚至铤而走险，不惜采取种种手段弄虚作假。黎朝时期，越南人民曾这样嘲笑进士：

> 黎朝，二十四位进士爷，
>
> 八位真，八位假，八位真真假假。
>
> 若是摘掉缠头巾，
>
> 分不清谁是真来谁是假。[②]

---

① 金旭东：《越南科举制度简论》，《东南亚》1986 年第 3 期。

② 越南社会科学委员会编著：《越南历史》（第一集），北京：人民出版社，1977 年，第 472 页。

    面对科举制度只重求取功名、不务实际的状况，一些开明的皇帝已经能够认识到其弊端。阮圣祖明命皇帝就对此深有体会，他时常对各官员说："自来科举误人至深。朕以为文章无一定之规，而今科举之文仅拘泥于腐套，互相夸耀，各立门户，人品之高下，观乎于此，科场之取舍亦决定于此。如此治学，无怪乎人才日益拙劣。然集（积）习成规，遽难改变，今后宜徐图变之。"①

    黎朝后期，越南封建国家由鼎盛步入衰落，战乱不断，越南陷入了长达两个多世纪的内战和南北分裂中。北方统治者一直在升龙（河内）开科取士，南方统治者因忙于兵备，直至1580年才会试于西部，且每三年才举行一次会试。可见，这一时期科举考试并非常制，考试方法粗糙、简单，科场舞弊较为普遍。

    盘踞安南多达两个世纪的广南阮氏，终于在1802年建立了越南历史上最后一个封建王朝——阮朝。阮朝时期，科举得到了大力整顿，也采取了一些改革措施。这些措施有如下几个特点：

    （1）"核"成为独立的一级考试。所谓"核"，就是士人在参加乡试之前先由教授、训导对其进行考核，再由国子监祭酒、司业或者营镇督学进行复核。这种方法飘忽不定，乡试、会试有时是三场，有时是四场。据美国学者亚历山大·伍德赛德（Alexander Barton Woodside）统计，1807—1832年、1850—1858年以及1884年之后，这种"核"试，主要是实行四场，其余时间则是以三场居多。②

    （2）将八股文引进到考试内容中。明命十三年（1832），阮朝首次将八股文引入科举考试之中。这标志着越南的科举制度进入了一个新的阶段。

    （3）考试形式更加古板，士子学人多被各种各样的条条框框羁绊。比如，

---

① ［越］陈重金著，戴可来译：《越南通史》，北京：商务印书馆，1992年，第321页。

② Alexander Barton Woodside, *Vietnam and Chinese Model: A Comparative Study of Nguyen and Ch'ing Civil Government in the First Half of the Nineteenth Century* (Cambridge, Mass.: Harvard University Press, 1988), p.207.

考试时的书写格式要求极其严格，避讳也特别多。①

（4）会试设副榜②，增加了录取名额。明命十年（1829），阮圣祖在三甲之外另设副榜，并立即授官。

（5）更加优待科举出身者。科举出身的人要比非科举出身的人所授予的官职高。举人初授从八品，副榜初授从七品，三甲进士初授正七品，二甲进士初授从六品，一甲进士第三名初授正六品，第二名初授从五品，至第一名状元初授已达正五品。③

这些措施的实施，在一定程度上稳固了越南封建阶级的统治。1858年，法国军队占领岘港，开始了对越南的侵略行动，1884年越南全境沦为法国殖民地，已成傀儡的越南阮氏王朝仍然在北部和中部开科取士。法国殖民者的入侵使越南社会发生了深刻变化，西方思想文化动摇了儒学的统治地位，科举制度丧失了生存的条件。阮弘宗启定四年（1919），越南历史上最后一次科举考试在顺化举行，维持了844年的科举制度最终在越南落下了帷幕。

这次谢幕是科举制度在世界范围内的绝唱——前此，科举制度的发祥地，中国，垂垂老矣的清朝政府已经于1905年将它画上了一个句号！

第三节　科举制度对越南社会文化的积极影响

由以上分析可以看出，产生于11世纪的越南科举制度，是在中国文化的影

---

① 比如，将"時"写作"寺"，或改写为"辰"，"洪"写作"洪"（右边的"共"将中间的一横去掉），"任"作"仁"（去掉"壬"字中间的一竖），以避翼宗英（嗣德）皇帝阮福時洪任之讳。——作者注

② 越南"国父"胡志明的父亲阮生色就曾经于1901年考中"副榜"，并于1905—1908年间在顺化朝廷担任过礼部承办一职，也曾经在越南平定省平溪县担任知县，后辞官以教书、行医为生。西方学者在将"副榜"一词翻译成他们的文字时，一般情况翻译成Master，即"硕士"，差强人意而已。——作者注

③ ［越］潘叔直编，陈荆和点校：《国史遗编》（下），香港：香港中文大学新亚研究所，1965年，第124页。

响下不断萌芽、成长、壮大并最终走向消亡的。同时，正是由于越南科举制度的建立，使得中国文化在越南的传播得以进一步加强，从而影响了越南封建社会的政治、经济和文化等领域。可以毫不夸张地说，越南科举制度曾在越南历史上起到过重大作用，它已经成为越南封建制度必不可少的重要组成部分。

下面，笔者拟对科举制度在越南被接受、实施和产生的积极影响等做一简要论述。

一、科举制度的实施巩固了越南的封建统治

10 世纪中叶越南建立自主封建国家的初期，其中央集权极不稳固。当时社会僧侣、世袭贵族的势力比较大，而科举制度能够将选人用人的权力收归中央，使皇权越过世袭贵族、僧侣集团深入中下层社会的"寒士"中。科举制度的实施，不仅满足了统治者强化中央集权的迫切需要，更重要的是，极大地推动了越南封建统治集团文官政治的建立。

以陈朝为例。陈朝统治者大多笃信佛教，但从他们对科举的重视，特别是陈朝初期太宗、圣宗、英宗三朝对科举的青睐，足以看出越南自主封建国家发展初期的统治者们找到了一种驱尽天下人才为专制集权的中央效命、为皇帝尽忠的最佳方法——科举取士。这在客观上壮大了其文官队伍，在官员储备上为此后越南黎朝封建社会的全盛奠定了坚实的基础。

科举制度的实施，不仅发展了越南的文官政治，而且扩大了文官政治的社会支持面。对大多数普通民众而言，只要有条件读书，就有进入官场的机会，这就使社会上相当一部分人，而且几乎全是能够为政权提供支持的人，通过科举变成统治者的后备军。黎朝统治者对科举制度的重视，不仅如其所说"我国家自经兵燹，英才秋叶，俊士晨星"（黎太宗诏），更在于"得人之效，取士为先，取士之方，科目为首"（黎太宗诏）。[1] 科举制度利于统治者统

① 《大越史记全书·本纪》卷十一《黎纪》，第 577 页。

治，扩大了统治基础，导致统治阶级内部成员经常更新，保持了封建国家机器相对的活力与效率。这对于越南具有特殊的意义：越南的封建社会中村社相对独立，且势力强大，有"乡党小朝廷"之称，这对历朝统治者来说都是比较棘手的问题。科举的相对平等使得统治者能够从村社中选出人才维护其统治，使社会上下在和平与合法的状态中不间断地对流，缓和了社会矛盾和阶级矛盾，保持了政权的稳定。

科举制度在越南确立后，几乎与独立后的越南封建社会相终始，它作为越南封建统治者的得力工具得到越南统治者的青睐和肯定是有其内在原因的。多数人在看待科举对文化的促进作用时，都把着眼点放在科举制度对优秀人才的选拔上，然而一种选官制度能否长期存在下去，首先要看其能否满足统治者的政治需要。科举制度对越南国家强化中央集权、建立和发展文官政治、扩大统治基础产生了积极的作用。跟同期中南半岛其他国家（如泰国、老挝、柬埔寨等）相比，越南的中央集权较为巩固，官僚机器运转自如，军队被官僚政治牢牢控制，国内政局相对稳定，无论是政治、经济、军事、文化等各方面都居于中南半岛各国前列。

二、科举制度推动了儒学在越南的发展，丰富了越南的民族文化

以儒学为核心的科举制度，对儒学在越南的传播和发展起到了重要的作用。科举制度在越南确立之后，儒学影响逐渐扩大，儒学思想不仅在文人学者中受到推崇，而且普及民间，儒家伦理观念和道德规范渗透到越南社会的各个角落。

以四书、五经为主要内容的科举考试，使得儒学与仕途相结合，考生及第后不仅被授予各种官职，而且还得到统治者授予的各种荣誉和物质赏赐，这大大提高了儒学的地位，使社会公众对其刮目相看。如美国著名学者约瑟夫·巴庭格（Joseph Buttinger）所说："知识的占有与行使权力的权利已密不可分，学

识的多少成了人们要求国家官职的唯一确实的基础。"①

以儒学为内容的科举给及第者带来了荣誉、地位和丰厚的物质利益，这对士子产生了极大的吸引力，欲以科举为进身之阶的人都埋头儒经，出现上自通都大邑，下至穷乡僻壤，官、民子弟无不争读儒家经典的繁荣景象。儒学、科举、仕途相结合，对儒学的传播起到巨大的推动作用：原来处于次要地位的儒学逐渐占据了优势，最终儒家思想取代了佛教的地位，成为越南封建社会的正统思想。儒家学说被广泛地根植于越南封建社会的每一个领域，并使其成为越南传统文化中不可分割的一部分，从而使越南文化具有独特性，并区别于受印度文化影响较深的中南半岛其他国家。

三、科举制度促进了越南教育的发展

科举制度能够把读书与做官密切联系起来，推动越南教育事业的发展，这对于提高整个越南民族的知识素养起到了积极作用。越南于 1075 年首次举行科举考试后，为了培养人才，于次年仿唐宋的教育制度，创立被看作是越南最早设立的学校——国子监。自陈朝以后，随着科举取士名额的扩大，学校教育开始受到重视。陈朝初年重修了国子监，后又立国学院，还有国子院、太学、一撮斋、资膳堂、天长府学等各种学校。但是陈朝的学校主要是中央所办，鲜有地方学府。黎朝时科举制度得到了完善，学校教育空前发展，统治者不仅扩大中央学校的规模，而且在全国各地设立府学。黎朝还规范了学校教育的各项制度，如黎圣宗洪德年间，规范了国子监教学，加强了祭酒、司业的管理工作，聘请直讲、博士、教授等来教学生。在科举制度的促进下，越南还产生了私学教育。陈朝时，为了满足空前高涨的入学要求，许多士人在农村成立了私塾。

随着科举制度的推行，越南逐步建立起了一套从中央到地方、从官学到私学的教育制度，这在一定程度上促进了知识普及。越南在科举制度普遍推广之

---

① Joseph Buttinger, *The Smaller Dragon: A Political History of Vietnam* (New York: Frederick A.Praeger, 1958), p.292.

前，教育范围基本限于统治阶级，但在实行科举制度以后，只要稍有能力的人家都尽量让其子弟接受教育，希望能挣得功名，以提升其家庭的社会地位。

科举制度推动了越南的教育发展，使得文化突破了官僚贵族及僧侣的狭小圈子，普及到民众中，这样也为越南古代文学、艺术等的发展提供了新的动力。

四、科举制度的实行加快了越南封建化的进程

随着科举制度在越南的确立，中国式的一套完整的制度体系，比如政治制度、经济制度等，也在越南得以确立。中国先进文化的注入，犹如一剂催化剂，活跃在越南封建社会的各个领域，使其封建化的进程得以加速。越南的中央集权得到巩固，官僚机器运转自如有加，军队被封建集团牢牢地控制，国内的政治局势处于相对稳定的状态之中，使其在与之相邻的（除中国之外的）诸多国家中脱颖而出，遥遥领先。

在此过程中，越南历代封建统治者，尤其是后期的封建统治者，随着封建化的不断加强，逐渐产生了民族自大心理。对于小于自己的邻国，稍有不从，即东讨西伐，攻城略地，尤其是向南方的侵略，扩大了领土面积。

综观越南历史上的科举制度，可以看出其从形式到内容基本仿照中国科举制度，但它也经历了一个从无到有，从引进、尝试到完善、鼎盛的过程。科举制度，作为一种行之有效的选官制度，在越南实行了 800 余载，成为越南封建制度必不可少的一部分，虽然其自身存在的局限性注定了这项制度终究要被历史淘汰，但它对越南文化的发展确实有着积极的影响。

越南科举制度从 1075 年始，至 1919 年止，共计实施 844 年。与朝鲜、日本相比，越南是最迟实行科举也是世界上最晚废止科举的国家，科举制几乎是与李朝以后的越南封建社会相始终、共存亡的。由于科举制度在越南实行时间长、影响大，以至于越南人不把科举看成中国文化的一部分，而是当作他们自己文

化的一部分。

科举制度适应了越南的社会历史条件和统治者的需要，发挥了维护封建统治的作用。它把教育制度与选官制度有机地结合起来，统治者通过科举制度，依据对儒家经典的领会程度来选拔符合统治者要求的士人作为官吏使用，使天下英才尽入彀中。既提高了统治者的效能，又使得封建社会中下层的民怨得以缓解，有利于封建社会的统一和发展。

一方面，越南封建社会实施科举制度，使中国的儒家文明得到广泛的传播，缩短了越南封建化的过程。正如华裔澳大利亚学者塔娜博士所言："越南封建社会这架庞大机器，是靠儒家思想作为润滑剂得以转动的，而科举制则是一条传送带。"①

另一方面，越南的科举制度，从内容到形式几乎照搬中国。越南科举制直接取法于中国科举制，但所取的是中国宋代以后的科举之法，特别是明代以后的科举之法。因此，越南的科举制度自开始就缺乏中国唐代科举制度草创时期的蓬勃气象。从教育制度到考试出题目，跟中国相比较，条条框框更多，也更陈腐。科举制度在一定程度上窒息了人们，尤其是年轻人心中最活跃、最具活力和创造力的部分。

除了"六八体"算是越南创造的、具有越南民族特色的文体外，各种正式文体如诗、赋、文书、经义、四六檄文等，无一不是仿效中国。所以，越南虽然施行科举制度八百余年，却没有产生出一种新的学说，不能不说是一个遗憾。

尽管越南科举在正规性、权威性和满足行政职位的要求、促进社会阶层流动等方面皆逊于中国科举，但与日、韩科举比较，越南在模仿中国科举方面更到家，不仅在科场中采用八股文，而且建立了规制严整的、与中国明清时的贡院酷似的专用考场。后黎朝建立后，宏图待展，气象不凡。黎太祖（黎利）"置百官，设学校，以经义、诗赋二科取士，彬彬有华风焉"②。明代张燮的《东西

---

① ［澳］塔娜：《越南科举制的产生和发展》，《东南亚纵横》1983 年第 4 期。
② ［清］张廷玉等：《明史》卷三百二十一《安南传》，北京：中华书局，1974 年，第 8326 页。

洋考》"交趾"条下载：万历间"国中尚知祀文宣王（按：即孔子），用制科取士，亦犹中华之遗教也"①。黎圣宗时，文治武功均有建树。越南封建社会达到全盛时期，而植根于封建社会的科举制也处于巅峰状态。越南著名史学家潘辉注《历朝宪章类志》卷二十六评曰："历朝科举之盛，迨于洪德（黎圣宗年号）至矣。其取人之广，选人之公，尤非后世所及。"②

到清代，安南乡试、会试均用八股，进士有正、副榜，第一甲亦有状元、榜眼、探花，不论举人、进士皆有论同年拜老师之礼。科举制作为封建统治者的得力工具，几乎与独立后的越南封建社会相始终。越南科举制直接取法于中国科举制，也可说是中国科举制的一个分支，自有其特色。到阮朝时已逐步成熟。它所取法的是宋以后特别是明的科举制。这剂千年古药从 1075 年直至 1919 年，绵延八百多年，顺化朝廷仍依依不舍，存而不废。

科举制被越南、朝鲜、日本模仿，有力地促进了中国文化的传播和东亚科举文化圈的形成，对各国文化水平的提升起了积极的推动作用。

以孔子思想为主要内容的儒家思想，以及以封建思想为主要内容的科举制度在越南历史上占据重要地位，并产生如此重大的影响，其根本原因在于它比较准确地反映了越南社会经济结构和政治制度，以及人们的心理状态、情感、志趣等特征，并反过来对越南封建社会起到了保护作用。这是儒家思想能够在越南取得统治地位的主要原因，也是科举制度能够在越南实施八百余年的根本原因。

应当指出的是，科举制的流弊固然钳制了越南士人的思想，带来了消极的影响，但在面临国破家亡的历史条件下，也培养了一批"忠臣义士"。越南近代著名人物潘佩珠《越南亡国史》一书附录的"国亡志士小传"中的大部分人，从潘廷逢、阮尚贤到潘佩珠等人都出身科甲。他们深受中国儒家"忠君爱国""尊王攘夷""杀身成仁""舍生取义"等传统思想的熏陶，化而为动力，在越南近代民族解放运动史上写下了可歌可泣、壮丽雄浑的篇章。因

① ［明］张燮：《东西洋考》卷一，上海：商务印书馆，1936 年，第 6 页。
② 转引自陈文：《越南科举制度研究》，北京：商务印书馆，2015 年，第 244 页。

此，我们可以说，移植到越南的科举制，在越南人民的抗法斗争中，显示出它的积极作用。

图 4-1　金榜题名

图 4-2　考生入场

图 4-3　监考先生

图 4-4　考后唱名、游街

　　注：图 4-1 至图 4-4 为法国人 Firmin Andre Salles 拍摄于 1897 年越南南定省乡试期间，是东亚地区珍贵的科举考试影像。

第五章
道教在越南的传播和影响

　　道教是中国的固有宗教，其历史源远流长。它既包含中国古代的巫术、迷信的成分，又同先秦时代老子（李聃）、庄子（庄周）的道家学说有着密切关系。道教奉老子为教祖，《道德经》《正一经》《太平经》等是其重要经典。道教的教义比较复杂，其最根本的信仰就是老子学说中的"道"。为了追求"道"，以达到延年益寿、超凡脱俗、长生不老、羽化成仙的目的，就需要进行清心寡欲的修炼。除崇奉老子为"太上老君"之外，其他多种多样的神仙也是道教奉祀的对象。

　　战国中后期，阴阳五行学说基本形成，方士神仙之术开始流行。西汉中后期，谶纬之说盛极一时。东汉顺帝（126—144年在位）时，张道陵正式创立道教，开创符箓派道教。东晋人葛洪（约281—341），著有探讨修道炼丹之法的《抱朴子》，被认为是道教丹鼎派的创始人。北魏寇谦之（365—448）仿照佛经而作道经，又仿照佛教的仪式制定道教的仪式。

　　唐代是李氏天下，因老子的姓氏与之相同，道教受到国家的保护，并几乎被奉为国教。唐高宗设庙祭祀老子，尊老子为"太上玄元皇帝"；唐玄宗亲自对老子的《道德经》进行注释，并敕令全国各州郡设立玄元庙，置崇元博士，立道举。道士李荣等人依照佛教的"三藏"（经藏、律藏、论藏）而作"三洞"（洞真、洞玄、洞神），奠定了道教的理论基础。

　　北宋时期，道教得以继续发展。宋真宗诏令张君房编纂《云笈七签》，开始收罗各种与道教有关的书籍，最终完成了长达四千五百卷的《道藏》。宋徽宗对道教笃信有加，且自号"教主道君皇帝"，还在全国设立道学科，置道学博士，设道官二十六等、道职八等。南宋时期，北方尽管受金人统治，但是仍然有全真道、太一教、真大教等先后建立，南方则有以张天师为宗主的符箓派所统领的正一道。元代，道教更加发达，全真道流行于北方，正一道则风靡江南。至此，道教成为蔚为大观的全国性宗教，道教信仰普及到中国社会生活的各个层面。

道教在产生、发展、兴盛和普及的过程中，也随着中国文化对外传播的过程一起向日本、朝鲜、越南等周边国家辐射，并对其产生影响。

相比较而言，道教在越南的影响不及儒教和佛教，但是研究中越文化交流，对于道教在越南的传播和影响却不能不加以探讨。本章拟对中国道教在越南的传播和影响做一简要的论述。

第一节　道教在越南的传播和发展

传说战国秦汉间人安期生，卖药于东海边，有神通而长生不死，人称"千岁公"，是道教尊奉的神仙之一。安期生曾受学于河上丈人，此后，安期生又以其道术传授毛翕公，毛翕公再传授给乐瑕公、马鸣生、李少君等人。安期生的灵迹和仙踪不仅多见于东海一带，而且见于神州各地。

越南也有关于安期生到访的传说。越南广宁省汪秘镇附近，有一座安子山，是越南佛教竹林禅派（亦称竹林安子禅派）的圣地，有许多名寺宝刹。安子山的得名，是因为仙人安期生曾经到过此地的传说。在该山接近顶峰处，有一座安期生石像，立于荒坡之上，左右各有一神龛。[①] 秦汉时期安期生就到过越南的传说未必可信，但在此期间一些神仙方士到过越南则完全有可能；大概是由于

---

① 王卡：《越南访道研究报告》，《中国道教》1998 年第 2 期。

安期生在道教历史中的崇高地位，当地才把有关神迹挂到了他的名下。

东汉末，道教正式创立后不久，即传入交州地区。牟子《理惑论》说："牟子既修经传诸子，书无大小，靡不好之。虽不乐兵法，然犹读焉。虽读神仙不死之书，抑而不信，以为虚诞。是时灵帝崩后，天下扰乱，独交州差安，北方异人，咸来在焉。多为神仙辟谷长生之术，时人多有学者。牟子常以《五经》难之，道家术士，莫敢对焉，比之于孟轲距杨朱、墨翟。"① 在此期间，牟子曾带着母亲到交州避乱。他读了很多书，其中包括神仙方士以及道家道教的著作。还见到了不少流寓交州的"北方异人"，他们多属于"道家术士"。这种情况，可能和黄巾起义失败，道教徒在中原遭受迫害，因而有一部分人南逃交州有关。而交州也有许多人信仰他们，跟随他们学习"神仙辟谷长生之术"。牟子自己也曾拜三位道家术士为师，学习辟谷养生之术，但后来终于放弃了。《理惑论》曾谈及此事："吾未解大道之时，亦尝学焉。辟谷之法，数千百术，行之无效，为之无征，故废之耳。观吾所从学师三人，或自称七百、五百、三百岁，然吾从其学，未三载间，各自殒没。……各不至知命而死矣。"②《理惑论》中除了多次讨论"神仙辟谷长生之术"以外，还写到有人提出"王乔、赤松、八仙之箓，《神书》百七十卷，长生之事，与佛经岂同乎"这样的问题，牟子均一一予以解答辩驳。可见道教传入越南之初，神仙方术、经典神书（即《太平经》）都在越南流行开来，并有所影响。《理惑论》的上述文字，是关于道教传入越南的最早的可靠记载。

据越南学者编著的《越南历史》引《牟子》一书序言所说，大约在公元 2世纪末，越南已有一些人"多为神仙辟谷长生之术"。③ 这就是说，早在东汉末年，即道教在中国创立初期，就已传入越南了。当然，这时道教主要传播于越

① ［汉］牟子：《理惑论》，载《中国文化精华全集　宗教卷（一）》，北京：中国国际广播出版社，1992 年，第 1 页。

② ［汉］牟子：《理惑论》，载《中国文化精华全集　宗教卷（一）》，北京：中国国际广播出版社，1992 年，第 14 页。

③ 越南社会科学委员会编著：《越南历史》（第一集），北京：人民出版社，1977 年，第 98 页。

南北部地区，而且看来似乎并不普遍，可能只有少数人信仰它。①

　　据《大越史记全书·外纪》卷三《士王纪》"丁亥二十一年（汉建安十二年，207）"条记载：交趾太守张津首先在越南传播道教，"及汉帝遣张津为刺史，……津好鬼神事，常着绛帕头巾，鼓琴烧香，读道书，云可以助化"。张津是个道教徒，他作为朝廷派遣的一个刺史部行政长官，却一身道士打扮，俨然一副道士形象，穿道袍，读道书，鼓琴烧香，装神弄鬼。但是，无论如何，这一事实说明当时道教已传入交州，且颇有市场，在官方人士中也有其信徒。张津的行为，对道教在交州的传播起了鼓励和推动的作用。

　　张津之后，士燮担任交趾太守，当时中原地区兵燹纷扰，士燮保境安民，出现中原地区人士纷纷投奔安南的情况。传说中国的名医董奉曾经到越南为当时在担任刺史的士燮治疗疾病。史载士燮"气绝三日"，董奉进以丸药治愈。《三国志·吴书·士燮传》注引葛洪《神仙传》曰："燮尝病死，已三日，仙人董奉以一丸药与服，以水含之，捧其头摇捎之，食顷，即开目动手，颜色渐复，半日能起坐。四日复能语，遂复常。奉字君异，候官（今福州）人也。"②

　　董奉为三国时期著名医学家，以医术精良和道德高尚受世人敬重，与华佗、张仲景同被誉为"建安三神医"。自交州返回后，董奉隐居庐山，为人治病不取报酬，治愈重病者使栽杏五株，轻病者一株。如此数年，得杏十万余株，郁然成林。每年卖杏得谷以赈济贫困民众。世人以"杏林"喻医，称誉医生术精德尚者为"杏林春暖""誉满杏林"，出典在此。

　　董奉为士燮疗疾救死一事，是道教在东汉末年传入越南的又一例证。同时也说明士燮声誉甚隆，富于感召力，得到士民的爱戴。此说尽管有神话的成分，却可反映当时道家术士在越南活动的情形。

　　东晋时期著名道士葛洪的事迹中，也透露出一些情况。葛洪为了炼丹，曾经请求调往交趾担任官职。《晋书》载："（葛洪）以年老，欲炼丹以祈遐寿。

---

　　①　许永璋：《论道教在越南的传播和影响》，《史学月刊》2002 年第 7 期。
　　②　［晋］陈寿撰，［南朝宋］裴松之注：《三国志》卷四十九《吴书·士燮传》注中所引《神仙传》，北京：中华书局，1959 年，第 1192 页。

闻交趾出丹，求为句漏令。帝以洪资高，不许。洪曰：'非欲为荣，以有丹耳。'"①《安南志略》亦载此事："葛洪，字稚川。年老欲炼丹延寿。闻交趾出丹砂，求为勾漏令。"②勾漏即句漏，或苟漏，系交趾郡管辖下的一个县，其地在宁平省安庆县和南定省丰盈县、义兴县，可能还包括安谟县。③越南史学家陶维英写道："在现今安谟地区过去称为九真山的石山中有许多山洞，其中著名的如蝙蝠洞、徐试洞，葛洪确有可能想来这里找地方炼丹。"④据《晋书》所载，葛洪没有到勾漏县去上任。可是，《太清金液神丹经》中却有这样的记载："葛洪曰：……余少欲学道，志游遐外。昔以少暇，因旅南行。初谓观交岭而已，有缘之便遂到扶南。""行迈靡靡，泛舟洪川，发自象林，迎箕背辰，乘风因流，电迈星奔，宵明莫停，积日倍旬，乃及扶南。""出日南寿灵浦，由海正南行，故背辰星而向箕星也，昼夜不住，十余日乃到扶南。"⑤日南郡在越南中部，象林是其所辖的县，寿灵浦即寿冷浦，也就是越南中部的㴞江口。这些记载表明，葛洪在青年时似曾到过越南北中部地区，甚至还到过扶南（辖境约当今柬埔寨以及老挝南部、越南南部和泰国东南部）。他到这些地方的目的是寻找炼丹原料丹砂。可见，他晚年求为勾漏县令不是偶然的，因为他曾到过越南北中部地区，了解勾漏出产丹砂。葛洪在这些地区的活动，绝不仅仅是寻找丹砂产地，肯定会传播道教。⑥

两晋南北朝时期，内地战争屡起，政局常处于混乱状态，人民群众遭受极大痛苦。一些人利用道教组织和发动农民起义。其中规模最大的一次是东晋末年孙恩、卢循领导的五斗米道徒众起义。隆安三年（399），孙恩率众攻克会稽（今浙江绍兴），自号征东将军。浙东八郡，一时俱起，聚众数十万，京师震动。

①　［唐］房玄龄等：《晋书》卷七十二《葛洪传》，北京：中华书局，1974年，第1911页。
②　［越］黎崱著，武尚清点校：《安南志略》卷八，北京：中华书局，2000年，第195页。
③　［越］陶维英著，钟民岩译：《越南历代疆域》，北京：商务印书馆，1973年，第61页。
④　［越］陶维英著，钟民岩译：《越南历代疆域》，北京：商务印书馆，1973年，第61页。
⑤　《太清金液神丹经》卷下，载李零主编《中国方术概观·服食卷》，北京：人民中国出版社，1993年，第173页、第175页、第176页。
⑥　许永璋：《论道教在越南的传播和影响》，《史学月刊》2002年第7期。

后来孙恩败死，其妹夫卢循率众南逃广州。义熙六年（410），卢循再度兴兵北伐，翌年战败逃往交州。当时交州越人李弈、李脱等起兵协助卢循进攻龙编，被交州刺史杜慧度击败，卢循赴水自尽。但其余部刘敬道等人仍继续坚持战斗，而且曾经攻破九真，杀太守杜章民。这一部分起义队伍，最终也被杜慧度镇压。

卢循及其部众皆为五斗米道信徒，转战交州，必然在当地社会留下一些痕迹和影响。而李弈、李脱等人之所以起兵响应，说明他们可能是民间道教的信徒。魏晋南北朝时期，中国各地有崇奉仙人"李八百"的民间道团（即李家道）活动，其首领常化名李脱或李弘（或作李洪），诳惑信徒和部分民众反抗朝廷，被称为"左道"或"妖贼"。据史书记载，这类妖贼叛乱事件仅在东晋南北朝就有十多次，踪迹遍及南北各地。交州的李脱可能也是民间道教的一位首领，因其信仰与五斗米道相近，因此才结集当地部分民众应接卢循。①

隋唐时期，道教渐趋兴盛。唐朝皇帝自称是老子后裔，奉行崇道政策。上有好者，下必甚焉。经统治者的提倡，道教大行，信徒剧增。唐高祖于武德八年（625）规定三教次序：道先，儒次，佛最后。高宗尊老子为太上玄元皇帝。中宗复位后，令天下诸州各立中兴观一所。玄宗开元二十九年（741），制两京、诸州各置玄元皇帝庙并崇玄学，置生徒，令习《老子》《庄子》《列子》《文子》，每年准明经例考试。玄宗并亲自为《道德经》作注，制令士庶均须家藏一本。武宗会昌五年（845），兴道废佛，为道教的发展提供了有利机遇。此时在唐朝统治下的安南，也依例建置道观，推崇道教。唐代，佛教和道教在越南均得到较快的传播，很多道士来到越南，传播道教的教义和法术，因此，信奉道教的人逐渐增多。据《交州八县记》载，整个交州，即越南北部地区，除了88个寺庙以外，交趾、朱鸢、宋平、武平等地还有21个有名的道观。很多道观长时期内一直都很兴盛。例如，修建于650—655年的白鹤（越池）的通圣观，一直保存到14世纪。② 唐代除了有很多道士来到越南，在任职交州的官员中也有

---

① 王卡：《越南访道研究报告》，《中国道教》1998年第2期。
② 参见越南社会科学委员会编著：《越南历史》（第一集），北京：人民出版社，1977年，第131页。

信奉道教的，高骈就是其中的一位。

唐懿宗咸通七年（866），高骈被任命为静海军节度使，治理安南地区。高骈任职期间，修筑罗城（今河内），疏浚海道，政绩卓著，深受百姓敬爱，被尊为"高王"，立祠纪念。高骈信仰道教，在他任职期间，推动了道教的传播和发展。史籍记载，他开凿交州至广州的海道时，"多有巨石梗途，乃购募工徒，作法去之"。① 似乎劈开巨石，是高骈施展法术呼唤天雷所致。《越史略》对此事有更生动的描述："事毕，因命其处曰天威泾。"② 这些具有神话色彩的记载，反映出当时道教在安南地区相当盛行。

以上情形说明道教已经为越南人民所接受。还有一个例子跟曾经担任过唐朝宰相的姜公辅有关。《新唐书》卷一百五十二《姜公辅列传》记载："陆贽为相，公辅数求官，贽密谓曰：'窦丞相尝言，为公拟官屡也，上辄不悦。'公辅惧，请为道士。"③姜公辅在升官无望之时，意欲出作道士。可见当时越南士大夫对待道教的态度以及道教在越南的影响。

唐代以后，道教在越南仍得以传播并产生影响。968 年，丁部领建立丁朝，越南成为自主封建国家。由于佛教和道教盛行，初定文武僧道阶品，道士邓玄光被授予崇真威仪，遂开三教并行之局势。政府专门设立官职，管理其事务。除了管理佛教事务的僧官之外，还有管理道教事务的道官。

李朝（1010—1225）时期，道教有了更大的发展。李太祖时，曾向宋真宗求取道教经典编《道藏经》一部。④《安南志略》卷十二《李氏世家》载，天禧二年（1018）五月，"赐公蕴《道藏经》，从其请也"⑤。

李太祖顺天七年（1016），度京师千余人为僧道。李太宗天成元年（1028），

① ［后晋］刘昫等：《旧唐书》卷一百八十二《高骈传》，北京：中华书局，1975 年，第 4703 页。
② 《越史略》卷一《高骈传》。
③ ［宋］欧阳修、［宋］宋祁等：《新唐书》卷一百五十二《姜公辅列传》，北京：中华书局，1975 年，第 4833 页。
④ 陈玉龙：《中国和越南、柬埔寨、老挝文化交流》，载周一良主编《中外文化交流史》，郑州：河南人民出版社，1987 年，第 688 页。
⑤ ［越］黎崱著，武尚清点校：《安南志略》卷十二，北京：中华书局，2000 年，第 295 页。

置僧道阶品。据越南史书记载，道官分为"道录""威仪""都官"三级。① 李太宗天成四年（1031），准道士郑智空之请，赐道士受记箓于太清宫。

越南李朝因受到中国北宋的影响，竭力奖励道教，使道教处于与儒教、佛教同等的地位，形成三教并举的局面。所以，李朝尊崇道教的记载在史书中俯拾皆是。兹举几例如下。

（1）（李仁宗）天符睿武四年（1123）十一月，"还京师，儒、道、释并献贺诗"。②

（2）"（李神宗）天顺元年（1128）戊辰，帝幸太清、景宁二宫及城内诸寺观，拜谢佛道冥祐（李）公平败真腊人之恩。"③

（3）（李英宗）政龙宝应七年（1169）"春三月望月食，海门鱼死，命朝野寺观僧尼道士诵经祈祷"④。

（4）"（李高宗）贞符四年（1179）孟冬，试三教子弟辨写古诗及赋、诗、经义、运算等科。"⑤

（5）"（李高宗）天资嘉瑞十年（1195），初试三教，以儒道释试士，中者赐出身。"⑥

陈朝（1225—1400）建立后，仍然是三教并行，而道教更加得到统治者的重视。陈太宗开国，一再试三教诸科。《钦定越史通鉴纲目·正编》卷六曰："陈太宗天应政平十六年（1247）秋八月，试三教。先是令儒释老之家其子能承业者，皆令入试，至是，复试通三教诸科者，亦以甲乙分之。"

另据《大越史记全书·本纪》卷五《陈纪》载，天应政平十三年（1244）三月，"授冯佐，周父冯佐汤为左街道箓，爵散郎。时凡王侯授僧道官则呼左街，盖不使齿诸朝列，左街僧道之极品，非通练本教，则不妄与，令以命佐汤，

① ［越］黎崱著，武尚清点校：《安南志略》卷十四，北京：中华书局，2000 年，第 326 页。
② 《大越史记全书·本纪》卷三《李纪》，第 263 页。
③ 《大越史记全书·本纪》卷三《李纪》，第 270 页。
④ 《大越史记全书·本纪》卷四《李纪》，第 298 页。
⑤ 《越史略》卷二。
⑥ 《钦定越史通鉴纲目》卷五。

是优礼也"。①

越南陈朝的开国皇帝特别尊崇道教，所以，国王和王族多有放弃其已得之尊荣而成为道士者。陈太宗的第六个儿子陈日燏，就是一位极为虔诚的道教信徒。越南史书称之为"笃慕玄教，通于冲典……时以该博称。上皇方幼孺，在阁有疾，常命行安镇符法，其被氅加冠，如道士状"②。

相传太清宫道士曾经为陈太宗祈求生子嗣，上帝降旨命昭文童子降生，没有过多久的时间，后宫皇后果然怀有身孕，产下一子，两个胳膊上还有"昭文童子"的纹饰，所以给日燏起名为"昭文"。又传说昭文王日燏在48岁时得病，已经奄奄一息，他的儿子们为他请来了道士，设醮请求减少自己的寿命来挽救父亲的生命，上帝被他儿子们的孝心感动，果然，昭文王日燏的病很快痊愈，又活了29年，到77岁去世。③

后黎朝史学家吴士连对此评论说："道士祈嗣之事，以为信然耶，则天道远，不可得而知。以为不然耶，则诚心所感，无远而弗届，然道士于伏拜俟命之时，天或形于梦寐以告之也。夫理数相倚，理生于数，数亦未始不生于理，命之修短数也，心之孝诚理也。或曰：道士能摄性飞升，愚未之信也。"④

陈朝时期，越南社会普遍尊崇佛教，但是对于道教的态度，也是相当宽容。社会上信奉道教者不乏其人，历朝皇帝对道教也多有推崇，甚至达到了痴迷的程度，连王位也不顾了，弃之而向道教。

陈仁宗晚年抛弃王位，隐居山林，自号"竹林道士"。据《安南志略》记载："武林洞，昔安南陈四世国主陈仁王，弃位隐其中以成道，号曰竹林道士，有［香］海诗集印行于世。"⑤

陈朝的四世国王陈英宗时，中国道士许宗道来到越南传道教的"符水斋醮之法"，《大越史记全书·本纪》卷六《陈纪》记载："兴隆十年（1302）……

---

① 《大越史记全书·本纪》卷五《陈纪》，第332页。
② 《大越史记全书·本纪》卷七《陈纪》，第414—415页。
③ 《大越史记全书·本纪》卷五《陈纪》，第337页。
④ 《大越史记全书·本纪》卷五《陈纪》，第337—338页。
⑤ ［越］黎崱著，武尚清点校：《安南志略》卷一，北京：中华书局，2000年，第24页。

时有北方道士许宗道随商舶来，居之安华江津，符水斋醮科仪兴行自此始。"①

六世国王陈宪宗，晚年时也退出帝位，学习道教学说，自号"太虚子"。《安南志略》卷十三《陈氏世家》记载："六世，袭国。延祐七年（庚申）遣贡……至元元年（乙亥），朝廷遣吏部尚书铁柱等，宣今上皇帝诏，时已委国于子，退而学道，号太虚子。凡表章进贡，犹用名。"②

七世国王陈裕宗信奉道教，讲求修炼。《大越史记全书·本纪》卷七《陈纪》记载："大治十一年（1368）冬十月，召至灵道士玄云赴京，问以修炼之法，赐所居洞曰玄天洞。"③

陈朝的第十个国王废帝是被胡季犛劝而退位的。胡季犛本人为了篡夺陈朝的江山，令道士阮庆劝废帝禅位东宫，奉道入仙籍，移居葆清宫，自命为太上元君皇帝。越南史料对此有着详细的记载："季犛有篡夺之心，然业已盟约于艺皇，恐违其言，阴使道士阮庆出入宫中，说帝曰：'佳境清香，独异凡间，本朝列圣，惟事释教，未有从游真仙。陛下尊居九五，劳于万机，莫若禅位东宫，以葆冲和。'帝从其言，于是奏录奉道入仙籍，季犛创葆清宫于大吏山之西南，请帝居之。帝乃禅位于皇太子，内禅诏略曰：'朕早慕玄风，非心黄屋……今当禅位，以永丕基……朕自为太上元君皇帝，养素葆清宫，以谐夙愿。'"④

陈朝的最后一个皇帝少帝也是被胡季犛以几乎相同的手段废掉的。据《大越史记全书·本纪》卷八《陈纪》记载："季犛迫令帝出家，奉道教，居淡水村玉清观。"⑤

后黎朝前期采取了推崇儒教的政策，同时对佛教和道教采取了严格的限制政策，道教曾一度受到压制。僧道必须经过考试，才能保有原来的身份，不中者即敕令还俗。

后黎朝的这些推崇儒学，抑制佛教、道教的政策，使得道教逐渐走向衰微。

——————

① 《大越史记全书·本纪》卷六《陈纪》，第 384 页。
② ［越］黎崱著，武尚清点校：《安南志略》卷十三，北京：中华书局，2000 年，第 316—317 页。
③ 《大越史记全书·本纪》卷七《陈纪》，第 436 页。
④ 《大越史记全书·本纪》卷八《陈纪》，第 474 页。
⑤ 《大越史记全书·本纪》卷八《陈纪》，第 475 页。

但是，据越南史书记载，到 16 世纪以后，道教又得以恢复。道士在社会上的地位有所上升，"也仍保留某种权威"①。醉心于儒家学说的黎圣宗就曾经敕令道士驱赶蝗虫，并在久不下雨之时，使道士向"昊天至尊玉皇上帝"祈雨。

此外，我们还可以从皇帝的诏书中看出道教在越南的影响之深远。黎宪宗曾有诏书曰："况今年值运下元，遭逢末劫。《玄枢经》云：'冬至得壬，地赤千里。'《地母经》云：'癸亥之年，雨水太多。'修筑之术，将不勤乎！"②

越南后黎朝黎襄翼帝统治期间（1510—1516 年在位），曾在河内西湖兴建真武庙，供奉真武祖师铜像。③此后，随着越南的版图向南扩展，道教也逐渐向南传播，信仰道教的地域范围便日益扩大了。

"南北纷争"时期，道教在越南南部地区得到发展。在南方建立割据政权的阮氏历代国主，除了信奉佛教外，也信奉道教。阮氏政权的太祖阮潢对道教非常重视。据史籍记载，阮潢每有"醮禳忏谢请福之事，常爱用道士"。他本人采用"仙主"这一称号，也具有明显的道教色彩。④此外，阮氏政权还专门设有"道士道录司""道士良医司"等机构，管理有关道教事务。⑤可见，道教在越南南部地区发展很快，并且具有一定的规模。

阮朝是越南历史上最后一个封建王朝。有阮一代，基本上是重儒而轻道，但却以道教为基础，在越南南部形成了一个新的宗教——高台教。

高台教是越南的一种新宗教，创建于 20 世纪 20 年代，全称为大道三期普度教。高台教是以越南的萨满信仰为基础，融合道教和其他宗教信仰而形成的，主要流行于越南南部。"高台"一词出自《道德经》第二十章："众人熙熙，如享太牢，如春登台。"高台教徒解释"如春登台"为"上祷高台"，高台就是神灵居住的最高宫殿的意思。高台教的教义思想基本上吸收了中国儒家和佛家的

①　朱云影：《中国文化对日韩越的影响》，桂林：广西师范大学出版社，2007 年，第 473 页。
②　《大越史记全书·本纪》卷五《黎纪》，第 775 页。
③　陈修和：《中越两国人民的友好关系和文化交流》，北京：中国青年出版社，1957 年，第 50 页。
④　杨保筠：《越南南方阮氏割据政权与中国的关系》，载北京大学亚非研究所编《亚非研究（第6 辑）》，北京：北京大学出版社，1996 年，第 96 页。
⑤　［越］黎贵惇：《抚边杂录》卷二。

伦理观念，但其神仙基本上搬用道教的神仙体系。高台教的最高神是玉皇上帝，即道教的玉皇大帝。在越南，也称为皇官教主，居于越南民间信仰的"诸位"神系的最高支配者的地位，统率各种神祇。

此外，高台教还吸收了道教的其他神灵，例如李太白、关帝、姜太公和太上老君等，将玉皇大帝的信仰融进自己的信仰之中。

时至今日，道教在越南仍然存在，上述的高台教是道教在越南的变种之一，也可以说是道教在越南存在的另外一种形式。

第二节　道教在越南的兴衰及其原因分析

道教起源于中国。随着中国中央政权的不断南扩，道教也随之传入越南，并且成为越南人的一种宗教信仰。那么，作为一个外来宗教，道教为何能够成功地移植到越南，获得较大发展，并对其产生影响呢？又为何最终走向式微，并且发生变异呢？

首先，让我们来探讨道教在越南为何而兴的问题。

第一，道教在越南的传播和发展，是随着中国历代统治者对待道教的态度不同而变化的，中国历代封建统治者对于越南社会生活的影响力决定了道教有可能在越南得以传播和发展。

在 10 世纪中叶之前，越南是中国的郡县，长期处于中国封建王朝的管辖之下。在这个时期内，作为中国的郡县，越南无疑要受到中国政治因素的影响。

东汉时期的顺帝和桓帝，都曾经对黄帝和老子敬奉有加。东汉献帝建安年间任交州刺史的张津，笃信道教。据史籍记载，他"好鬼神事，常著绛帕头巾，鼓琴烧香，读道书，云可以助化"。[①] 三国时期，东吴的孙权十分推崇巫祝道士。晋时，由于葛洪的总结和阐述，道教迅速为官方所接受。东晋的哀帝、简文帝、

---

① 《大越史记全书·外纪》卷三《士王纪》，第 132 页。

孝武帝等，都信奉道教。唐高宗追封老子为"太上玄元皇帝"，唐玄宗在全国各地建立玄元皇帝庙，极力推崇道教。①

中国历代王朝对待道教敬奉有加的态度，不仅促进了道教在中国的发展，而且对道教在周边国家和地区，包括交州地区的传播，起到推波助澜之势。也就是说，中国封建统治者在政治生活方面对于越南社会生活的影响力，为道教这一中国的本土宗教在越南的传播起到了重要作用。

第二，越南尚处于封建社会自然经济、半自然经济的状态，这为道教在越南的传播和发展提供了市场。道教认为，为了追求"道"，就需要修炼，通过清静无为、清心寡欲的修炼，达到延年益寿、长生久视、超凡脱俗、羽化成仙的目的。而这些也使得处于自然经济社会的越南老百姓们寻求"无为""长生不老"的愿望有了较好的寄托，为道教的传播提供了较为广大的市场。

第三，道教的教义能够在很大程度上满足越南社会中各个阶层的需要：既可以满足上层王公贵族的需求，又可以适应中下层老百姓的诉求。陈朝的诸多皇帝最终能够遁入道教门内，在很大程度上说明，道教的教义满足了他们的精神需求。再如，《太平经》是道教的经典之一，它反对剥削压迫、主张济穷救急的思想，在很大程度上反映了农民群众要求实现天下太平的愿望。处在封建剥削压迫下的越南下层人民，当然易于接受这种思想。他们能够从这些教义中找到某种精神寄托，寻求一些精神安慰。从长远来说，希望实现天下太平的理想社会；从现实来说，也可借助敬拜神仙求得消灾驱邪，保佑平安。在越南，供奉道教教祖老子的庙宇较少，而供奉道教崇拜的文昌帝君、真武帝君和关圣帝君的庙宇则较多。这种现象，正是后者更符合下层人民精神需要的证明。②

道教在越南经历了初传、发展、兴旺诸阶段，最终逐渐走向衰落。其原因是多方面的。

第一，隋唐时期，道教在中国非常兴盛，因而越南的道教在当时也很盛行。

① 汤其领：《汉魏两晋南北朝道教史研究》，开封：河南大学出版社，1994年，第7页、第115页、第142页。

② 许永璋：《论道教在越南的传播和影响》，《史学月刊》2002年第7期。

元末以降，中国的道教已开始衰退。清朝乾隆年间，公开宣布禁止道教传播，使道教受到很多限制，日趋衰败。中国道教的这种衰败状况，显然对越南道教的发展极为不利。同时，在越南本国，道教也无力与儒教、佛教竞争。特别是儒教，其越来越受到封建统治者的重视。陈英宗在科考中抛开佛、道，只试儒家学说。[①] 后黎朝更是独尊儒教。在这种情况下，道教、佛教的地位大为下降。由于儒教是选拔人才所必需的，掌握儒家学说是读书人通过考试获得官职的重要途径，而道教却不是晋升的阶梯，因此信奉道教的人也就越来越少了。

第二，道教的异化使得普通老百姓信仰的成本加大，是道教在越南式微的重要原因之一。从经济方面来说，道教的某些教义和修炼方式与广大劳动人民的生活状况存在着较大的差距。[②]

原始道教教义中虽然包含有平等、平均等思想，在一定程度上迎合了越南社会下层人民的要求，但是后来道教逐渐由民间转向官方，成为统治阶级追求长生不老、羽化成仙的一种途径。葛洪的神仙道教理论，更适合封建统治阶级的需要。如此一来，就使道教仅局限在上层人物中间。道教提倡修炼，修炼才能得道，得道才能成仙。可是，长期从事修炼（包括修性养神和炼制仙丹），需要大量金钱和时间，而这些对于为了温饱四处奔波的老百姓而言，显然太过奢侈了，这就必然使道教在下层群众中的发展受到限制。

第三，从统治者的角度来看，道教在越南的地位，远远逊于儒家学说和佛教。儒家学说从中国传入越南后，由于符合统治者维护封建统治的政治需要，一直得到历代封建统治阶级的重视，逐渐成为越南封建社会中占统治地位的思想。佛教传入越南后，曾一度能够深入民间，其影响甚至还超过了儒教。但是，道教在越南不仅一直未能取得超过儒教和佛教的优势地位，而它的一些教义却逐渐与儒教、佛教和传统信仰相融合，以致失去其独立性。[③]

---

① 孙衍峰、于在照：《越南儒圣朱文安评传》，载程光超等主编《东方语言文化论丛》（第19卷），北京：军事谊文出版社，2000年，第231页。
② 许永璋：《论道教在越南的传播和影响》，《史学月刊》2002年第7期。
③ 许永璋：《论道教在越南的传播和影响》，《史学月刊》2002年第7期。

第三节 道教在越南的影响

一、道教的多神崇拜为越南提供了较好的崇拜范式

道教自产生之日起，就是一个多神崇拜的宗教。它所崇奉的神，包括天上的、地下的和人间的，种类繁多。

据元代越道一编撰的《历世真仙体道通鉴》一书统计，仅从黄帝至两宋的神仙人物，就有 745 个之多。[①] 中国道教崇拜的众多神仙人物，为越南的多神崇拜提供了较好的崇拜范式。

例如，中国道教崇拜的最高的神为"三清"，即太清道德天尊（太上老君）、玉清元始天尊和上清灵宝天尊。这最高的三尊神，在中国的道教庙宇中非常普遍。越南人就把他们传统信奉的神（例如山神、河神等）与道教结合起来，作为崇拜的对象。例如，修建于 7 世纪中期、保存到 14 世纪的越南白鹤（越池）地区的道教庙宇通圣观，就供奉着当地的"福神"三江神。[②]

除了对山神、河神等自然神崇拜外，越南历史上的一些英雄人物也被当作城隍，列为供奉对象。宋平地区供奉的李翁仲、苏沥，就属于这种情况。[③]

二、道教的传入丰富了越南的文化内涵

中国道教在《道德经》《太平经》等经典的基础上发挥出若干教义，成为信仰的主要依据，其中很多内容后来为儒家学说和佛教所吸收。同时，道教在

① 汤其领：《汉魏两晋南北朝道教史研究》，开封：河南大学出版社，1994 年，第 10 页。
② 越南社会科学委员会编著：《越南历史》（第一集），北京：人民出版社，1977 年，第 131 页。
③ 越南社会科学委员会编著：《越南历史》（第一集），北京：人民出版社，1977 年，第 132 页。

发展过程中也吸收了一些儒家的伦理道德等观念和佛家的因果报应等理论。经过相互吸收和利用，出现了三者之间的相互渗透和融合。这种"三教合一"的情况，在越南道教发展过程中也有所表现。

968 年，越南自主封建王朝建立。从丁朝（968—980）至陈朝（1225—1400），统治者对儒、佛、道三教同样重视，都作为选拔人才的考试内容。越南的封建统治者、上层人物和文人学士中，很多人都深受儒、佛、道三教的影响。陈仁宗，既笃信佛教，同时又具有儒家和道家的思想。文人学士中最典型的代表人物当数朱文安，他曾在陈朝为官，博通经史，被尊为越南的"儒圣"。但是在这位"儒圣"的思想学说中，不仅包含着很多道家的因素，而且其晚年又表现出信仰佛教的倾向。① 因此，儒、佛、道三家的学说，在朱文安的思想中可以并见。除了朱文安之外，阮浃、阮屿、阮秉谦、黎贵惇等人的思想学说中也都有类似情况。② 这正是儒教、佛教和道教在越南相互影响、相互渗透的结果。

中国道教的传入以及儒、佛、道三教之间的相互渗透，不仅对越南历代封建统治者有利，还在很大程度上丰富了越南的文化内涵。

三、对越南人神仙崇拜的影响

在越南各地，除了有属于儒教的文庙和属于佛教的寺院之外，还有供奉诸多神仙人物的庙宇。这些庙宇中，有的供奉山神、河神等自然神，有的供奉着先辈英雄人物，他们属于越南人的传统信仰，不能完全归属于道教。但是，在这些庙宇中，也明显地反映出道教的影响。特别是道观，更是道教留下的遗迹。在越南人崇拜的诸多神仙人物中，有不少是道教崇拜的对象。

中国道教认为玉皇大帝是总执天道之神，其地位相当于人间的皇帝，称为

---

① 孙衍峰、于在照：《越南儒圣朱文安评传》，载程光超等主编《东方语言文化论丛》（第 19 卷），北京：军事谊文出版社，2000 年，第 230—233 页。

② 于向东：《越南思想史的发展阶段和若干特征》，《郑州大学学报（哲学社会科学版）》2001 年第 34 卷第 3 期。

"金阙至尊昊天玉皇大帝"。在越南，玉皇大帝也是很受尊敬的。对玉皇大帝的尊崇，直到今天仍有表现，最明显的表现是在高台教的教义之中。高台教推崇玉皇大帝为宇宙间存在的、永恒的、至高无上的神灵，是人类的最高主宰。高台教的布道者宣称，他们是秉承玉皇大帝的旨意行事的。此外，在高台教庙宇的神坛上，最高一层供奉的除了释迦牟尼和孔子外，还有老子；第二层供奉的有关圣；第四层供奉的有姜太公。[1] 老子、关圣和姜太公都是道教崇拜的人物。有的越南学者认为，高台教就是道教。[2] 这种说法虽然值得商榷，但也从一个方面说明，从高台教的教义与活动中，可以清楚地看出道教的深刻影响。

四、对越南人风俗习惯的影响

在越南人的日常生活中，也能感受到某些道教色彩。例如，越南的传统节日中有一个送灶王节。灶王亦称灶神、灶君，道教认为灶王掌管着一家的祸福。每年阴历十二月二十三日夜，他要回天上向玉皇大帝禀报人间的善恶。因此，这一天人们要在灶王神位前用麦芽糖祭祀，用糖粘住他的嘴，免得他到玉皇大帝那里去胡言乱语。这个节日是从中国传去的，其内容同中国基本一样，不过，在越南有所发展。越南不仅流传关于玉皇大帝封灶神的传说，而且祭品中除麦芽糖之外，还有鲤鱼等物。[3]

除了送灶王节具有浓厚的道教色彩外，其他如端午节（阴历五月初五）画护身符，重阳节（阴历九月初九）登高、赏菊等，也都充溢着道教的气息。

越南各地有祭礼城隍的风俗。城隍是道教传说中守护城池的神。在中国历史上，很多城隍庙都由道士住持。道教传入越南后，越南人将城隍与先辈英雄人物结合起来。在越南宋平地区供奉的李翁仲、苏沥等，就属于这一类人物。越南人供奉的城隍，既有对国家有功之臣，也有对村社有功之人。供奉城隍，

---

① 戴可来、于向东主编：《越南》，南宁：广西人民出版社，1998 年，第 313—314 页。

② 孙波：《越南宗教点滴谈》，《世界宗教文化》1995 年第 1 期。

③ 戴可来、于向东主编：《越南》，南宁：广西人民出版社，1998 年，第 87 页。

虽然体现了越南民间的传统信仰，但是也多少反映出道教的某些影响。

越南民间的庙会活动颇为盛行。庙会活动丰富多彩，其内容既有宗教方面的，也有娱乐方面的。虽然这种庙会主要表现了越南农村的传统风俗习惯，但是庙会期间的迎神、祭祀、送神等仪式，与道教中许多礼仪的影响也有一定的关联。

五、对越南文学艺术的影响

道教的教义和修炼活动以及道教关于神仙人物的种种传说，不仅为文学艺术创作提供了素材，而且成为诗人、画家们创作灵感的源泉。道教在越南传播和发展过程中，很多文人的思想和作品都深受其影响。

13 世纪的陈仁宗（陈昑，1279—1293 年在位），既尊崇佛教，又信仰道教；既是皇帝，又是诗人。他的诗作中不时透露出道家的气息。在描写为两位中国使节饯行的宴会的诗作《送天使李仲宾萧方厓》中，"灵液吹香暖［饯］筵，春风无计驻归鞭。不知两点轺星福，几夜光茫照越天"[1] 的诗句，可以使人隐约感受到青烟飘摇的道家氛围。16 世纪的越南诗人阮秉谦"万事置度外，清闲似神仙"[2] 之句，也充满了老庄的道家思想和飘逸的道家风格。

李济川所著《粤甸幽灵集》（成书于 14 世纪）和武琼、乔富编定的《岭南摭怪》（成书于 15 世纪）是由民间传说和神话故事编纂而成的两部野史。这两本书的内容，既包含越南人的传统信仰，也不乏佛教和道教的成分。《岭南摭怪》中的《苏沥江传》《伞圆山传》《龙眼、如月二神传》等篇什中的内容就带有浓厚的道教色彩。例如，《伞圆山传》中说，此山"大王得神仙长生诀，甚显灵，为大越第一福神"[3]。在《苏沥江传》和《伞圆山传》中，还描述了苏沥江神、伞圆山神同高骈斗法，使高骈感到南方有"灵异之神"，有"灵气""旺

---

① ［越］黎崱著，武尚清点校：《安南志略》卷十八，北京：中华书局，2000 年，第 417 页。
② 越南社会科学委员会编著：《越南历史》（第一集），北京：人民出版社，1977 年，第 363 页。
③ 戴可来、杨保筠校点：《岭南摭怪等史料三种》，郑州：中州古籍出版社，1991 年，第 36 页。

气"，不可久留，应当赶快北返。① 这些传说故事，显然是按照道教的说法杜撰出来的。

我们还可以从越南的音乐戏剧中看到道教的某些印记。987 年，宋使李觉出使越南，曾向前黎朝皇帝黎桓赠诗一首。李觉北返时，黎桓命"匡越大师"吴真流创作一首乐曲送行，名曰《饯别曲送宋使李觉》（一名《王郎归》）。这首乐曲的歌词为："祥光风好锦帆张，遥望神仙复帝乡。万重山水涉沧浪，九天归路长。情惨切，对离觞，攀恋使星郎。愿将深意为边疆，分明奏我皇。"② 歌词的前两句，显系道家语言。据《大越史记全书》所载，陈朝所表演的歌舞中，有《庄周梦蝶》等曲；举行宴会时，演奏的乐曲则名曰《降黄龙》《入黄都》《宴瑶池》《一清风》等。③ 这些曲名及内容，都与道教有着直接或间接的关系。

六、有利于华人华侨在越南安居乐业

16 世纪以后，越南的南方得到进一步开发。后黎、阮氏政权充分利用许多为逃避清朝统治而到此的前明朝官员以及中国民众，奖励其开垦养殖和发展商业贸易。以后，不断有来自中国福建、广东、广西等地的民众移居越南南方。

胡志明市（1946 年 11 月越南国会通过命名为"西贡市"，1975 年 4 月正式改名为"胡志明市"）是在越华人聚居的主要城市。在胡志明市西南的华人聚居区，一些华人的会馆和道教宫观仍然在继续活动。由广东广州来的华人修建的穗城会馆，创建于道光八年（1828）以前。会馆正殿供奉天后圣母、龙母娘娘、金花娘娘，偏殿供奉关帝等。由于穗城会馆供奉的主要是女神，所以被越南民众称为"女庙"。由广东潮州来的华人修建的义安会馆，创建于光绪二十八年（1902）以前。会馆正殿供奉关圣帝君，同时奉祀福德老爷、文昌帝君、财

---

① 戴可来、杨保筠校点：《岭南摭怪等史料三种》，郑州：中州古籍出版社，1991 年，第 34—37 页。

② 戴可来、于向东主编：《越南》，南宁：广西人民出版社，1998 年，第 278—279 页。

③ 陈修和：《中越两国人民的友好关系和文化交流》，北京：中国青年出版社，1957 年，第 66 页。

帛星君以及天后圣母等。由于义安会馆供奉的主要是男神，所以被越南民众称为"男庙"。

据中国社会科学院世界宗教研究所王卡教授的考察，胡志明市的第十一郡阮氏细街有庆云南院，是越南现存的唯一保存着中国传统道教活动形式的道院。

庆云南院是由中国广东省南海茶山庆云洞分灵迁来的，因此称为南院。中国广东省南海茶山庆云洞，始建于光绪二十五年（1899），供奉吕祖。越南的庆云南院，山门上有横额"众妙之门"，联称："庆立庙门宏开普度，云环吾道广设津梁。"

这些道观，连同庙宇、会馆一并成为远离家乡的华侨、华人最好的精神庇护所，也为他们在越南安居乐业、为建设美好的越南提供了良好的精神支持。

第六章
中国佛教在越南的传播和影响

佛教是世界三大宗教之一。在世界三大宗教中，它是最早输入中国的一种，迄今已有两千余年的历史。

佛教在中国的影响不仅波及政治与经济领域，而且广泛地渗入社会生活的各个层面，如文学、音乐、绘画、舞蹈、建筑等。隋唐以后，佛教逐渐完成其中国化的过程，从而成为中国封建社会上层建筑的一个组成部分。佛教在中国虽然未能够像在大多数亚洲国家，尤其是南亚、东南亚国家那样凌驾于君主和政权之上，在思想文化领域占据绝对垄断地位，但是它跟中国固有的儒学和道教彼此融合，互为消长，始终扮演着维护中国封建制度的重要角色。

佛教渊源于古印度，其创始人悉达多·乔达摩（即释迦牟尼）出生于公元前565年，卒于公元前486年，略早于中国的孔子（前551—前479）。"释迦牟尼"是佛教徒对他的尊称，意为释迦族的"圣人"。

佛教自两汉之际远涉流沙，传入中国内地，先是依附于黄老之学、神仙方术；接着又与老庄道术、玄学清谈合流，历经魏晋南北朝，直至隋唐，在中国扎下根来，开始在思想上和经济上发生影响，伴随着中国封建社会的前进步伐，获得独立发展，达到高峰。这个高峰的标志，一是寺院经济的繁荣，二是佛教的中国化，三是佛教宗派的繁荣。佛教传入中国后，创立了自己的各种宗派，如净土宗、律宗和密宗等，注重与中国的国情相适应，具备了更多中国特点。《华严经》更是会通佛教各个宗派的教义，与后起的禅宗相互呼应，进一步推动了中国佛教的发展，成为中国佛教的"杂家"，对后世中国的思想文化产生了较大的影响，从而使佛教成为中国封建文化的一个重要组成部分。在理论成就上，中国佛教甚至在一些方面超出了印度本土。

第一节　佛教在越南的传播

佛教在越南历史上曾经占有相当重要的地位。10 世纪中叶，越南自主封建王朝建立之后，佛教一度被尊崇为国教。11 世纪初李朝时期，出现"百姓大半为僧，国内到处皆寺"①的极盛局面。14 世纪陈朝末年，越南佛教开始走向衰落。近代以降，西学东渐，欧洲信奉的基督教、天主教传入，虽然使越南人的信仰呈现出多元化的趋势，但时至今日，佛教仍然是越南人的主要信仰之一。

一、佛教传入越南的时间及路径

佛教的传播，一般认为有两条路线。一条是陆路，从南亚大陆向东亚传播的路线，北传经中亚细亚，越过帕米尔高原，进入中国，然后通过中国向外传播到朝鲜半岛和日本。例如，唐朝著名法师玄奘就是通过这一条路线，将佛教带入中国，继而传播到朝鲜和日本的。另外一条是水路，即经由东南亚的海上传播路线，南传至斯里兰卡，然后再流传到东南亚的缅甸、泰国、柬埔寨、老挝和印度尼西亚诸国。中国东晋僧人法显即沿海路过交趾去印度取经的，梁代（502—557）时，印度僧人菩提达摩也是沿海路经由广州进入中国。

越南地处中南半岛，居于中国与印度两个大国之间，是中国古代通往南海的交通要道，处于中国向南、向西活动路线和印度向东活动路线的交汇点上。

至于佛教究竟是在什么时间以及怎样传入越南的，在研究越南佛教史的学

---

① 《大越史记全书·本纪》卷二《李纪》，第 209 页。

者中间，意见颇为不同。有学者认为，佛教是经中国南传入越的，如法国历史学家沙畹（Chavannes）就认为："从中国受到佛教影响之后，通过它的影响和支持，扩大了佛教的影响范围。在它的文字影响所及的地区，南达越南，北至朝鲜，到处流传着它的宗教。"① 另外，一位越南学者在《佛教南来考》的文章中，引用了《佛祖历代通载》和《大唐求法高僧传》等文献，也认为佛教经由中国传入越南。②

1932 年，越南著名史学家陈文玾在所著《从起源至十三世纪的安南佛教》的文章中，却对此提出了质疑。他引用越南佛教书籍证明佛教很有可能是直接从印度经海路首先传入越南的。③ 陈文饶、文新等越南史学家也持这种意见。④

据北京大学教授梁志明先生介绍，越南史学家在论述越南佛教的来源时，所依据的都是越南陈朝僧人所撰《禅苑集英》一书的记载，尤其是该书《通辨传》中 1096 年李朝倚兰太后与通辨国师的谈话内容。⑤

通辨国师，即智空禅师，为越南无言通禅宗派第八代名僧。他在回答倚兰太后关于越南佛教源于何处的问题时，引用了昙迁法师与中国隋文帝的对话。隋文帝向昙迁说到自己在各地兴建寺塔、传播佛教的功德之后，表示"欲遣有德行的沙门往交州弘化当地民众，以使众生皆知菩提教法"。昙迁说："交州一方，道通天竺，佛法初来，江东未被，而嬴娄（交趾首府）又重创兴宝刹二十余所，度僧五百余人，译经一十五卷，以其先之故也。于时则已有丘尼，名摩罗耆域、康僧会、支疆良、牟博之属在焉。"⑥ 以上记载的一些具体数据是否准

① 参见［越］陈文玾：《从起源至十三世纪的安南佛教》，载《法国远东博古学院集刊》1932 年第 32 期第 205 页。

② 越南《南风杂志》1928 年第 128 期。

③ ［越］陈文玾：《从起源至十三世纪的安南佛教》，载《法国远东博古学院集刊》1932 年第 32 期第 256 页。

④ 参见［越］陈文饶：《从十九世纪至八月革命前越南思想发展史》第一集第五章第二节《佛教》；［越］文新：《略述越南历史上的佛教》，载越南《历史研究》1975 年第 162 期。

⑤ 梁志明：《略论越南佛教的源流和李陈时期越南佛教的发展》，载中国东南亚研究会编《东南亚史论文集》，郑州：河南人民出版社，1987 年，第 125 页。

⑥ 《禅苑集英》，参见［越］黄春瀚《李常杰——李朝外交和宗教史》（下册），河内：珥河出版社，1950 年，第 194 页。

确，今天已经无法详考。但它至少说明三点：①佛教传入交州的时间很早；②佛教通过多种渠道和途径传入交州；③汉魏之际的交州佛教相当兴盛。

昙迁（542—607），隋代僧人，俗姓王，博陵饶阳（今属河北）人。隋文帝开皇七年（587）受诏入京，住大兴善寺，讲授摄论之学，弘传大乘佛教，受业者达千人，深受隋文帝器重。"然查中越史籍和有关佛教史书，未见上述有关交州佛教的记载。"①

越南史学家黄春瀚在所著《李常杰——李朝外交和宗教史》中甚至认为昙迁是印度僧人，并"熟悉交州佛教情况，肯定曾留居交州一段时间"②。黄春瀚为了证明自己的观点，竟然将昙迁说成是印度人，可见《禅苑集英》关于越南佛教起源的记载是站不住脚的。

尽管如此，《禅苑集英》所记述的早期在越南弘传佛教的牟博等四位人物确是实有其人，并与我国史籍所载相符。

牟博（约170—？），名不详，又称牟子，苍梧郡（治所在今广西梧州）人。博学多才，精通诸子百家，对佛学造诣尤深。约在三国吴初著就《理惑论》，糅合佛、儒、道各家学说，认为佛教与中国传统思想并无根本对立，佛、儒、道思想一致。该书是中国现存最早的佛学著作，也是研究中国佛教形成和发展的重要典籍。《理惑论》是在交州写成的，它的产生本身就是佛教在交州传播的一个证据。

该书所据主要是《修行本起经》和《太子瑞应本起经》。《理惑论》提及须大拿的故事，可见牟子在交州读过《须大拿经》。③ 此外，书中谈到交州佛经和佛教徒生活的一些情况，也说明当时交州佛教颇为兴盛，经典繁富，僧侣众多，戒律严格。如称佛经共有十二部，八亿四千万卷；沙门剃头，捐家财，弃妻子，不听音，不视色，或终身不娶；持五戒者，一月六斋；持二百五十戒，日日斋；

---

① 梁志明：《略论越南佛教的源流和李陈时期越南佛教的发展》，载中国东南亚研究会编《东南亚史论文集》，郑州：河南人民出版社，1987年，第126页。

② ［越］黄春瀚：《李常杰——李朝外交和宗教史》（下册），河内：珥河出版社，1950年，第197页。

③ 任继愈主编：《中国佛教史》，北京：中国社会科学出版社，1981年，第198—199页。

等等。关于牟子的记载，学术界虽有疑窦，然结合历史背景进行分析，牟子确有其人，关于他的记载是可信的。①《禅苑集英》一书也记载了牟子在 2 世纪末至交州地区研究佛教，这是佛教于 2 世纪东汉年间传入越南北部地区的最早记录。

《禅苑集英》所载从西亚和印度移居交州的三位僧人——康僧会、支疆梁和摩罗耆域的事迹，与中国佛教著作中的相关记载也是一致的。

康僧会，祖籍康居②，世居天竺，后随父亲经商迁移到交趾地区居住。他十余岁时双亲皆故，服丧结束后出家为僧，为人"笃志好学，明解三藏"，通晓梵文和汉文。吴赤乌十年（247）初，到达建业（今南京），受到吴王孙权的优礼接待。康僧会在建业期间，专心佛事，译有《六度集经》等佛经，还创建了我国江东第一所寺院——建初寺。③ 康僧会的事迹表明，三国时期，交趾有人出家为僧，且已有《三藏经典》。

支疆梁也是在越南传播佛教的第一批僧人之一。据越南史学家陈文玾考证，支疆梁就是《十二游经》中所记载的"畺良娄至"，梵名 Kalyananuci，月氏人，于 255—256 年间到达交州，译有《法华三昧经》六卷。《历代三宝记》也记载有他在交州译经之事。④

印度僧人摩罗耆域也曾在 3 世纪末到过交州。史载："初域来交广，并有灵异。"可见，摩罗耆域曾到过交州地区传播佛教。

陈文玾引据越南《古珠法云佛本行语录》的记载，指出与摩罗耆域同时到达交州的，还有一位名叫丘陀罗的僧人。他们在交州建有法云、法雨、法雷和法电四所寺院。⑤ 这四所寺院均在今越南北宁省顺城县境内。

---

① 周一良：《牟子理惑论时代考》，载《魏晋南北朝史论集》，北京：中华书局，1963 年，第 288—303 页。

② 康居，古西域国名，其疆域大约在今巴尔喀什湖和威海之间，南及今阿姆河北。

③ 参见梁志明：《略论越南佛教的源流和李陈时期越南佛教的发展》，载中国东南亚研究会编《东南亚史论文集》，郑州：河南人民出版社，1987 年，第 126 页。

④ ［越］陈文玾：《从起源至十三世纪的安南佛教》，载《法国远东博古学院集刊》1932 年第 32 期第 213—214 页。

⑤ 释圣严：《越南佛教史略》，《现代佛教学术丛刊》1980 年第 83 期。

综上所述，中国僧人牟博以及来自西亚和印度的僧人的活动和事迹证明，公元二、三世纪时，佛教确已经通过多种途径传入越南。

二、中越佛教交流事迹举隅

在佛教传入越南的过程中，中国与越南之间佛教交流的事迹很多，兹不一一列举，下面择其要者，举例说明。

被越南史书尊称为"士王"的士燮，于汉灵帝中平四年（187）担任交趾太守，到三国时孙权黄武五年（226）在任上以九十岁高龄去世，统治交趾凡40年。在交趾任内，士燮不仅积极传播儒家学说，教化当地百姓，发展经济，"雄长一州，偏在万里，威尊无上"[1]，还能够兼容并蓄，宽容地对待来自异域之地的"胡人"们，与那些信奉佛教的僧侣们和平相处。

据《三国志》记载："燮兄弟并为列郡，……出入鸣钟磬，备具威仪，笳箫鼓吹，车骑满道，胡人夹毂焚烧香者常有数十。"[2] 据北京大学教授梁志明先生考证，这里所说的数十名"夹毂焚烧香"的胡人，很可能是越南史书上被称为"胡僧"或"西域僧"的，亦即来自南亚和西亚的僧侣。他们随商船泛海而来，有人从陆路由中国南下到达交州。[3]

这一记载说明一个史实，即在两汉时期，交州地区已经成为中国与东南亚、南亚、西方进行经济和文化交流的重要枢纽，以及中印僧人相互交往的中途站。

随着魏晋南北朝时期佛教在中国的勃兴，属于中国郡县的交州地区崇信佛教的人数也越来越多。580年，印度僧人毗尼多流支从广州到达交州，传播禅宗，为越南禅宗的始祖。

---

① ［晋］陈寿撰，［南朝宋］裴松之注：《三国志》卷四十九《吴书》，北京：中华书局，1959年，第1192页。

② ［晋］陈寿撰，［南朝宋］裴松之注：《三国志》卷四十九《吴书》，北京：中华书局，1959年，第1192页。

③ 梁志明：《略论越南佛教的源流和李陈时期越南佛教的发展》，载中国东南亚研究会编《东南亚史论文集》，郑州：河南人民出版社，1987年，第127页。

隋唐时期，中国佛教极为兴盛，交州地区的佛教也得到进一步的普及和发展，佛寺遍布各地，在数量上较道观为多。据越人高熊徵所著《安南志原》记载："《交州八县记》云：交趾名寺四，名观一。朱鸢名寺二十九，名观九。宋平县名寺五，名观四。交趾县名寺二十九，名观六。平道县名寺十二，无观。武平县名寺二，名观一。南定县名寺七，无观。"① 由此可见，佛寺的数量在越南各地均超过了道观，也可见佛教在交趾地区普及的程度。

唐代时，中越僧人之间的交往日渐频繁，两国佛教关系更为密切。尤其是9世纪初，中国高僧无言通禅师到达交州，并在那里创立了"无言通禅宗派"，更为越南佛教禅宗的发展起了重要的作用。

除了无言通禅师之外，唐代中国僧人以及在中国修行的外国僧人到达交州地区传播佛教，或与交州僧人同往印度或南海求法取经者还有很多。据义净《大唐西域求法高僧传》记载，除明远法师外，下面几位高僧也是较为著名者。如：

明远法师，益州（四川）清城人，梵名振名提婆，曾"振锡南游，届于交趾"，后经诃陵国（爪哇）、狮子国（斯里兰卡）到达印度。

僧伽跋摩，康居人，唐高宗时到中国。唐高宗显庆年间（656—661），奉令至交趾采药，值交州灾荒，他"营办饭食，救济孤苦，悲心内结，涕注外流"，被人称为"常啼菩萨"。

昙润法师，洛阳人，曾"渐次南行，达于交趾"，居住年余，声望盛隆，后泛舶南行，欲往印度，至渤盆国（今加里曼丹岛东南部），遇疾而终。

慧命禅师，荆州（湖北）江陵人，乘舶赴印度，经占婆（今越南中部），遇风暴而归。

智弘律师，洛阳人，他与荆州的无行禅师一同前往印度，到达合浦，乘船漂到比景（今越南中部），在交州度过一个夏天，冬末又继续向南行驶，到达室利佛逝（在今苏门答腊），最终抵达中印度。

这些高僧在赴东南亚和印度求法取经途中，将中原佛教文化传播到交州和

---

① ［越］高熊徵：《安南志原》卷二，第132页。

占婆，促进了越南佛教的发展。

佛教的发展，使得交州地区当地名僧高徒辈出。在唐代和尚义净所撰《大唐西域求法高僧传》中，便记载了六位越南高僧的事迹。

运期，与昙润同游，居住南海十余年，后成为中国僧人会宁的弟子。会宁在爪哇译完《阿笈摩经》，由运期携回交州，然后，"驰驿京兆（长安）"。

解脱天，梵名木叉提婆，曾经泛舶南游，经过南海诸国，至印度大觉寺，后终于当地。

窥冲，中国僧人明远的弟子，梵名质呾啰提婆，与明远同舶，到斯里兰卡，后至印度王舍城（今印度比哈尔邦境内）。

慧琰，中国僧人智行的弟子，后随智行法师至僧诃罗国（斯里兰卡），留居该国。

智行，梵名般若提婆，也曾"泛南海，诣西天，至弶伽河北"，后居住在印度的信者寺。

大乘灯，梵名莫诃夜那钵地已波，幼年时随父母到杜和罗钵底国（今泰国境内）。出家后，随唐使郯绪至长安，在慈恩寺三藏法师玄奘处受具足戒。居长安数载，饱览经书，后游南海，至斯里兰卡，又伴随义净到达中印度。

唐代时一些交州僧人曾经应邀到长安进行讲经等佛教交流活动。这些交州僧人在长安居留期间，与中原各界人士，尤其是文人学士建立了良好的友谊。如唐代著名诗人沈佺期、贾岛与交州高僧无碍上人、惟鉴法师等互有诗文唱和。诗人贾岛曾写有一首《送安南惟鉴法师》①的诗，描述了当时的讲经盛况，表达了诗人与越南僧人的友情。

以上简要列举的史例表明，在越南传播佛教的代表人物中，既有中国佛教徒与僧侣，也有来自南亚和西亚的移民与僧人。越南佛教既受到由海路传入的印度佛教和南海诸国佛教的影响，也受到从陆路南下的中国佛教的影响。

---

① 诗云："讲经春殿里，花绕御床飞。南海几回渡，旧山临老归。潮摇蛮草落，月湿岛松微。空水即如彼，往来消息稀。"该诗收入《全唐诗》卷五七二。参见中华书局编辑部点校：《全唐诗（增订本）》，北京：中华书局，1999年，第6695页。

然而，"毋庸置疑，佛教文化主要是沿着中国这条路线逐次南下传入越南的，越南佛教属于北传佛教系统"①。这一判断，将在以下的论述中得到进一步的证实。

第二节 越南禅宗的发展

越南在 968 年由丁部领建立自主封建国家后，与中国之间仍然保持着政治上的"宗藩关系"、经济上的朝贡关系，文化上的交流甚至得到进一步的加强。因此，中越两国之间在佛教交流方面并未因为越南独立国家的建立而中断，中国佛教对越南的影响一直在持续不断地进行着。特别是从中国传入的禅宗佛学成为越南皇室推崇的教派，对越南佛教产生了深远的影响。越南禅宗的起源和发展，正反映出中越文化之间紧密联系的一个方面。

"越南的佛教，主要是受中国的影响，也许中国的义学，未能在南方生根，所以越南佛教的特色，也仅是盛于中国南方的禅宗的支系，在义学上则未见有其宏大的发挥及表现。"② 作为中国佛教重要教派之一的禅宗，相传由南朝宋末来华的南印度高僧菩提达摩所创立，向下传至慧可、僧璨、道信，至五祖弘忍分成南宗慧能、北宗神秀。自慧能（638—713）以后，禅宗发展为唐代中国佛教最有势力的教派。禅宗融合儒、道、老庄和玄学思想，具有中国文化的特色；主张"不立文字，教外别传，直指人心，见性成佛"；认为"即心是佛"，一切客观存在和变化是主观意识（心）决定的，故禅宗又称"佛心宗"。唐末五代，南宗禅派又分化为沩仰宗、临济宗、云门宗、曹洞宗、法眼宗。到宋代，临济、云门二宗兴盛，而临济宗又开创黄龙、杨岐二派。

从 6 世纪中叶至 9 世纪，中国禅宗相继传入越南，11 世纪至 13 世纪，越南

---

① 梁志明：《略论越南佛教的源流和李陈时期越南佛教的发展》，载中国东南亚研究会编《东南亚史论文集》，郑州：河南人民出版社，1987 年，第 130 页。

② 释圣严：《越南佛教史略》，《现代佛教学术丛刊》1980 年第 83 期。

李朝和陈朝时期，禅宗大为发展。越南禅宗分为四派：

（1）毗尼多流支创立的"灭喜禅宗派"，越南佛教史上又称为"南方派"；

（2）无言通创立的禅宗派，越南佛教史上称为"观壁派"；

（3）草堂创立的禅宗派，亦称"雪窦明觉派"；

（4）陈太宗、陈仁宗创立的"竹林禅宗派"。

毗尼多流支（？—594），汉文译名为"灭喜"，印度南部人，出身婆罗门。他虽然不是中国禅宗派下的人，却是中国禅宗初祖达摩的法孙。他于 574 年到达中国的长安，接法于中国禅宗三祖僧璨，承袭了中国禅宗衣钵。在中国居住了共计 7 年（574—580），在广州制旨寺译经多部，于 580 年到达交州，住法云寺。

毗尼多流支在交州居住共计 14 年，创立"灭喜禅宗派"，传授禅学，于 594 年在交州圆寂。越南史学家认为毗尼多流支创立的禅宗派是"中国禅宗的一个支派"。① 毗尼多流支继承中国禅宗"佛心印"思想，传三祖僧璨之"心印"。他在圆寂前将"不立文字，不依言语，以心为印"的思想传授给弟子法贤。毗尼多流支对越南佛教的影响很大。在他圆寂时，越南李朝第二代国王李佛玛（李太宗，1000—1054）专门写诗追悼。②

毗尼多流支禅宗派在越南存在的时间为 580—1216 年，共计传 19 代，有名僧 18 位。第一代弟子首推法贤。法贤，俗姓杜，交州朱鸢县人，接受毗尼多流支衣钵，在慈山传播禅学，僧徒众多，建有众善寺，于 626 年圆寂。法贤之后，有两代情况不明。第四代祖为清辨，清辨住普光寺，后移住建阳寺，于 686 年圆寂。第五代至第七代不明，到第八代有定空禅师，建有著名的琼林寺，于 808 年圆寂。第九代通善，住六祖寺。第十代出现罗贵安、法顺、摩柯、无碍等名僧，其中以法顺最为有名。法顺，俗姓杜，著有《菩萨号忏悔文》，博学多才，

---

① ［越］文新：《略述越南历史上的佛教》，载越南《历史研究》1975 年第 162 期。

② 诗云："创自来南国，闻君久习禅。应开诸佛信，远合一心源。皎皎楞伽月，芬芬般若莲。何时临面见，相语话重玄。"载［越］黎鹊等注释《皇越诗文选》，河内：文化出版社，1957 年，第 20 页。

备受前黎朝国王黎桓的重视，被封为法师，多次受封赏。① 第十一代有禅翁道者、崇范和广净禅师。崇范，俗姓牟，相传为牟博后裔，住法云寺。第十二代有万行、道行、定惠、持钵和纯真等五人。万行和尚在前黎朝和李朝初年很受重用，曾参与朝政，被封为国师。② 道行，俗姓徐，名路，李朝初年的高僧，住光兴寺，越南古代史籍记载了他的事迹。③ 第十三代为惠生、禅严、明空、本寂等六人。惠生，原名林枢武，住升龙（河内）万岁寺，曾被李太宗请入宫内讲经，李圣宗时被封为左街都僧统。④ 第十四代有庆喜、净眼、净如、广福等四人。庆喜，俗姓阮，被封为僧统，著有《悟道歌诗集》行世。⑤ 第十五代为戒空、法融、草一等三人。第十六代出有智、真空和道林等三个禅师。第十七代有妙因尼师、圆学和静禅等三人。妙因原为李朝公主，俗名李玉娇，嫁真登州牧，夫亡后出家。第十八代为圆通，住万岁寺，受李仁宗、神宗和英宗的重视，被封为国师。他为李朝出谋献策，留下奏文《天下兴亡治乱之原论》，并著有《延寿寺碑记》《诸佛迹缘事》《洪钟文碑记》《僧家杂录》等许多作品和诗赋一千首。⑥ 第十九代则有依山禅师，这是该派可考的最后一代名僧，他大概在 13 世纪初期，相当于中国南宋宁宗时圆寂。⑦

越南禅宗的第二派系是"无言通禅宗派"。

"无言通禅宗派"是以其始祖的名字"无言通"来命名的。无言通（？— 826），唐代僧人，俗家姓氏为郑，广州人，从学百丈怀海禅师（720—814），820 年至交州北宁仙游县扶董乡建初寺，传授禅学，创立无言通禅宗派。他虽是百丈的弟子，亦曾及马祖之门，后于唐宪宗元和十五年（820）游化至安南北宁之仙游县建初寺，接受该寺感诚之供养，并授禅法予感诚禅师，嗣后即终老

---

① 参阅《李陈诗文》第一集，河内：越南社会科学出版社，1977 年，第 202 页。
② 参阅《李陈诗文》第一集，河内：越南社会科学出版社，1977 年，第 214 页。
③ 参阅《李陈诗文》第一集，河内：越南社会科学出版社，1977 年，第 343 页。
④ 参阅《李陈诗文》第一集，河内：越南社会科学出版社，1977 年，第 257 页。
⑤ 参阅《李陈诗文》第一集，河内：越南社会科学出版社，1977 年，第 458 页。
⑥ 参阅《李陈诗文》第一集，河内：越南社会科学出版社，1977 年，第 460—462 页。
⑦ 释圣严：《越南佛教史略》，《现代佛教学术丛刊》1980 年第 83 期。

于此①。

　　无言通禅宗派历经 15 代，有 40 祖，存在四百余年（820—1221）。第一代为感诚。他继承无言通衣钵，在建初寺继续传道。第二代为善会，住定禅寺。第三代为云峰，住开国寺。第四代为吴真流（933—1011），住佛陀寺，是丁朝、前黎朝名僧。丁部领建国后，闻名延揽，封其为僧统，掌管政务，整顿僧纲。翌年，丁先皇念其护国庇民有功，晋封他为"匡越大师"。他精通禅学，曾撰《始终》一诗："始终无物妙虚空，会得真如体自同。"② 表达了他的禅宗观念。第五代为多宝，第六代为定香、禅老。禅老禅师在建初寺出家，后至慈山修行，是李太宗的受学师，常与李太宗讲道。太宗欲延请入朝赞理政务。③ 第七代有圆照、究旨、宝性、心明、广智等，其中圆照（999—1091）原名梅直，住吉祥寺，精通禅学，著有《药师十二愿文》《赞圆觉经》《十二菩萨行修证道场》和《参徒显决》等，据说其著述曾传到中国朝廷，评价颇高，被称为"高座法师"。④ 李太宗也是这一派的代表。他常见教于禅老禅师，并大力赞助佛教禅宗，留下了一首《视诸禅老参问禅旨》的诗文。⑤ 第八代有通辨禅师、满觉大师和悟印。通辨，河东丹凤县人，住普宁寺，《禅苑集英》一书记载了他被李朝倚兰太后请入宫中讲道的事迹。满觉（1052—1096），父为中书外郎，他受李仁宗和皇后的优遇，被赐居皇宫附近寺院，仁宗常与之谈论佛学和朝政。⑥ 第九代为道惠、辨才、宝鉴、空路、本净等。辨才为广州人，居万岁寺，著有《照对录》。第十代有明智、信学、净空、大舍、净力、智宝、长原、净戒、觉海、愿学等十一人，其中净空为福州人，俗姓吴，30 岁时至越南，住开国寺；长原也是中国人，俗姓潘，住朔天王寺。第十一代有广严。第十二代为常照，著有《南宗

　　① 释圣严：《越南佛教史略》，《现代佛教学术丛刊》1980 年第 83 期。

　　② 参见［越］陈文饶：《从十九世纪至八月革命前越南思想的发展》（第一集），河内：越南社会科学出版社，1973 年，第 490 页。

　　③ 参见《李陈诗文》第一集，河内：越南社会科学出版社，1977 年，第 242—244 页。

　　④ 参见《李陈诗文》第一集，河内：越南社会科学出版社，1977 年，第 208—210 页。

　　⑤ 参见《李陈诗文》第一集，河内：越南社会科学出版社，1977 年，第 239 页。

　　⑥ 参见《李陈诗文》第一集，河内：越南社会科学出版社，1977 年，第 274—276 页。

嗣法图》。第十三代为通师居士和神仪禅师。第十四代为息虑、现光等。第十五代有应王居士、道园、一宗、逍遥和戒明等。无言通禅宗派延续到 13 世纪初才被停止。①

越南禅宗的第三派系为"草堂禅宗派"。

草堂禅师，中国人，俗家姓名不详，仅知道他是中国北宋佛教云门宗僧人、禅宗名僧雪窦重显的弟子。11 世纪中叶至占婆弘扬传播佛教，提倡"禅净一致"，即实行禅宗的修禅与净土宗的念佛相结合。1069 年，李圣宗征伐占婆，掳掠僧人、宫女回国。草堂"行化于占城之际，被当作囚兵逮捕而进入安南"。后李圣宗发现他为中国禅师，精通佛学，应对如流，乃备受重视，被封为国师，赐居升龙（河内）开国寺，创草堂禅宗派。② 在越南历史上，草堂禅师颇具名望。《安南志原·僧释传》指出："草堂禅师有道行，精通佛典，李王拜为师，后端坐而化。"③

越南的"草堂禅宗派"存在约两个世纪（1009—1205），传 5 代，有 19 祖。李圣宗（1054—1072 年在位）为草堂首传弟子，第一代还有般若、遇赦。李圣宗为李朝第三代国王，其时国势兴盛，他在对外扩张领土的同时，对内尊佛教，扬禅学，并重儒学，建文庙，企图在思想意识方面建立全国统一的体系，以维护封建专制主义政权。第二代有吴益、绍明、空路、完觉。第三代为李英宗（1138—1175 年在位）、太傅杜武、梵音和杜都。第四代有张三藏、真玄、太傅杜常。第五代为李高宗（1176—1210 年在位）、海净、阮识和范奉御。草堂禅宗派获李朝皇帝、大臣们的支持，有三个国王和两名太傅皈依，盛极一时，但在李氏王朝衰亡后，这一派也趋于衰落。代之而起的则是陈朝的"竹林禅宗派"。

陈仁宗过去曾被认为是"竹林禅宗派"的始祖，但实际上陈朝开国皇帝陈太宗（1218—1277）才是真正的始祖。陈太宗受教于中国僧人天封禅师，并从学宋代禅僧德诚。越南史学家陶维英认为，"这一派的渊源传说是由禅月禅师传

① ［越］阮才书：《20 世纪初越南"佛教振兴运动"中的唯识宗地位》，《佛教研究》1999 年第 8 期。

② 释圣严：《越南佛教史略》，《现代佛教学术丛刊》1980 年第 83 期。

③ ［越］高熊徵：《安南志原》卷三，第 209 页。

给陈太宗，后经过定香长老、圆照大师，至德惠禅师分为三个支系。其中主要的一支由逍遥禅师传给慧忠上士。再传给调御觉皇，即陈仁宗"①。

《课虚录》和《禅宗指南歌》是陈太宗所著的两部主要禅学著作，其中《课虚录》更是被称作竹林禅宗派的基本著作之一。陈太宗在这部著作中首次提出"四山"说，认为生老病死乃四座大山，人能求佛学禅，勤行修忏，便可"超苦海，度迷津"，越过四山，解脱轮回。② 在《劝众偈》中，他指出："生老病死，理之常然，欲求解脱，解缚添缠。还而求佛，惑而求禅，禅也不求，杜口忘言。"③

慧忠上士（1230—1291）是继陈太宗之后竹林禅宗派的重要代表人物。慧忠的身世有两种说法：其一，《皇越文选》记载他是兴道王陈国峻次子宁王陈国颡，曾镇守洪路，后回封邑靖安（今广宁境内），自号慧忠上士；其二，《上士行状》一书说他是元圣无感皇太后的兄长，陈太宗封他为兴宁王，任海道太平寨节度使，后参学逍遥禅师，将封邑改为万宁乡，隐居修行。④

慧忠上士并没有进入佛寺修行，而是居家修禅，既不吃斋，也不持戒，却将修德体会汇入《陈朝慧忠上士语录》一书，该书成为竹林禅宗派的基本著作之一。慧忠上士于陈仁宗重兴七年（1291）圆寂，享年 62 岁。后人把他看作越南竹林禅宗派的始祖，因为他的学说对竹林禅宗派的三祖——调御觉皇（即陈仁宗）、法螺大师、玄光大师的禅学思想产生了极大的影响。⑤

陈朝第三代皇帝陈仁宗（1258—1308，1279—1293 年在位）是竹林禅宗派的第一代祖，他自幼笃志佛学，当上皇帝后也不忘记参禅修德，常常是白天处理朝廷事物，夜晚到智福寺研习禅学，以至于后来禅位出家，在安子山花烟寺修行。陈仁宗还拆毁瑶寺，并云游四方，传播禅学，教化弟子千余人。大弟子

① ［越］陶维英译注：《陈太宗御制课虚录》，河内：越南社会科学出版社，1974 年，第 21 页。
② ［越］陶维英译注：《陈太宗御制课虚录》，河内：越南社会科学出版社，1974 年，第 120 页。
③ ［越］陶维英译注：《陈太宗御制课虚录》，河内：越南社会科学出版社，1974 年，第 162—163 页。
④ ［越］陶维英译注：《陈太宗御制课虚录》，河内：越南社会科学出版社，1974 年，第 14 页。
⑤ ［越］陈重金著，何劲松译：《佛教在越南》，《中国东南亚研究会通讯》1988 年第 1—2 期合刊。

为法螺。他在临终前召法螺嘱以后事，赠一偈，表达了他的禅学观念。① 陈仁宗自号"香云大头陀""竹林大士"，人称"调御觉皇"。据《三祖实录》记载，他的著述有《僧伽粹事》《石室魅语》和《大香海印诗集》，卒后，其子陈英宗建慧光金塔舍利，赠谥"大圣陈朝竹林头陀静慧觉皇祖佛"。②

竹林禅宗虽为越南人创立，但继承了草堂禅学，并受唐代禅宗五家之一临济宗的影响。它不重烦琐的宗教礼仪，持戒也不严格，主张坐禅和采取临济宗的"四宾主"师徒问答方式以传道。

法螺（1284—1330），越南海阳人，是竹林禅宗派的第二代祖。1306 年陈仁宗住持报恩寺会，曾经命法螺主讲佛经。1307 年，法螺正式继承竹林禅宗派衣钵。法螺受陈朝三代国王（仁宗、英宗、宪宗）厚待，常出入宫禁，在宫内智福寺讲经。他常讲授《传灯录》《大藏华严经》和《慧忠上士语录》，听众达千人。他创立琼林院，编纂出版多部巨大经书，如《大藏经》《法华经》等，并著有《断策录》，对竹林禅宗派的发展贡献很大，卒后谥号"净光尊者"。③

竹林禅宗派的第三代祖是玄光（1284—1364），俗名李载道，武宁万载乡（今河北嘉良县）人。玄光自幼学儒，学识渊博，以诗文著名，曾考中举人和状元，随陈仁宗至永俨寺听法螺讲经后，请求出家，在法螺处受戒，取法号玄光。他著有《玉鞭集》等书。卒后谥号"竹林禅师第三代特封嗣法玄光尊者"。④

由于竹林禅宗受到陈朝皇室的大力提倡，在 13 世纪至 14 世纪初陈朝时期得到很好的发展。尽管黎朝统治时期独尊儒学，但不少儒生因不满现实常出家皈依，例如，黎朝末年著名儒生吴时仕崇信竹林禅宗，著有《竹林宗旨原声》，

---

① 偈云："一切法不生，一切法不灭，若能如是解，诸佛常现前。"参见 ［越］陈重金：《古代的佛教与今日的佛教》，西贡（今胡志明市）：新越出版社，1952 年，第 46 页。

② ［越］陈重金：《古代的佛教与今日的佛教》，西贡（今胡志明市）：新越出版社，1952 年，第 46 页。

③ ［越］陈重金：《古代的佛教与今日的佛教》，西贡（今胡志明市）：新越出版社，1952 年，第 47—48 页。

④ ［越］陈重金：《古代的佛教与今日的佛教》，西贡（今胡志明市）：新越出版社，1952 年，第 48—49 页。

被称为竹林禅宗派的后代继承人，越南学者称他为竹林禅宗的第四代祖。①

越南在 17 世纪时出现新的竹林禅派——"拙公派"，该派因中国僧人拙公和尚从福建至越南创立而得名。这一派以临济宗为主，同时也受到净土宗的影响。同一时期，越南还出现属于曹洞宗的"水月派"。18 世纪越南北部郑氏的一个儿子在升龙创立莲宗。② 这三派实际上都是竹林禅宗的支派。在顺化以南，禅宗也有传播。17 世纪时，广南有著名禅僧香海。他后来北上，在越南北部修建寺院，译注佛经。

除了禅宗以外，中国的其他佛教教派也影响到越南。其中影响较大的有净土宗和密宗。净土宗的书籍，如《无量寿经》《观无量寿经》《阿弥陀经》《往生论》等，密宗的书籍有《大日经》《金刚经》《苏悉地经》等，它们经常被越南佛教徒念诵修行。历史上越南人对各教派的态度是不一样的。知识阶层一般是崇拜禅宗，平民崇信净土宗和密宗。深奥的、片面的禅学理论不符合群众的要求。甚至知识阶层中的佛学者也受到净土宗和密宗思想的影响。因此可以说，禅、净、密结合的现象是越南佛教思想史中的重要特征。

20 世纪以前越南人还不大了解"唯识宗"，还不知道玄奘和窥基对"唯识宗"经论的注疏工作，人们只知道明代吴承恩所创作的《西游记》小说中的唐僧这一人物形象。除了这些以外，只有知识渊博的人才会读到关于玄奘赴印度求法所编成的《大唐西域记》一书，对玄奘的了解也只限于此，人们对他抱钦佩的态度，可是对他的思想却不甚了了。

这些现象也许是由于中国隋唐时期已经成立的一些佛教宗派，如天台、华严、禅宗等宗派都是主张一切众生都有佛性，都有成佛的可能，受到人们的欢迎和信仰，而玄奘一系的"唯识宗"却有不能成佛的五种性说，与上述这些宗派思想背道而驰。这样的思想不符合人们的心理要求，使得后来人一步一步地把"唯识宗"忘掉了。从宋代以后，在中国的佛教宗派中，"唯识宗"本身影

---

① 谢玉联：《关于禅宗和陈代安子竹林派的几点认识》，载越南《历史研究》1977 年第 3 期。

② 参见［越］文新：《略述越南历史上的佛教》，载越南《历史研究》1975 年第 162 期。

响很小，所以唐末宋初传到越南的中国佛教也不可能有"唯识宗"的思想。[①]

越南禅宗各派的起源和发展与中国禅宗各派的发展、兴衰密不可分。越南佛教与中国相似，除容纳了原始宗教信仰以外，还混合有儒、道的思想成分。18 世纪，越南兴起了佛、道、儒"三教合一运动"，有人专门撰书，宣传"三教同源"（Tam Giao Dong Nguyen）。19 世纪末 20 世纪初，天主教传入后，越南又出现"四教一源说"。后来产生的高台教，则是企图把佛、道、儒和天主教等各种思想信仰糅合起来的新宗教。

应当指出的是，无论从内容上还是从形式上看，除越南南方受到小乘佛教传播的影响外，越南佛教主要是大乘教派的北传佛教，它与中国佛教保持着十分密切的关系。迄今，越南的佛寺、佛塔的装饰也酷似中国寺院，供台上常祭供中国禅宗始祖菩提达摩。我国佛教史研究家认为，近代越南佛教"是中国大乘佛教、儒学和越南民间信仰的混合物，有着它独特的色彩"[②]。

以上，我们主要论述了中国佛教与越南佛教的紧密关系，从中可以得出如下的结论：佛教是 2 世纪末传入越南的，越南佛教主要受到来自中国的北传系统大乘佛教的影响。6 世纪至 9 世纪中国禅宗佛学传入越南后，促进了越南佛教的繁荣和发展。10 世纪中叶后，特别是李朝和陈朝时期佛教实力空前兴盛，对越南社会的政治、经济和思想文化产生了深刻的影响。在越南佛教的传播和禅宗的发展过程中，中国佛教徒和移居越南的高僧起了重要作用，他们在中越文化交流史上留下了深重的脚印，为中越佛教交流谱写了新的篇章。

第三节　佛教在越南的文化影响——以禅宗为例

如前所述，禅宗在越南佛教发展史上占有重要地位。自 6 世纪禅宗首次传入

---

① ［越］阮才书：《20 世纪初越南"佛教振兴运动"中的唯识宗地位》，《佛教研究》1999 年第 8 期。

② 黄心川等编著：《世界三大宗教》，北京：生活·读书·新知三联书店，1979 年，第 126 页。

越南，经过几百年的发展，至李陈王朝时期（1010—1400）达到高峰，不仅出现派别并立、论著迭出的繁盛局面，而且"百姓大半为僧，国内到处皆寺"，形成"佛法宏被大地，信士多习禅宗"① 的社会风气。然而，陈朝末年，佛教内部积弊日久，儒、道两家的影响却日益增加，禅宗逐渐由盛转衰，但它仍一直是越南佛教的主要流派。17 世纪以降，禅宗再次复兴，先后发展出许多新派别，影响遍及整个越南，由于禅宗在越南历史发展过程中所具有的重要地位，以至于越南在政治、经济、文化等方面都深受其影响。在文化方面的影响尤其深远。

一、丰富了越南人传统信仰的内容，在一定程度上改变其道德观念

佛教传入之前，交趾因生产力水平低下等因素，存在着各种原始信仰形态：既有三府道信仰，即认为尘世之外还有天府、水府和阴府三个世界，也有图腾拜物教信仰，如祭山、祭河、祭龙、祭蛇、祭虎、祭鸟、祭榕树、祭磨子等。②

自佛教传入中国后，不仅与中国传统儒学相结合，而且还受到道家神仙方术的强烈影响，它在传入越南后，与越南原有的超现实信仰产生了相互契合的基础。佛教传入越南后，随着禅宗思想的兴起，佛教理论在改变越南社会传统信仰方面发挥了重要作用。

当两汉以后经过不断发展的汉地佛教再次对越南产生影响时，越南佛教也开始渐渐摆脱神学的局限。魏晋以后佛教般若学说陆续传入越南，以"性空假有"为核心的佛教义理探讨，逐步扫除了早期汉地佛教形式化的神秘色彩，将佛教引向了理论发展阶段，南北朝的佛性论再度取代般若学，成为佛教义学的核心问题。禅宗正是在上述二者的基础上，融般若学与佛性论为一体，传播"心性本觉，佛性本有，明心见性，顿悟成佛"的禅宗理论。它实际以非有非无的般若空观来否定宇宙万相的真实性，以涅槃学说中的"泥洹不灭，佛有真我；一切众生，皆有佛性"来肯定佛身常住和所有众生都有佛性，这就以般若学的

---

① ［越］陈文玾撰，黄轶球译：《越南佛教史略（上）》，《东南亚研究》1985 年第 1 期。
② ［越］文新著，梁红奋摘译：《越南历史上的佛教》，《东南亚资料》1982 年第 2 期。

无相之实相贯通了本净之心性，因为众生佛性的存在，使得自心不再是一个可以靠"观"和"修"才能得到的"真心"，而是体现在念念不断而又无所执着之中，此乃与宇宙万法的实相不异不二，体会到这一点也就可以理解本净之人心实则正是佛心，也正是宇宙之实相，破除了人生一切可以执着的东西，而把解脱之源指向人们当下不起任何执着的无念之自心。

越南陈朝仁宗曾经说："一切法不生，一切法不灭，若能如是解，诸佛常现前。"①《陈朝慧忠上士语录》中慧忠上士的《万事如归》也说："从无现有有无通，有有无无毕竟同。烦恼菩提元无二，真如妄念总皆空。身如幻境业如影，心若清风性若蓬。休问生死魔与佛，众生拱北水潮东。"②

上述这些史例都体现了禅宗义理对越南知识分子的巨大影响。禅宗的这种义理使越南的信徒意识到人心与佛性实际一般无二，人的解脱全在于自己，人的生命是唯一的、至高无上的，个人根本不应该成为外界所支配的对象。禅宗学说与自然崇拜的巨大反差，有力地冲击了越南传统信仰和道德观念，为越南社会思想向人本时代过渡注入了强大动力。

二、禅宗发展为禅学作品的产生创造了必要条件

禅宗在越南的发展，使得大量僧人掌握了一定的文化知识，当这些僧人能够熟练运用这些知识的时候，写作便成了顺理成章的事情。尽管禅宗并不主张通过"立文字""教外别传"的方式来传播教义，但是，文字作为传播介质的作用是无法回避的，因此禅宗在越南的传播过程中就产生了大量禅学著作，在客观上丰富了越南的文化遗产。

就禅学作品而言，其中较为著名的有：毗尼多流支译介的《大藏方广总持

---

① ［越］陈重金著，何劲松译：《佛教在越南》，《中国东南亚研究会通讯》1988 年第 1—2 期合刊。

② ［越］陈重金著，何劲松译：《佛教在越南》，《中国东南亚研究会通讯》1988 年第 1—2 期合刊。

经》、其第十代弟子法顺禅师的《菩萨号忏悔文》、第十八代弟子圆通禅师的《诸佛迹缘事》30 卷、《洪钟文碑记》及《僧家杂录》50 卷。① 无言通派第七代禅师圆照所撰《药师十二愿文》《赞圆觉经》《十二菩萨行修证道场》《参徒显决》，第九代禅师辨才的《照对录》，第十二代禅师常照的《南宗嗣法图》。② 竹林派陈太宗的《课虚录》《禅宗指南歌》，慧忠上士的《陈朝慧忠上士语录》，以及反映该派思想的《三祖实录》《见性成佛》《禅苑集英语录》等书；后黎朝时期吴时仕的《竹林宗旨原声》等，均是其中的传世之作。

禅宗在越南的传播是与越南字喃的发展相伴而生并同时进行的。因此，除上述禅学作品外，还出现了大量佛教字喃作品。14 世纪出现的《禅宗本行》一书中的四首赋《居尘乐道》《得趣林间》《咏花烟寺》《教子赋》，是越南现存最完整、最早的禅宗字喃作品。1840—1861 年间，越南还曾刊刻有一批被译为字喃的佛经作品，如《金刚经》《弥山大师发愿》《弥陀经》《云梯发愿》《沙弥疏》《护法论》《禅林宝训》《大唐慈恩出家箴》《传灯佛祖》《佛祖统纪古版梵夹五十四卷金微方册》《佛祖对联》等③，这些著作不仅是禅宗也是佛教留给越南的一笔宝贵财富，遗憾的是其中大量作品在流传过程中已经亡佚，但它们在越南思想发展史中所发挥的重要作用却是不应被忽略的。

三、禅宗的发展推动了越南诗歌创作的日趋繁荣

在越南的禅宗作品中，有一个特殊的种类：禅诗。"禅诗"是禅师们表达内心感受和体验的最好方式，这些禅诗追求对宇宙人心的解悟，旨在达到一种意在言外、不可言传的幽远意境，作者在其中不仅能够求得自我解脱，而且也将对自然的亲切感情融汇其中，抒发了淡泊无为、寂寥闲适的思想寄托。

在越南的佛教发展史上，禅诗的创作有其自身的特点：不仅参与者众多，

① ［越］陈文玾撰，黄轶球译：《越南佛教史略（中）》，《东南亚研究》1985 年第 2 期。
② ［越］陈文玾撰，黄轶球译：《越南佛教史略（下）》，《东南亚研究》1985 年第 3 期。
③ 施维国：《字喃与越南佛教》，《东南亚纵横》1991 年第 1 期。

上至君王下到普通僧众都有参与，而且作品的质量也很高。在越南的汉诗总集中，如潘孚先的《越音诗集》、杨德颜的《诗家精选》、黎贵惇的《全越诗录》、裴存庵（裴辉璧）的《皇越诗选》都曾收录过大量的禅诗。虽然有些作品历经战乱多有丧失，但还是有不少佳作得以流传至今，比如陈朝仁宗皇帝的五言诗《登宝山台》就是难得的作品："地僻台逾古，时来春未深。云山相远近，花径半晴阴。万事水流水，百年心语心。依栏横玉笛，明月满胸襟。"① 该诗不仅体现了陈仁宗个人清净虚空的恬然心境，更寄托了随缘任运、寂静无为的哲理禅思，可谓意味深长。他的另一首七言《山房漫兴》也别有韵味："谁缚更将求解脱，不凡何必觅神仙。猿闲马倦人应老，依旧云庄一榻眠。是非言逐朝花落，名利心随夜雨寒。花尽雨晴山寂寂，一声啼鸟又春残。"② 与陈仁宗同时代的玄光禅师也有一首七言绝句《菊花》，常为后人称道："忘身忘事已都忘，坐久萧然一榻凉。岁晚山中无历日，菊花开处即重阳。"③ 有处还无的味道从诗中淡然而出。

禅诗不仅可以用来表达个人的心境体验和禅理禅趣，还具有很强的社会教化功能。它们常常将深刻的道理以诗歌偈语的形式表达出来，以教化世人。比如，灭喜禅宗派的道行与智玄就有两首十分有名的对诗，道行向智玄问真心："久混凡尘未识金，不知何处是真心？愿谁指教开方便，便见菩提断苦寻。"智玄答曰："五音秘诀演真金，个中满月露禅心。河沙更是菩提道，拟向菩提隔万寻。"④ 灭喜派的万行禅师也有一首无题诗劝诫意味十足："身如电影有还无，万木春荣秋又枯。任运盛衰无怖畏，盛衰如露草头铺。"⑤

①　黄轶球辑：《越南汉诗略·卷上》（初稿）第二卷《陈仁宗》，广东师范学院中文系印行，1959年9月。
②　黄轶球辑：《越南汉诗略·卷上》（初稿）第二卷《陈仁宗》，广东师范学院中文系印行，1959年9月。
③　黄轶球辑：《越南汉诗略·卷上》（初稿）第二卷《僧玄光》，广东师范学院中文系印行，1959年9月。
④　戴可来、杨保筠校注：《岭南摭怪等史料三种》之《徐道行、阮明空传》，郑州：中州古籍出版社，1991年，第39页。
⑤　黄轶球辑：《越南汉诗略·卷上》（初稿）第一卷《万行和尚》，广东师范学院中文系印行，1959年9月。

　　据《安南志略》记载："安忠王，李氏宗室也。……安忠舟行，夜泊桥下。闻歌者［曰］：'［雨凄凄］而风冷冷，［禅］衣无着常耿耿，时光迅速老催人，百事无成谁复省。'乃豁然顿悟，弃家修学成道。"①

　　在越南文学发展史上，以禅僧为对象的文学创作和禅僧创作的文学作品占有极为重要的位置，丰富了越南古代文化的内涵。

　　李太宗曾经作过一首《赞毗尼多流支禅师》的诗："教自来南国，闻君久习禅。应开诸佛信，远合一心源。皎皎楞伽月，芬芬般若莲。何时临面见，相与适重玄。"② 李仁宗（1072—1127 年在位）时工部尚书殷文钦也有一首《挽广信禅师》的诗："林峦白首遁京城，拂袖高山远更馨。几愿净巾趋丈席，忽闻遗履掩禅关。斋堂幽鸟空啼月，墓塔谁人为作铭。道侣不须伤永别，院前山水是真形。"③ 李陈王朝是越南禅宗发展的鼎盛时期，不仅涌现出许多精通禅理的高僧大德，而且其中一些僧人在政治上还曾权倾一时，影响极广，所以许多禅僧也就成为这一时期文学作品竞相颂咏的对象。

　　除诗歌外，一些笔记小说作品也对禅僧有不少描写。越南后黎朝人武琼和乔富在前人基础上修订了《岭南摭怪》一书，书中就专门撰写有《徐道行、阮明空传》和《杨空路、阮觉海传》，而越南文学家阮攸（1765—1820）创作的著名古典小说《金云翘传》，其中对佛教僧侣也有深刻的描写。

　　禅宗在越南历史上的传播与文化影响，不仅见证了中越两国文化的交流与融合，而且进一步说明了禅宗思想在越南社会文化生活中的重要地位，这一切无疑为我们了解越南传统文化的发展、转变及其内涵提供了重要的视角，也为我们进一步了解越南在吸收外来文化方面的独特过程提供了重要例证。

---

　　① ［越］黎崱著，武尚清点校：《安南志略》卷十五《人物》，北京：中华书局，2000 年，第 349 页。

　　② 黄轶球辑：《越南汉诗略·卷上》（初稿）第一卷《李太宗》，广东师范学院中文系印行，1959 年 9 月。

　　③ 黄轶球辑：《越南汉诗略·卷上》（初稿）第一卷《李太宗》，广东师范学院中文系印行，1959 年 9 月。

第七章
中国史学对越南的影响

梁启超先生在他的《中国历史研究法》中曾经说过："中国于各种学问中，惟史学为最发达。史学在世界各国中，惟中国为最发达。"① 中国的文化遗产中，史学是最为人称道、最为辉煌的部分。

作为与中国有着长期而紧密联系的邻居——越南，其所受中国史学的影响当然也是相当深远的。

第一节　越南史学对中国史学的体认

中国史学作为中国文化的重要组成部分，对东亚各邻国史学的发展影响很大，而越南曾经受中国中央政府的直接统治达千余年之久，此后又长期与中国保持宗藩关系，中国的史学很自然地会对越南史学产生巨大的影响。

历史上，中国历史典籍曾经源源不断地传入越南。仅明朝时期中国输入越南的历史书籍就有少微史、《资治通鉴》、《东莱》史、《唐书》、《汉书》、《三国

---

① 见梁启超：《中国历史研究法》第二章《过去之中国史学界》，上海：上海人民出版社，2014年，第 13 页。

志》、二史纲目，以及天文地理、诸佛经杂传，等等。[①]

在中国史学的影响下，越南陈朝开始成立国史院，任命史臣撰写、记载历代历史。1272 年，越南陈朝陈太宗时的翰林院侍读、兵部尚书、著名历史学家黎文休（1230—1322）仿照我国司马迁《史记》的体例，撰写《大越史记》一书，共计 30 卷。遗憾的是，此书已经失传，仅有一些评论收入黎朝吴士连编撰的《大越史记全书》中。

黎朝时期，潘孚先在黎仁宗时奉诏编撰国史，接续《大越史记》的内容，内容起讫为陈太宗时期到明军撤出越南。黎圣宗时期，史学家吴士连在黎文休和潘孚先已有的基础上编撰了《大越史记》，后经过他人修订，方才定名为《大越史记全书》，成为越南历史上最重要的历史典籍之一。

在这部书中，作者黎文休和吴士连还模仿《史记》，在叙事之后有"太史公曰"的评论，也分别写下"黎文休曰""史臣吴士连曰"。孔子的"唯名与器，不可以假人"的正名思想，通过"一字之褒，荣于华衮；一字之贬，严于斧钺"的笔法而得到体现。《大越史记全书》正是接受了孔子的正名思想和褒贬书法的影响，因而带有浓厚的儒家正统思想的色彩。在编史的方法上，司马迁所创造的"纪传体"，在《大越史记全书》一书中也被采用。由此可见中越两国史学的共同渊源。《大越史记全书》实为越南早期史学著述的代表作。不言而喻，无论是史学思想或者是编史方法，越南史学都受到中国史学的深刻影响。

孔子作《春秋》，而乱臣贼子惧。在封建时代，作为一个史家，其职责就是要对篡逆者口诛笔伐，对正统地位的统治者不遗余力地赞扬美化。黎文休和吴士连与司马迁、班固等人一样，先后接受了孔子的这一史学思想。吴士连在黎

---

① 明人严从简在其《殊域周咨录》卷六（中华书局 1993 年版，第 238—239 页）中提到当时交趾汉籍为数众多，并做了如下统计："如儒书则少微史、《资治通鉴》史、《东莱》史、五经、四书、胡氏、《左传》、《性理》、《氏族》、《韵府》、《玉篇》、《翰墨》、《类聚》、韩柳集、《诗学大成》、《唐书》、《汉书》、古文四均、四道、《源流》、《鼓吹》、《增韵》、《广韵》、《洪武正韵》、《三国志》、《武经》、《黄石公》、《素书》、《武侯将苑百což》、《文选》、《文萃》、《文献》、二史纲目、《贞观政要》、《毕用清钱》、《中舟万选》、《太公家教》、《明心宝鉴》、《剪灯新余话》等书。若其天文、地理、历法、相书、算命、占择、卜筮、算法、篆隶、家医药诸书，并禅林、道录、金刚、玉枢诸佛经杂传并有之。"全文较长，杨天宇师审阅此章内容时，查证原文，特录于此，并致谢忱。

圣宗洪德十年（1479）所上《拟进〈大越史记全书〉表》中曾经明确揭示这一主张。他说："必善恶具形褒贬，始足示于劝惩，必翰墨久役心神，方可观于著述。"他又说："效马史之编年，第惭补缀；法麟经之比事，敢望谨严。"① 可见他是以马史、麟经为其修史的蓝本的。

此后，武琼著《大越通鉴》共 26 卷。黎嵩辑之，定名为《越鉴通考总论》。黎贵惇著《黎朝通史》，共 30 卷。

阮朝国史馆总裁潘清简等编纂《钦定越史通鉴纲目》，凡 53 卷；总裁张登桂等编纂《大南实录》，洋洋巨著，凡 584 卷，其中涉及中国明清史料甚多。这两部史书，不仅是卷帙浩繁，且编纂方法与体例均较前代有所改进，史料价值与文献价值俱高，可谓后来居上。

地方志是我国特有的一种典籍，它由古代图经发展而成，也可以说是历史学和地理学的综合，同时也是对我国史学强有力的补充。清代地方志的编纂，对越南历史学的影响也很大。

郑怀德所著《嘉定通志》、黎光定所著《一统地舆志》、高春育所著《大南一统志》、潘辉注所著《历朝宪章类志》等是越南影响较大的地方志书。它们有的记载文献，有的记载逸事，有的讲述地理，内容丰富，涉及面广。

其中，《嘉定通志》是一部记述嘉定城开拓经过的重要著作，它详细地记述了南圻②各个地方的建制、疆域、风土人情、土产及城市概貌等，对于越南南部的建制沿革和华侨、华人事迹的记述尤为详尽，文献价值甚高。自阮朝明命皇帝以后，欲到越南南圻担任官员的人士，在赴任之前一定要先读此书，可见它的重要性。这部著作还成为今天中国学者研究在越南的华侨、华人情况的重要参考书。它的另外一个特点就是打破传统的记录历史的方法，广泛地收集材料，对那些名不见经传的小人物的事迹也记录在案，从而为后人留下了一幅全景式的越南南方社会的画卷。它还成为越南阮朝新编《大南实录》《大南列传》以及《大南一统志》的重要资料来源。而《大南一统志》则是一部关于越南北

① 《大越史记全书》卷首《拟进〈大越史记全书〉表》，第 57 页。
② 即今越南南部，越南历史上曾经划分为三个部分，即北圻、中圻和南圻。

部、中部、南部各省的地方志，分为方位分野、建制沿革、府县、地势、气候、风俗、城池、学校、户口、田赋、山川、驿站、铺市、寺庙、寺观、人物、土产等门目，内容丰赡，叙述周详，体例严谨，是越南地理学的一大收获。此书体例完全仿照清朝乾隆年间编纂的《大清一统志》。

第二节　中国史学对越南史学的影响

中国史学对越南史学的影响，可以概括为以下几个方面。

第一，在中国传统史学中，"寓褒贬，劝善惩恶"和"为尊者讳，为亲者讳"的思想最为重要，越南历代史学家亦将此奉为圭臬。

古代越南史学家承继了中国史学家的"正统思想"，且以为顺乎儒家思想就是"善"，否则就是"恶"，好恶相当分明。如吴士连在《大越史记全书·本纪》卷六《陈纪》中的记述，观点就相当明确："韶阳公主闻太宗崩，长号而逝；黎氏闻夫死，不食而卒；媚醯夫人义不二事，投水卒；吴免妻阮氏不负夫道，亦投水从夫。此数人者，纯孝贞一之行，世不常有，宜乎时君褒之。"[1]

而对于历代帝王、朝臣的功过得失，越南史学家也多加以褒贬，以为后人提供借鉴。如对黎朝太宗皇帝最初的文治武功就给予很高的评价："帝雄才大略，……真可谓英雄之主也。"但是对于他后来因为贪恋女色，猥亵开国功臣阮廌之妻阮氏路而暴病身亡，同时阮廌也遭到满门抄斩的结局，《大越史记全书》的作者贬之曰："女色之为人害也甚矣，阮氏路一妇人耳，太宗嬖之而身崩，阮廌娶之而族灭，可不戒哉？"[2]

范公著在他的《大越史记续编书》中说道："国史何为而作也？盖史以记事为主，有一代之治，必有一代之史；而史之载笔，持论甚严，如黼黻至治，与日月而并明。铁钺乱贼，与秋霜而俱厉，善者知可以为法，恶者知可以为戒，

---

[1] 《大越史记全书·本纪》卷六《陈纪》，第 375 页。

[2] 《大越史记全书·本纪》卷十一《黎纪》，第 607—608 页。

关系治体，不为不多，故有为而作也。"①

《钦定越史通鉴纲目》卷首《嗣德帝谕旨》也说："史者，域中至大之事。考古修史，鉴戒关焉，劝惩寓焉，义例须精而当，笔削须严而公……发凡起例，提纲分目，著遵前谕，一据紫阳纲目书法。"

第二，中国传统的史学"正名"思想，别内外、辨华夷思想对越南的史书编纂影响很大。

《大越史记全书》的写法，也像中国史书那样，分为"外纪"和"本纪"。《钦定越史通鉴纲目》在卷首开宗明义地指出："修史之事，莫大于明正统。"对于正统者，他们不惜笔墨，大加赞赏，而对于那些非正统者则视之为奸邪。比如对以外戚身份篡位的胡朝皇帝胡季犛，就认为他名不正、言不顺，不仅不予立"纪"，还对之口诛笔伐，称其为"恶贯满盈的奸臣逆贼"。吴士连写道："季犛至是罪恶贯盈矣，陈沆先期……苟能临机而断，声以弑君之罪，并可永诛之，则名正言顺而事济矣，惜其犹豫慑怯，以取败也。"② 此外，越南史学有时候为了"明正统"，不惜采取否认历史史实的做法，比如，对于从 1407 年至 1427 年间长达 20 年的"属明时期"，《钦定越史通鉴纲目》却只愿意承认其中的 4 年。

历史上，越南人自称"中国"，对外国（包括中国在内）则称"夷""胡"等，以示自己的正统。

《大越史记全书·本纪》卷六《陈纪》"英宗兴隆八年（1300）八月"条记载陈英宗给各位将领的檄文："汝等坐视主辱，曾不为忧，身尝国耻，曾不为愧，为中国之将，侍立夷酋，而无忿心！"③ 这里将越南说成是"中国"，反而将中国说成是"夷"了。

对于其他的邻邦，越南史书也常常自居为"华"或"中国"，而视那些落后民族为"夷"或"蛮"，并自夸"统御华夷"。《大越史记全书·本纪》卷十

---

① 《大越史记全书》卷首《大越史记续编书》，第 59 页。
② 《大越史记全书·本纪》卷八《陈纪》，第 476 页。
③ 《大越史记全书·本纪》卷六《陈纪》，第 381 页。

二《黎纪》黎圣宗洪德元年（1470）十一月亲征占城的诏书说："自古夷狄为患中国①，故圣王孤矢以威天下……南陲见豕负涂，不待七旬之格。"② 同书卷十三《黎纪》记载，洪德十年（1479）六月征盆蛮的诏书说："我国家混一区宇，统御华夷……盆贼琴公，介居裔服……野性难驯。"③ 同年七月征哀牢的诏书则记载："朕丕绳祖武，光御洪图，莅中夏，抚外夷……惟此老挝，界居西徼……实宗社万世之仇。"④

即便是对待西方国家的人士，越南史书也以"夷"视之。《大南实录·正编》卷二十四记载越南阮朝嘉隆三年（1805）六月的一条史实："红毛遣使献方物，表求通商，又请国人于沱㶞，往来商贾。帝曰：'先王经理天下，夏不杂夷，此诚防微杜渐之意也。红毛人狡而诈，非我族类，其心必异，不可听其居留，厚赐遣之。'"

第三，像中国史书一样，越南的史书中为了某种避讳，也会常常使用一些异体字。

比如，《大越史记全书》中就有把"逃"字写成"迯"字，把"怪"写成"恠"字。对此，信息工程大学谭志词教授的解释是："越南文人在接受中国文化过程中求异心理作祟的结果。他们故意用一些与标准汉字不同的字，以满足独立于中国的自尊心。这种现象是越南民族独立意识的一种体现。"⑤ 除了为跟中国区别开来的文化求异心理在作祟，还有一大部分原因则是为了避讳当时皇帝的名或者字，比如，将"时"字写作"辰"或"寺"，将"皎"写作"交"，将"源"字写作"原"，等等，是越南史学接受中国传统史学中"为尊者、亲者避名讳"思想影响的具体表征。

中国史学对越南史学的影响是如此之大，以至于到了越南阮朝的明命时期（1820—1840），越南文人达到了"矫枉过正"的地步，越南文人学士很少过问

---

① 此处实指越南，而非我们所指"中国"的概念。——作者注
② 《大越史记全书·本纪》卷十二《黎纪》，第681页。
③ 《大越史记全书·本纪》卷十三《黎纪》，第707页。
④ 《大越史记全书·本纪》卷十三《黎纪》，第708页。
⑤ 谭志词：《中越语言文化关系》，广州：世界图书出版广东有限公司，2014年，第184页。

本国的历史，却对中国的历史重视有加，"故士之读书为文，惟知有北朝①之史，本国之史鲜或过而问焉"，连朝廷也"不遽以越史教学取士"。②

第四，越南史学除了借鉴中国的作史方法，也在一定程度上有创新和发展。

黎贵惇（1726—1784）是黎朝末年的一位伟大人物，在哲学、历史、文学、天文学、地理学、农学等方面均可称为专家，是越南历史上少有的百科全书式的人物。他的著述多达 50 种，其中《黎朝通史》是纪传体史书，《抚边杂录》是近似方志的著作。他重视史学，提出了"经之学困难，而史之学为尤难"的观点。越南学者认为，"在越南封建时期，没有任何人像黎贵惇那样著述丰富"③。

《大南实录》是阮朝国史馆编修的正史，共计 584 卷，以嘉隆帝为分界线，分为前编与后编，是一部庞大的官修史书。

《钦定越史通鉴纲目》以中国朱熹所著《通鉴纲目》为蓝本，叙述上起雄王，下至黎朝昭统帝三年（1789）的历史，"举要删繁……编成五十三卷，远者略而近者详，事括四千余年"④，以明"政治之得失，人物之贤否，疆域之沿革，制度之兴废"⑤。这是越南古代最为完整的一部按编年叙事的官修通史。

潘辉注（1782—1840）所著《历朝宪章类志》，堪称越南的"通典"，该书所载事迹"上至邃古下至黎朝末"，共计 10 志，49 卷。其内容以记历朝典章为主，涵盖了"舆地志""人物志""官职志""礼仪志""科目（科举）志""国用（经济）志""刑律志""兵制志""文籍志""邦交志"等，为 19 世纪之前的越南政治、经济、地理、刑律、外交等各方面的"百科全书"，极具学术价值。

此外，阮朝还有一些有价值的史地著作，如张国用在嗣德年间（1848—1883）完成的《退食记闻》，分为《封域志》《制度志》《人品志》3 卷，保存

---

① 此处指中国。——作者注
② ［越］潘清简等：《钦定越史通鉴纲目·卷首》。
③ 于向东：《黎贵惇的著述及其学术思想》，《东南亚研究》1991 年第 3 期。
④ ［越］潘清简等：《钦定越史通鉴纲目·进表》。
⑤ ［越］潘清简等：《钦定越史通鉴纲目·卷首》。

了不少各史书中均没有记载的宝贵史料。阮通的《越史纲鉴考略》、潘叔直的《国史遗编》等也是值得注意的历史学著作。

综览越南自陈朝起，迄阮朝止史学发展、史书编纂的过程，如果说陈朝是开拓时期或草创时期，那么，后黎朝则是全盛时期或定鼎奠基时期，最后的王朝阮朝则是集大成时期或总结收获时期。无论是从史学家的素质（史识、史才、史德）、史学著作的水平（编纂方法、体例、文字功力等）来看，一代胜似一代，字里行间可以明显地看到中国史学家及其著作对越南史学家及其著作潜移默化的影响。

谭志词先生认为："概言之，越南传统史学渊源于中国，个中小'异'，间而存焉，如《大越史记全书》虽效《史记》《资治通鉴》，却无'纪、传、志、表'之分类等。如此，越南传统史学亦可谓之'汉越史学'也。"[1] 这应该是对越南史学十分准确到位的总结。

第三节　黎贵惇：中国史学对越南影响的一个范例

一、黎贵惇其人及其史学著作

黎贵惇（Le Quy Don，1726—1784），字尹厚，号桂堂，山南镇沿河县（今越南太平省兴河县）人，曾经两次代表黎朝政府出使中国。著有《易经层说》《春秋略证》《北使通录》《抚边杂录》《黎朝通史》等，是越南后黎朝末期南阮北郑分裂割据时代著名的史学家、哲学家和政治家。黎贵惇在哲学、史学等领域均有很深的造诣，在越南学术史、思想史上均占有重要的一席之地。

黎贵惇曾经在越南后黎朝明都王郑楹、靖都王郑森和端南王郑楷执政时期

---

① 谭志词：《中越语言文化关系》，广州：世界图书出版广东有限公司，2014 年，第 184 页。

担任过国史馆总裁，负责越南国史的编纂、整理。晚年，入侍陪从，身居相位。多有上疏，倡言改革，"怀抱大志，要像王安石那样，为越南社会提出一个新的纪纲，规定每个人的义务，同时又保护每个人的权利"①。

黎贵惇一生博览群书，著述宏富。他的学生裴存庵称赞他"聪明冠世，博及群书，能著述为文章，足以行世而传后，我国一二百年乃有一人"②。

吴时仕是越南历史上又一个著名的历史学家，以文采显名于世。他的评价较为客观、公正一些，他称黎贵惇"以文章冠世，三元及第，名重两国，卓然为斯文领袖"③。现代越南史家文新认为，"在越南封建时期，没有任何人像黎贵惇那样著述丰富。著书立说犹如黎贵惇的人生目的"④。

中国学者对于这位越南学者，也是赞誉有加。著名越南历史研究专家、北京大学教授陈玉龙先生这样评价他："后黎末叶，更有黎贵惇，博学多才，著作丰赡，振文风，兴改革，曾以其异乎寻常的敏锐的记忆和智力而蜚声士林，有'越南王安石'之称。"⑤

据越南学者的考订，约有 50 部著作应是黎贵惇所作。⑥ 但是，据郑州大学教授于向东先生考证，"至少有 14 部确为黎氏作品"。⑦

现将黎贵惇众多的著述中与历史有关的两部介绍如下，以期通过这"一斑"，得窥中国史学对越南史学影响之"全豹"。

第一，《抚边杂录》，六卷，是一部记载广南阮氏割据政权统治状况的近似于方志的著作。黎贵惇于 1776 年 2 月至 8 月出任顺化府协镇，在任期间，辑录各种资料，纂成此书。该书著录了广南国时期政治、经济、文化、地理等方面的大量史料，是研究黎朝后期、阮氏割据时期和阮朝统一初期历史的重要史籍。

① ［越］文新：《简论黎贵惇——越南封建时代的博学之士》，越南《历史研究》1963 年第 4 期。
② ［越］裴存庵：《桂堂先生成服礼门生设奠祭文》，载《皇越文选》卷四。
③ 《抚边杂录》吴时仕跋。
④ ［越］文新：《简论黎贵惇——越南封建时代的博学之士》，越南《历史研究》1963 年第 4 期。
⑤ 陈玉龙：《中国和越南、柬埔寨、老挝文化交流》，载周一良主编《中外文化交流史》，郑州：河南人民出版社，1987 年，第 701 页。
⑥ 越南社会科学委员会编著：《越南历史》（第一集），北京：人民出版社，1977 年，第 490 页。
⑦ 于向东：《黎贵惇的著述及其学术思想》，《东南亚研究》1991 年第 3 期。

该书一直以抄本流传，曾对黎末和阮朝时期的一些史地著作产生了很大影响。20 世纪六七十年代，南越和北越曾多次出版该书的越文译本。①

第二，《黎朝通史》，三十卷，又作《大越通史》。黎贵惇景兴十年（1749）自序云，其书仿《魏书》《晋书》《隋书》体例，"事类相从，区别条贯，兼附己意，论赞叙述"，其中诸志"准《宋史》区别事类"。②该书按照纪、传、志的体例编写，为越南第一部纪传体史书，其凡例云："今撰史，据太祖高皇帝以至恭皇为本纪。"③其黎太祖纪，起于黎利蓝山举义，止于太祖顺天六年（1433）。传、志流传的有《逆臣莫氏传》及《艺文志》等。

二、从黎贵惇看中国史学思想的影响

郑州大学教授于向东先生认为："应该说，黎贵惇首先是一个史学家，其次才是一个哲学家。"④

透过黎贵惇的著述，尤其是其中的历史学著作，可以较为清晰地看出中国史学思想在越南影响的痕迹，对于认识越南历史及其古代文化发展、中越文化交流，都具有一定意义。

客观地说，越南古代史学起步较晚，发展水平较低。自陈朝才有官私编纂史籍，流传于后世。黎朝和阮朝是越南史学的迅速发展时期，史家的史观、史才，史书的编纂方法和体例大都移植自中国，且变得更为简略。但应该看到，黎贵惇的史学思想较为丰富，史学实践较为深入，在越南古代史学史上占有突出的地位，具有重要影响。

---

① 参见于向东：《〈抚边杂录〉的成书、体例及抄本流传》，《东南亚学刊》1989 年试刊号；《〈抚边杂录〉的内容及其史料价值》，《中国东南亚研究会通讯》1988 年 1—2 期合刊；《试论〈抚边杂录〉与几种史籍之间的因袭关系》，《印度支那》1988 年第 4 期；《〈抚边杂录〉与所谓"黄沙""长沙"问题》（与戴可来合写），《国际问题研究》1989 年第 3 期。

② ［越］陈文玾：《汉喃书籍考》，越南国家图书馆，1970 年，第 104 页。

③ ［越］陈文玾：《汉喃书籍考》，越南国家图书馆，1970 年，第 111 页。

④ 于向东：《黎贵惇》，载黄心川主编《东方著名哲学家评传：越南卷 犹太卷》，济南：山东人民出版社，2000 年，第 203 页。

（一）汲取中国史学的合理营养成分，为"我"所用

黎贵惇不仅是一个勤奋读书著述的学者，还是一个有思想、有观点的史家。在编纂《黎朝通史》的过程中，黎贵惇比较集中地表述了自己的史学思想。其一，史难于经，经"死"史"活"。他认为"经"虽然比"史"深奥，但是五经之类于汉唐时已经注疏略备，至宋元又有名家分章析句，标类训义，其中精奥已经是发摘无遗，一览便知。但史则不然，历史是发展变化的，千百年来，事变不同，记录各异，钻研史书、注释解说者不多，能够有所起莘发明者，更为罕见，使后人难以从中见到规律性的东西。所以他说"经之学困难，而史之学为尤难"。黎贵惇能够提出经"死"史"活"的思想，实际上他已经多少认识到历史是一个不断发展变化的客观过程，而史学则是经过了史家主观加工的产物，以至于一代有一代之史。正所谓"事变不同，记录各异"。历史学中的主、客观属性，是几百年来东西方史家一直在探讨的一个重大课题，而黎贵惇已经涉及了这一问题。

（二）注重"史""志"有机结合

修史以志为难。此处所言"志"者，并非方志，而是纪传体史书中的专志。司马迁修《史记》，已有八书难作的感叹。《史记》中的"书"，演变为后来诸史中的"志"，如"食货志""职官志"等，成为记载典章制度的主要体裁。撰志首先要区别条目，以求事类分明，源流演变清晰明了。还要将丰富的史实和发展变化总以大略，以简概全，体现出"详赡"的特点。如此，史家非居高临下则不能驾驭全盘。黎贵惇也感叹道："修史之难，无过于志。"他认为《宋史》之"志"较为完善，故作《黎朝通史》诸志。黎贵惇这种修史以"志"为难的看法，可以较为容易地在中国古代著述中找到原型。马端临在《文献通考》自序中云："昔江淹有言：'修史之难，无出于志。'诚以志者，宪章之所系，非老于典故者不能为也。"马端临的著作，黎贵惇是较为熟悉的。由此我们看到，黎贵惇的观点显然受到了中国传统史学的影响，其文字表述，甚至可能是直接

转引了中国史著中的某些论断。

（三）做史力求"全"

越南古代的史书，在很长的时期内，仅有编年一体。黎贵惇认为，编年体史书，简洁雅正，但哲王良辅、卓行嘉言皆暗而不彰，酷吏奸臣之情状也得以自掩。内而法度之兴废，如选举、官制、兵政、国用、征榷、钱币之类；外而邦交之好恶，如北朝使聘、占牢贡献、往复文辞、赐遗数目、征占盆、讨老挝；以及礼乐沿革、天地灾异、车驾行幸、后妃太子册立、诏令奏疏、文武官员之差行迁补，等等，具在当书之列，然旧史所载，"十不及一"。因此，他提出，"作史之法，所贵概括无遗"，以使人披卷之余，即可见史之端倪本末。正是基于这种思想认识，黎贵惇引进中国史书编纂中的纪传体，仿《魏书》《晋书》《隋书》《宋史》例，置纪、传、志诸体，编撰了《黎朝通史》。从黎贵惇所列举众多史书的内容上看，旧史并非没有注意到，只是著录量较少，黎贵惇所说的"全"，并无创见，而且有其局限性，主要是从封建统治的政治需要来选择著录和评价史实的。

（四）追求史学的实用

同中国古代众多的史家一样，黎贵惇也具有作史以致用的思想。中国古代史学在萌发阶段已经产生了以史垂鉴戒的观念，《尚书·召诰》中即有"不可不监于有夏，亦不可不监于有殷"的"夏鉴""殷鉴"之说。两汉以降的史家对此方面的论述更多。黎贵惇也在很多地方表述了作史以致用的认识，认为修史就是要使后人能够从中看到"治乱兴衰之迹"，恶有所贬，善有所褒，使人们有所鉴戒，使统治者永享"天命"。

黎贵惇在接受中国古代史学思想的基础上，结合越南古代史学发展的实际状况，提出了一些理论见解，在理论和实践上丰富和发展了越南古代史学，也为我们提供了一个较好的中国史学对越南史学影响的范本。

第八章
中国古代科学技术在越南的传播和影响

第一节　中国古代农业文化对越南的影响

一、发达的中国古代农业

中国自古就是一个农业大国，有关农业的科学技术十分发达。中华民族很早就发明了水稻的栽培技术。西汉大史学家司马迁在《史记·夏本纪》中说："令益予众庶稻，可种卑湿。"可知中国栽培水稻的历史之久远。

悠久的农业种植历史，必然会在实践中积累下来丰富的经验和技术。《诗·小雅·甫田》说"或耘或耔"，《周礼·地官·草人》中提到"草人"土化的方法，这些早期的记载，均可证明中国很早就已经掌握耕耘、培土和施肥等农业技术。

中国古代先民对于水利的认知和利用的历史也相当悠久。甲骨文中的"甽"字就是"田边水沟"的意思，可知先民们对于水利有了明确的概念。孔子曾经赞颂治理水利有功的大禹"尽力乎沟洫"。

对于马钧发明的水车，宋代高丞在其所著《事物纪原·农业陶渔部》"水车"条中说："《魏略》曰：马钧居京都，城内有地可为园，无水以灌之，乃作翻车，令童儿转之而灌水自覆。今田家有水车，天旱时引水溉田者，即此器也。"

中国古代的农具制作也很发达。仰韶文化时期各地就有石斧、石锛、石刀等农具出土，龙山文化时期有石庖刀、石镰、蚌镰、骨铲等农具出土，殷商晚期遗址安阳大司空村有青铜铲出土，春秋末期长沙楚墓有小铁铲出土，至战国晚期，七雄全地域有无数铁制农具出土。另据文献记载，耒耜的出处更是久远，甲骨文中就有耒形字甚多。《管子·轻重乙》说："一农之事，必有一耜、一铫、一镰、一耨、一椎、一铚。"说明中国古代的农具发明得早，样式亦多，而且随着生产技术的不断提高，也在逐步进行改良。

中国古代农业进步的另外一个标志是牛耕的利用，至少在春秋时期"确已流行"[①]。

农业书籍的刊布在很大程度上加快了农业技术的流传和共同提高与进步。秦时吕不韦及其门客所撰《吕氏春秋》中的《上农》《任地》《辩土》《审时》等篇，汉代氾胜之的《氾胜之书》，北魏贾思勰的《齐民要术》，唐末或五代初期韩鄂撰《四时纂要》，宋代陈旉的《农书》，元朝大司农司编撰《农桑辑要》，明朝徐光启所著《农政全书》等都是历代有关农业的著名书籍。其中尤以贾思勰的《齐民要术》对后世的影响最大。

上述这些技术和书籍不仅为中国古代的农业发展做出了贡献，而且对周边国家如日本、朝鲜和越南等也产生了重要影响。

二、中国古代农业在越南的传播

骆越是历史上越南人的祖先和主体民族。上古时期其农业技术较中原地区落后。据《水经注》卷三七"叶榆河"条引《交州外域记》的记载："交趾昔

---

① 朱云影：《中国文化对日韩越的影响》，桂林：广西师范大学出版社，2007年，第308页。

未有郡县之时，土地有雒田，其田从潮水上下，民垦食其田，因名为雒民，设雒王、雒侯，主诸郡县。"《南越志》也说："交阯之地，颇为膏腴，徙民居之，始知播植。厥土维黑壤，厥土维雄，故今称其田曰雄田，其民为雄民，有君长亦曰雄王，按此或即所谓雒雄氏欤？"①

当时的越南地区，尚处于原始社会的氏族公社阶段，农业生产相当落后，农业生产力极其低下。由上文所说"徙民居之，始知播植"推断，交阯人是在接触了中原文明之后方才懂得耕作技术的。

从汉武帝在今越南北部境内设置交阯、九真、日南三郡开始，中国文化，包括农业文化也逐步在越南传播开来。

《后汉书》卷八十六《南蛮传》说："凡交阯所统，虽置郡县，而言语各异，重译乃通。……项髻徒跣，以布贯头而著之。"

《后汉书》卷七十六《任延传》记载："九真俗以射猎为业，不知牛耕，民常告籴交阯。每致困乏，延乃令铸作田器，教之垦辟，田畴岁岁开广，百姓充给。"

《水经注》卷三十六"温水"条也有类似的记载："九真太守任延，始教耕犁，俗化交土，风行象林。知耕以来，六百余年，火耨耕艺，法与华同。名白田，种白谷，七月火作，十月登熟；名赤田，种赤谷，十二月作，四月登熟。所谓两熟之稻也。"

从上述史料我们可以看出，当时的越南人尚不知道使用铁器和牛耕来种植庄稼，从事农业生产。正是任延、锡光二位太守教会他们使用牛耕，制作耕犁，才使得越南的农业获得了划时代的发展。对于中国中原地区先进的农业技术在越南的贡献，连越南史学家也给予肯定。越南著名史学家明峥评价说："直到公元1世纪初，锡光驻交阯，任延驻九真时，才积极地把中国的耕作经验传播到我国来。铁犁和牛耕的使用推广了，灌溉使生产率大大地提高了。生产力状况

---

① 参见朱云影：《中国文化对日韩越的影响》，桂林：广西师范大学出版社，2007年，第322页。

改变成新的了。"①

越南地处热带地区，水资源丰富，在长期的社会生活、生产实践中积累了宝贵的治水经验。中国古代的水利技术传播到越南是与中原地区的农业技术传播同步进行的——从本质上说，水利技术就是农业耕作技术中不可或缺的重要组成部分。

早期的雒越人于水利的应用方面，能够利用自然的便利，为己所用。前引《水经注》所说"从潮水上下"就很好地体现了他们的智慧。

据陈玉龙先生考证，在水利传播方面，蜀王泮南迁后，就将西蜀地区先进的灌溉技术和兴修水利工程的技术传入交趾地区。②

马援到达交趾，穿渠灌溉，兴修水利，造福越南百姓，在越南水利史上首开记录。③

黎朝宪宗年间，中国的水车也传入越南。据《钦定越史通鉴纲目·正编》卷二十五记载："景统六年（1503）春正月，旱，敕备水车以卫农。敕谕清化承宣使司参议杨静等：'朕于农务尤所留心，卿等当尽心民事，思惟善政，旱潦靡常，须当预备堤防，以辰（时）耕稼。朕每遣人往探，或田畴卑湿，或阡陌荒芜，旱未数日，殆甚告干，皆由州县不得其人，卿等宜饬部内，紧行修筑江关水车，小溪大路，亲自检阅，完好者为上考，疏漏者为不称职，具实以闻，定行黜陟。'"朱云影先生认为，"这是越南王朝推广中国水车之制见于史乘之始"④。

越南历代王朝也很注重对于水利的兴修，采取了行之有效的具体措施。陈朝就兴建了保护红河的鼎耳堤。陈朝初年，还仿照中国颁行的典章制度，奖励

① ［越］明峥著，范宏贵译：《越南社会发展史研究》，北京：生活·读书·新知三联书店，1963年，第42页。
② 陈玉龙等：《汉文化论纲：兼述中朝中日中越文化交流》，北京：北京大学出版社，1993年，第377页。
③ 李未醉：《中外文化交流与华侨华人研究》，北京：华龄出版社，2006年，第145页。
④ 朱云影：《中国文化对日韩越的影响》，桂林：广西师范大学出版社，2007年，第324页。

开荒种地，扩大耕地规模，发展水利事业，开沟浚通河道。①

越南水利学家黄叔会著《河堤对策》，既概述了越南的治水历史，分析了红河上下游的情况，又综合中国的治水经验，条分缕析，切合实际，颇多真知灼见，是越南水利史上的重要文献。②

三、中国古代重农思想对越南的影响

越南独立后，仍然秉承中国重农的传统。黎朝大行皇帝于天福八年（987）的春天，在队山耕籍田。这是越南国王耕籍田之始。③

黎朝之后的李朝也实行劝农政策。李太宗天成五年（1032），耕籍田，有农人献给他一枝一茎九穗的夏田禾，他顿时龙颜大悦，下诏书将这块田地改名为"应天"。通瑞五年（1038），李太宗下令建筑祭坛，祭祀神农，并亲自耒行躬耕之礼。

《大越史记全书·本纪》卷二《李纪》有如下记载："通瑞五年春二月，帝幸布海口，耕籍田，命有司除地筑坛。帝亲祠神农毕，执耒欲行躬耕礼。左右或止之曰：'此农夫事耳，陛下焉用此为？'帝曰：'朕不躬耕，则无以供粢盛，又无以率天下。'于是耕三推而止。"④

后黎朝建立之后，各个皇帝均注重农业的发展，尤以黎圣宗最为热心。他即位的第二年就向全国下达禁止"弃本逐末"的禁令。《钦定越史通鉴纲目·正编》卷十九记载："光顺二年（1461）三月，敕府县社官等，劝课军民各勤生业，以足衣食，毋得弃本逐末，及托以技艺游惰，其有田业不勤植者抵罪。"此后黎圣宗又于洪德四年（1473）率领群臣耕籍田，设立先农坛和观耕田。

广南阮氏在南部建立政权之时，南部的嘉定、定祥、边和等省份仍然是草

---

① 续建宜、刘亚林：《世界文明古国述略》，上海：上海教育出版社，1998年，第35页。
② 陈玉龙等：《汉文化论纲：兼述中朝中日中越文化交流》，北京：北京大学出版社，1993年，第378页。
③ 朱云影：《中国文化对日韩越的影响》，桂林：广西师范大学出版社，2007年，第323页。
④ 《大越史记全书·本纪》卷二《李纪》，第227页。

莱未开之地。阮潢政权将因为逃离清政府而来到越南的明朝百姓安置在这里进行土地的开垦，经过一段时间的经营，南圻诸省终于成为越南最富庶的米仓。阮福映在统一越南之前，就非常注重农业的建设，在1792年曾经下诏曰："八政之序，以食为先，四民之中，惟农为本。嘉定土地肥沃，而储积未备，良以民多逐末，不事农功也，今当农作之候，诸营臣可遍传辖内各总社村坊，自府兵以至侨寓人等，凡力田者免役，游手游食则役之，里长徇隐者有罪。"[①]

取得政权后，阮福映即建立社稷坛，中间祭祀太社太稷之神，右面配后土勾龙氏，左面配后稷氏。阮福晈继位后，开籍田，使得都城顺化以及诸营均有籍田，并在各营建立社稷坛、先农坛等。

上述这些史料记载，充分体现了越南古代之重农抑末政策，按照朱云影先生的解释，"正是沿袭了中国的传统"[②]。

从以上论述可以看出，中国古代先进的农业文化在越南得到了广泛传播。农业技术和农学书籍的传播，加速和促进了越南的农业发展，对提高越南社会的农业技术、改进农业工具及设施，起到了很大的作用；中国传统的重农思想，影响了越南历代统治者的政治措施，进而对整个越南社会的发展和进步做出了突出的贡献，也为中国和越南之间的文化交流谱写了重要篇章。

第二节　中医中药在越南的传播和影响

一、中国中医中药的发展

先秦时期是中国文化大发展的阶段，医药知识已经相当丰富，而早在周代，中医中药已经成为一种专业。中药和中医的体系大都是在这个阶段形成的。《黄

---

① 《大南实录·正编》卷六《阮世祖》"壬子十三年（1792）四月"条。
② 朱云影：《中国文化对日韩越的影响》，桂林：广西师范大学出版社，2007年，第325页。

帝内经》的问世，标志着中医基础理论的基本形成；东汉"医圣"张仲景所著
《伤寒杂病论》，反映了临床医学的发展，标志着中医经典体系——辨证论治原
则的确立；本草之学兴于汉代，《神农本草经》载有药物 365 种，至唐高宗时，
刊布《新修本草》，增为 850 种，这是我国最早的法定药典。[①]

　　隋代著名医学家巢元方等人所撰《诸病源候论》一书，是中国关于病因候
方面研究的第一部专著，对自古以来中国医学发展历史上关于病因学方面的成
就予以系统总结。孙思邈著《千金要方》，系统地论述了中医学的基础理论，王
焘著《外台秘要》，将前朝历代方书汇为一体。

　　唐代是我国古代历史上的鼎盛时期，社会经济、文化、科技等方面均居于
当时世界的领先水平。医学也取得了辉煌的成就。唐朝政府组织编写的《新修
本草》，是我国历史上第一部由政府颁布的药典。与此同时，民间医学也得到很
大发展，如陈藏器所著《本草拾遗》对后世产生较大影响。唐代的太医署是中
国历史上最早由政府开办的医药学校，也是世界上最早的医药学校。[②]

　　宋元时期中国的中医、中药在药物学和方剂学方面取得较大成就。《开宝本
草》《嘉祐补注神农本草》《本草图经》《太平圣惠方》《太平惠民和剂局方》
《圣济总录》等是官方编修的药物学和方剂学方面的专著。代表有宋一代药物学
最高水平的专著则是私人著述《证类本草》。

　　明清时期，中国中医、中药得到进一步的发展。明代"药圣"李时珍的
《本草纲目》是中国医学发展史上的里程碑，对中国医学乃至世界医学都产生了
巨大的影响。朱橚编著的《普济方》是中国历史上第一部方书。吴又可创立的
治疗温病学说和免疫学说的"戾气学说"，既为治疗传染病提供了理论支持，又
开辟了人类预防医学的新篇章。陈司成发明的利用汞剂和砷剂治疗梅毒的方法，
是世界上治疗此病的创举。清代的医学得到较快的发展。赵学敏编著的《本草
纲目拾遗》、吴其濬所著《植物名实图考》等都是在前人研究的基础上对李时珍
《本草纲目》等本草学说的继承和发扬。

---

　　① 参见朱云影：《中国文化对日韩越的影响》，桂林：广西师范大学出版社，2007 年，第 79 页。
　　② 李未醉：《中外文化交流与华侨华人研究》，北京：华龄出版社，2006 年，第 124 页。

二、中医中药在越南的传播

中医和中药向域外的传播，是和中国与域外的往来交流同步的。先秦时期的中外交流，因隔代久远，我们今天只能够从一些带有神话传说性质的古籍中去寻找蛛丝马迹。《山海经》《逸周书》《竹书纪年》《穆天子传》等古籍的若干记载中关于某些国家的描述即属此类。

中国与越南的交往开始甚早，传说公元前 12 世纪末越裳氏就曾经到过中国。据越南史书记载：公元前 257 年，中国的一位医生崔伟曾经治愈了雍玄和任修的虚弱症，并且还写下了一部医学书籍，名曰《公余集记》，在越南流布。这可能是中医和中药传入越南的开始。①

秦汉以来，越南北部和中部曾经由中国管辖，汉武帝元鼎六年（前 111）对越南用兵，中国的中医和中药也由此进一步传入越南，在越南形成了接受中医和中药的"北方学派"②；到了东汉末三国时期，传说中国的名医董奉曾经到越南为当时担任刺史的士燮治疗疾病。史载士燮"气绝三日"，董奉进以丸药治愈。《三国志·吴书·士燮传》注引葛洪《神仙传》曰："燮尝病死，已三日，仙人董奉以一丸药与服，以水含之，捧其头摇捎之，食顷，即开目动手，颜色渐复，半日能起坐。四日复能语，遂复常。奉字君异，候官（今福州）人也。"③

南北朝时期，南朝阴铿的妻子患病，被当时到越南采药的苍梧道士以"温白丸"治愈。中国科学院自然科学史研究所的杜石然先生据此推断，"此方也可能在越南流传"④。

随着海外交通的进一步发展，中医中药在越南的传播更加迅速。越南李朝

① 杜石然：《历史上的中药在国外》，《自然科学史研究》1990 年第 9 卷第 1 期。

② 冯汉镛：《中越两国医药文化的交流》，《中医杂志》1958 年第 8 期。

③ ［晋］陈寿撰，［南朝宋］裴松之注：《三国志》卷四十九《吴书·士燮传》注中所引《神仙传》，北京：中华书局，1959 年，第 1192 页。

④ 杜石然：《历史上的中药在国外》，《自然科学史研究》1990 年第 9 卷第 1 期。

时，中国高僧明空和尚曾经把越南李神宗从死亡线上救了回来，并被封为越南李朝的"国师"。①

13—14 世纪，中国的针灸疗法在越南广泛传播。越南人经常来中国采购药材。中药大量输入越南，中医中药在越南得到广泛的重视和应用。

隋唐至宋元时期，中国中医中药在越南仍然保持着巨大的影响。《内经》《脉经》等中国医药典籍，当在隋唐时期已传入越南②。唐朝一些精通医药的学者，例如沈佺期、高骈、樊绰等人都曾到过越南。《名医类案》卷六曾经引用《玉堂闲话》中的一段记载说：中国的申光逊曾以胡椒、干姜等辛辣药物，治愈了一位越南人的头痛症。越南史籍也有类似的记载。《大越史记全书·本纪》卷五《陈纪》"圣宗"条记载：陈朝圣宗宝符二年（1274 年，中国宋咸淳十年），宋曾经以"缎子、药材等物，买卖为市"，宝符四年（1276 年，中国宋德祐二年）圣宗陈晃"遣陶世光往龙州，以买药探元人情状"。中国方面的史籍对此也有记载，清代陆以湉的著作《冷庐医话》引《钱塘县志》说，南宋时期，由于越南人来临安（杭州）大量购买土茯苓，导致中国的土茯苓价格上涨。③

明清时期，中国和越南之间的医药交流依然很多。中医中药在越南仍然受到很大重视。明代李梴的《医学入门》、张景岳的《景岳全书》、李时珍的《本草纲目》等都先后传入越南。1403 年，越南任命阮大能为广济署首长。后来，后黎朝又成立了太医院和济生堂。这种医官制度也与中国大致一样。1825 年，阮朝设立先医庙，1850 年参照明清典籍，对古代名医进行祭祀，包括了许多中国历代著名的医学家。④

明清时期，越南仍然不断地从中国进口大量药材。《明史·安南传》记载，景泰元年（1450）越南曾经"乞以土物易书籍、药材，从之"。《明实录》第

　　① 《大越史记全书·本纪》卷三《李纪》，第 279 页。
　　② 陈玉龙：《中国和越南、柬埔寨、老挝文化交流》，载周一良主编《中外文化交流史》，郑州：河南人民出版社，1987 年，第 697 页。
　　③ 杜石然：《历史上的中药在国外》，《自然科学史研究》1990 年第 9 卷第 1 期。
　　④ 陈玉龙：《中国和越南、柬埔寨、老挝文化交流》，载周一良主编《中外文化交流史》，郑州：河南人民出版社，1987 年，第 696 页。

279 卷"英宗天顺元年（1457）"条记载，天顺元年越南使臣黎文老又上表："本国自古以来，每资中国书籍、药材，以明道理，以跻寿域。"请求以土物香料交换书籍、药材，获准。

另一方面，越南的医书因为条件的限制，流传到中国的则很少。1961 年北京图书馆与中医研究院合编的《中医图书联合目录》，收入了国内 59 个大图书馆所藏的全部医书凡 7000 多种，是一个比较完备的医书目，其中著录数百种日本和朝鲜的汉文医书，却找不到一本越南医书。尽管如此，越南医生对中医中药进行研究，并有所发挥，颇有心得。如《本草拾遗》《中越药性合编》《南药神效》等书在中越医药交流史上均富于学术价值或文献价值。

18 世纪末，越南出现了一位著名的医生黎有卓。他著有一部医学书籍《海上医宗心领全帙》，黎氏号"海上懒翁"，所以该书又名《懒翁心领》或《海上心领遗书》。这部医学著作共 28 集，66 卷，收有《药品汇要》2 卷，对以中药为主的各种药物的形态、功效等都有很多详尽的描述。

黎有卓是越南海阳省唐豪县辽舍社人，为黎朝吏部尚书黎某之第七子。弱冠丧父，曾以身许国，投笔从戎。后赴河静省香山县情艳社母亲的娘家，奉母家居，弃儒习医，辛勤攻读。曾上京（今越南河内）求师，无所遇，仍折回香山县母家，闭户潜心研究二十年之久，足不入城市，可见其坚毅勤奋。

黎有卓在乡间给人治病，"屡有全活"，所以"名动朝野"。后被人推荐，于景兴四十三年（1782）被召入京城，为郑王世子郑榣治病。懒翁以医自许，广为著述，精思傅会，积三十余年之功，完成越南医学史上划时代的医学巨著《懒翁心领》。该书举凡经典理论、内科、外科、妇科、产科、儿科、麻疹、水痘、医方、医案、本草药物等无所不包，是一部内容丰富的医学著作。

此书的写作过程可谓十分艰难。据他自己说，是一部"卧薪尝胆，沥尽肝肠，吐尽底蕴"的作品，是通过"遍搜百家，日夜苦攻，寸阴是惜"方才完成。其锲而不舍的精神实属难能可贵。在越南"东医"史上写下了璀璨的一页。此书的最后完成得力于清初浙江海盐冯兆张的著作《冯氏锦囊秘录》。他十分坦率地说："及得《锦囊》全部，阴阳妙用，水火真机，方能透悟。"这都是其勤学苦读的甘苦之言。他认真阅读冯兆张的著作，最终"得其真髓"。既深入"透悟"，又不囿于冯氏的圈子，入乎其中，而出乎其外，有心得，有创获，从而树立了光辉的典范。懒翁潜研《内经》问对诸篇，融会贯通，分为阴阳、化机、脏腑、病能、治则、颐养、脉经七条；而在《药品汇要》中每品标明主用、合用、禁用、制法，比冯书眉目更为清晰，可谓得其大要，独出机杼。尤为可贵的是，懒翁广搜民间验方，结合个人实践而自创新方，且将其宝贵经验写成《医案》，从而发挥、丰富了冯兆张的学说，可谓"集诸家之大成，发前人之所未发"。黎有卓也因此被人们尊为越南的"医圣"或"越南的李时珍"。我国著名越南历史研究专家张秀民先生在他的《越南的医学名著——〈懒翁心领〉》中说："假使把阮攸比作越南的歌德，也不妨称黎有卓是越南的李时珍了。"确是当之无愧的。①

黎有卓的著作，在其生前已经有一部分被人们广为传诵，可是"奈力单功重"，未能够刊行流布于世。黎有卓死后，阮朝末年有一位热心人士武春轩先生，经过多年搜购，加上从河静省黎氏后人处陆续求得的大部分书稿，进行加工、整理后，拿到北宁省慈山府武江县大壮社同人寺清高和尚处，劝其刊行于世。这位和尚拿到书稿后，便积极地向多方化缘募集善款，同时又继续搜集该书的遗稿，从嗣德三十二年（1879）起，将当时有名气的儒医集合起来，对这部书稿进行加工和考订。到咸宜元年（1885）为止，前后花了6年的时间，才将此书完全刻成。

值得一提的是，在越南的"明乡人"（即居留在越南的明朝人）以及居住在越南的清朝人士（清客），也为这部书籍的刊刻出了一些力。比如，该书第二十六卷末有"明乡秀才石裕诚题助五贯，纸三百张"，第五卷有"清客陈绍助三贯，清客林有助二贯"的记述。这些例子是中越两国人民之间友谊的见证。

令人遗憾的是，越南的这部著名医学著作在很长一段时期里一直没有被中国医学界认识。直到1962年夏天，北京图书馆（现中国国家图书馆）才通过国

---

① 张秀民：《越南的医学名著——〈懒翁心领〉》，载《张秀民印刷史论文集》，北京：印刷工业出版社，1988年，第294—295页。

际交换关系，从越南河内国立中央图书馆获得懒翁的这部名著 37 册，尽管这部著作稍有残缺，但是总体上使我们得以略窥越南医书面貌之一斑。这是中华人民共和国成立以来中越两国医学交流史上的一段佳话。

越南沦为法国的殖民地后，尽管有殖民统治当局的限制，但是民间治病仍然以中医中药为主。据统计，19 世纪末，仅越南北部地区从中国输入的当归、川芎、白术等中药材，每年就有十万担之多。[①] 1935 年，越南的西医师黄博良在《印支医药报》上发表论文，提倡西医向中医学习。在越南，中医又被称为"东医"。1950 年，越南成立医药会和华侨中医师公会，开办东医学院，出版《东医杂志》。[②]

三、中医中药在越南传播的作用

历史上，中医中药在越南的传播，对于越南的社会发展起到了巨大的作用。

首先，对促进当地医学事业的发展起到了重要作用。

在古代，越南当地的医疗事业相对落后，相对先进的中医治疗技术和经过大量实践检验过的中药方剂传入越南后，对改善越南人民的健康水平起到了很大作用。尤其是大量医学著作的传入，比如《内经》、《脉经》、李梴的《医学入门》、李时珍的《本草纲目》、张景岳的《景岳全书》、冯兆张的《冯氏锦囊秘录》等医学书籍的传入，不仅把先进的医学技术带入越南，也对越南的医学发展起到相当大的作用。越南医师学习中国中医中药著作，并在此基础上加以研究和发挥，写出了大量医学著作。例如《本草拾遗》《中越药性合编》《南药神效》《仙传痘疹医书》《医书抄略》《海上医宗心领全帙》等，这些医学著作大都以中国的医学书籍为重要的参考资料写成，而以黎有卓的《海上医宗心领全帙》为最。他的医学理论主要来自中国的《内经》，在临床诊断方面则非常重

---

① 陈玉龙：《中国和越南、柬埔寨、老挝文化交流》，载周一良主编《中外文化交流史》，郑州：河南人民出版社，1987 年，第 697 页。

② 王介南：《中国与东南亚文化交流志》，上海：上海人民出版社，1998 年，第 170 页。

视冯兆张的《冯氏锦囊秘录》，用药方面，除了越南药物外，几乎有一半以上采用中国药物，他所开列的药方，如桂枝汤、人参败毒散等，也都是中医的方剂。①

古代越南还仿照中国，建立医疗制度和机构。越南陈朝时期，陈圣宗宝符二年（1274）仿照中国设立太医院，专门为王公贵族等上层人物治疗疾病，与此同时，还在宝符四年（1276）建立管理老百姓医疗事务的机构，名为"广济署"；通过学习、考试遴选医药人才，培养出一大批有名的医生，较为著名的如郑仲子等。1362 年，陈裕宗到天长府，看到老百姓有疾病，就分别赐给他们官药和钱米，其中的丸药中有"红玉霜丸"，据说能够包治百病。② 后黎朝时期，又成立太医院及其所属的济生堂。越南的这种医疗制度一直延续到阮朝时期。③

19 世纪越南阮氏王朝时期，曾建立"先医庙"，祭祀历代有功于医学的中国医师。阮氏王朝嗣德三年（1850）在越南京城顺化建立的"先医庙"，除了在正中设立太昊伏羲氏、炎帝神农氏和黄帝轩辕氏的神位之外，还配祀很多中国医学家。左间有岐伯、仓公、皇甫谧、刘完素、李明之；右间有俞跗、扁鹊、张仲景、葛洪、孙思邈、张元素、朱彦修。由于李梴、冯兆张列在李明之后，将张景岳列于朱彦修之后，同享祭祀。④

其次，中医中药在越南的传播，也促进了两国的经济和文化交流。

历史上，无论是官方还是民间，中国与越南之间的贸易，中药材都是一种主要货物。宋代以后，中国封建王朝在接受越南奉献贡物的同时，常常回赐给他们包括中药材在内的大量礼品。明清时期，越南所需要的药物，大多依靠从中国进口。⑤ 中国向越南运去药材、布匹、丝绸等物，交换越南的大米、珍珠和宝石。

---

① 冯立军：《古代中越中医中药交流初探》，《海交史研究》2002 年第 1 期。
② 黄祥续：《中越历史上的医药交流》，《印支研究》1981 年第 2 期。
③ 冯立军：《古代中越中医中药交流初探》，《海交史研究》2002 年第 1 期。
④ 陈修和：《中越两国人民的友好关系和文化交流》，北京：中国青年出版社，1957 年，第 63—64 页。
⑤ 陈玉龙：《中国和越南、柬埔寨、老挝文化交流》，载周一良主编《中外文化交流史》，郑州：河南人民出版社，1987 年，第 697 页。

自郑和下西洋后，中国与东南亚国家的经济和文化交流日渐增多。在贸易往来中，中国运往东南亚国家的货物中，中药材一直是最重要的货物之一。越南运往中国的货物，除了玳瑁、珍珠、犀角、象牙等，还有沉香、檀香、苏合油等香料香药类物品。

时至今日，中越之间的贸易，中药进入越南和越南特有的药材进入中国，仍然是两国贸易，尤其是边境贸易的重要内容之一。同时，两国之间的医学交流也成为新时代进一步丰富中越两国文化交流的重要内容。

中国的中医中药在越南的传播是相当全面的，中国的医书、药物、医生和医疗技术不断输入越南，对越南的作用巨大，不仅改善了越南人的生活质量，培养了医护人员，有利于越南医护水平的提高，还丰富了中越两国人民的经济、文化交流的内容。

中医是医学，更是文化，它植根于传统文化的土壤，具有明显的民族性、地域性、传承性等特征。中医中药作为中华文化大家庭的重要组成部分，也在中越两国人民的长期交往历史中扮演着极为重要的角色，为两国之间的传统友谊的构建和发展做出了突出贡献。

在中国医药不断输入越南的过程中，越南医药也不断输入中国。有清一代，从越南进入中国的丁香油、水安息、胖大海等药物，就很快被中国医学认可，并应用于临床实践中，一直延续至今。越南医学家的一些著作，比如陈元陶的《菊堂遗草》、阮之新的《药草新编》等传入中国后，也为中国医学界所吸收，对中国医药的发展产生了一定的影响。[①] 对中国来说，越南药物丰富了中国的医药宝库，加强了两国人民的联系，扩大了两国间文化交流的范围。

总之，在中越文化交流史上，中医中药作为一个重要的纽带，成为增强两国人民之间友谊发展的重要工具。

---

① 陈玉龙：《中国和越南、柬埔寨、老挝文化交流》，载周一良主编《中外文化交流史》，郑州：河南人民出版社，1987 年，第 697 页。

第三节　中国古代陶瓷技术对越南的影响

一、中国古代的陶瓷技术

中国古代的陶瓷技术相当发达，陶瓷的发明以中国为最早。在中国新石器时代晚期，即距今约五千年前，陶器已经在中原地区被大量使用，灰色粗陶器和精美彩色陶器的制作十分流行，在考古学上称为"仰韶文化"。至于陶器制作的重要工具——陶轮，早在仰韶文化晚期已经出现。殷商以前的彩陶、黑陶，殷商时期的白陶，都反映出中国古代制陶技术的进步。汉朝又发明了釉药，自此陶瓷精益求精。宋朝窑业更加隆盛，定窑、汝窑、哥窑、龙泉窑、景德镇窑的出品，驰名中外，使中国赢得了陶瓷之国的美誉。欧洲自 16 世纪末期，才模仿、制造中国的瓷器。以至于到现在为止，世界上仍然以"china"一名来称呼瓷器，足见中国的陶瓷在世界上的名气之大。

二、中国陶瓷传入越南

大约在公元前 2 世纪，越南人就已经跟中国陶工学会用转轮制造各种陶瓷用品。赵佗创建南越国后，中国人黄广兴到交趾海阳头溪乡居住，教当地人民制作陶模、瓷缸。从此，头溪乡逐渐成为当地制陶业中心，而黄广兴则被越南人尊为陶器业鼻祖。

近年来，在越南汉墓所发现的器物中，如瓮、壶、鼎、甄、罐、盆、灶、碗、杯、匙、盘、烛台、乳钵、香炉等物，同中国汉墓出土物完全一样。这说明中国古代的陶瓷器与越南人民的日常生活也息息相关。越南的广安、北宁、清化等地的出土文物中，也发现有来自中国北宋景德镇窑、磁州窑等地的瓷器。①

13 世纪时，越南给元朝的贡品中，就包括瓷器及其他当地的特产，如沉香、玳瑁、珍珠、象牙等，可见，越南的陶瓷技术在那一时期已经达到相当高的水平。此外，越南不仅把瓷器作为"贡品"献给中国帝王，而且还把它赠送给暹罗等邻国。② 这一史实说明越南的制陶技术有较大发展，生产的瓷器质量较好，足以作为礼品赠送给邻国。

中国的青花瓷为世界之冠。青花瓷发色鲜艳，永不褪色。青花瓷之创作，乃是中国制瓷技术的伟大成就，受到世界各国人民的青睐。中国青花瓷的制作技术在元代输入越南，而后陈朝、胡朝、后黎朝、郑主、莫朝多次派人至江西景德镇学习烧制青花瓷的技术。③

清朝嘉庆十五年（1810），即安南阮朝嘉隆九年，有大批越南人到中国学习科学技术。他们到中国的广东学习烧制琉璃瓦和陶制品，回国后阮王曾经特别给予厚赏。④

琉璃瓦是宫殿、寺院建筑的重要材料。色彩绚丽的琉璃瓦屋顶可以增强建筑物的庄严凝重感和古色古香的气氛。中国广东佛山烧制的琉璃瓦，彩釉晶莹典雅，遐迩闻名。越南阮朝嘉隆年间，曾经聘请广东瓦匠前来传授烧制琉璃瓦的技术。嘉隆九年（1810）十一月，阮朝嘉隆皇帝"命广东帮长何达和雇广东瓦匠三人，令于库上（即隆寿岗）煅煮琉璃瓦，青黄绿各色，使工匠学制如式，厚赏遣还"⑤。

大约在1880年，越南隆寿的陶瓷业获得了较大规模的发展，"有将近一千

---

① 陈玉龙等：《汉文化论纲：兼述中朝中日中越文化交流》，北京：北京大学出版社，1993 年，第384 页。

② 《钦定越史通鉴纲目·正编》卷十七"黎太宗绍平四年（1437）条"："暹罗来贡。暹罗使斋罡剌等入贡，帝赐敕书使赍还，仍以色绢瓷碗赐国王及其国妃。"

③ 郭振铎、张笑梅主编：《越南通史》，北京：中国人民大学出版社，2001 年，第360 页。

④ 郭振铎、张笑梅主编：《越南通史》，北京：中国人民大学出版社，2001 年，第577 页。

⑤ 《大南实录·正编》卷四十一。

名陶器手工工匠和士兵在这里从事生产"①。

据朱云影先生考证，"近年在（越南）广安、北宁、清化各地，有许多李朝陈朝的陶瓷出土，都不外中国越窑、汝窑、磁州窑的模仿品"。黎朝时，东京（今越南北部）北江地方窑业盛极一时，出品包括白瓷、青瓷、黑釉陶、绿釉陶等，外人统称为"安南陶"，其中以绘青花的白瓷为最出色。"此种瓷器，本是模仿景德镇的制品……花纹流散，色青而淡，别具雅致，颇为陶瓷史家所称道。"②

1974 年，伦敦举办了一个中国、越南、泰国、柬埔寨的古代外销瓷器展览会，陈列出一些越南陶瓷器，经过瓷学专家的鉴定，认为越南河内附近有许多古窑，有大量陶瓷生产。制瓷技术良好，设色装潢丰富多彩，明显受到中国制瓷工人的影响。越南外销的瓷器，大概分为八种类型：乳色、绿色和棕色釉的单色瓷器、二色（乳和棕）瓷器、青瓷、加釉铁色瓷器、钴蓝器、红和绿搪瓷器、珐琅蓝瓷器。其中单色瓷器强烈反映出其受到我国宋代影响。至于为数众多的而且最著名的釉色蓝器，虽然受到我国元代瓷器制法的影响，但一见即知是越南的产品，由中东输入钴类颜料来烧制瓷器，越南不见得落后于中国，至多也是稍为落后而已。③

据历史学家朱杰勤先生考证，大部分越南陶瓷强烈反映出受到中国的影响，特别是越南北部的产品。因为这些地方接近中国南部，而且长期同中国发生政治、经济和文化的密切关系。在越南陶工用自己的方法制造的陶瓷中，也表现出中国江西省的制瓷技术和风格。北宁是越南著名的陶瓷制造的地方，它的主要陶窑，据说是由老街来到北宁的中国陶工于 1465 年首先建造起来的。

潘朗是越南另一个制瓷中心。这个中心是在 16 世纪前半期建立的，有人把

①　［越］潘嘉絣著，何廷庆译：《越南手工业发展史初稿》，北京：商务印书馆，1959 年，第 45页。

②　朱云影：《中国文化在日韩越的影响》，桂林：广西师范大学出版社，2007 年，第 346 页。

③　《东南亚及古代中国外销陶瓷·在伦敦的展览会的说明书》，第 74 页，参见朱杰勤《中外关系史论文集》，郑州：河南人民出版社，1984 年，第 217—218 页。

它比作"越南的景德镇"，并认为藩朗的制瓷技术是采用中国的陶瓷业中心景德镇的。[①]

三、中国技术影响下的越南陶瓷业

上述分析说明，越南的陶瓷技术来自中国。正是在中国古代先进的陶瓷技术的基础上，聪明的越南人学会了各种各样的烧制陶瓷的技术，并且为陶瓷这一人类共有的技术的发展和推进做出了自己的贡献。下面，笔者拟对越南陶瓷业的发展状况予以简要的论述，为了更加直观地说明这一状况，特地选取几幅插图。（见图 8-1 至图 8-4）

全世界都曾经接受过中国陶瓷的恩惠。泰国、越南、朝鲜、日本等是在中国的影响下产生独立的陶瓷体系的少数亚洲国家。泰国在 13 世纪生产的青瓷和 15 世纪生产的白瓷铁绘已经远销埃及、南洋和日本，但 16 世纪却走向衰落。继之而起的越南在 15 世纪生产的青花陶瓷，勾勒精细，造型厚重，畅销西亚。16—17 世纪生产的红绿彩绘陶及多色釉陶器风行日本。虽然越南陶瓷在 17 世纪以后已停滞不前，但与泰国陶瓷一样，均为日本陶瓷的发展做出了积极的贡献。

像泰国、朝鲜、日本一样，越南的陶瓷也从中国陶瓷中汲取过营养，同时融入本民族的智慧。这些国家的陶瓷因为贸易、文化交流，或者作为来华时携带的日用品，曾经流散于中国大地。

越南早期的陶瓷与中国自汉至宋各时代的陶瓷器十分相似，但因为时代久远，制作年代和地点不明。13 世纪，越南的青瓷与白瓷制作繁荣，在给元朝的贡品中，瓷器已可作为其中的一项。

（一）绘铁技术

所谓绘铁，就是在软质的、淡黄色的胚胎上用含铁质的黑褐色颜料描绘莲

---

① 纳尔逊·斯平克斯：《重评越南陶瓷》，载《暹罗学会会刊》1976 年 1 月号，参见朱杰勤《中外关系史论文集》，郑州：河南人民出版社，1984 年，第 218 页。

花、唐草等纹饰后施以透明釉烧造而成的，这种瓷器的釉面普遍带细微的开片，但也有在瓷胎上先刻图案纹样后镶嵌或涂以不同色釉的瓷品。此项技术流行于14世纪的陈朝（1225—1400）。

（二）青花瓷器

15世纪，越南的青花瓷器制造已经非常活跃。今天土耳其托普卡帕皇宫博物馆（Topkapi Palace Museum）藏有一件越南生产的青花大瓶，其腹部有横书"太和八年①匠人南策州裴氏戏笔"字样的题款，这是迄今为止发现的越南青花器中最早的年款，但是，越南青花器烧制的年代应早于这个纪年。这一时期越南青花器的造型与纹样，均模仿中国元末明初样式：多层繁密而且对称的花叶饰图案几乎布满整器，主纹饰为缠枝莲，用笔细劲，勾勒精细，花瓣边沿多小曲折且常留出空白。青花色调呈蓝黑，深入胎骨。底座宽大，很有厚重感。器底不施釉而涂以褐彩（铁釉）。图案为云龙的梅瓶制作尤为精细，除青花外还有阳刻后再描以青花、施以黄釉者，色彩变化热烈。这种瓷器表现了后黎朝（1428—1527）在经过抗击明军胜利（1407—1427年为越南历史上短暂的"属明时期"），国家获得统一时强大、昂扬的气势。

图8-1　越南"太和八年匠人南策州裴氏戏笔"青花大瓶（托普卡帕皇宫博物馆藏）

16世纪越南的青花瓷除云龙纹梅花瓶等还延续以往精雕细刻与对称的风格外，形象简约、笔法粗放有力的越南化特征逐渐加强。

图8-2　越南15—16世纪青花人物跪像（台北故宫博物院藏）

---

① 此处之"太和八年"指的是后黎朝黎仁宗太和八年，即1450年。

（三）红绿彩瓷器

越南红绿彩陶器的生产始于 16 世纪末到 17 世纪初，其风格与同时代的青花相类，山水、花鸟、唐草、几何图案都以随意自由的笔法画成，但因色彩的强烈对比而显得更加动人。一般情况下，人们极易将它们与中国福建漳州和广东潮汕所产的红绿彩瓷混淆。其实这些产品是越南为出口日本而特制的，所以在越南本土反而极少见到，日本将其称为"安南赤绘"。

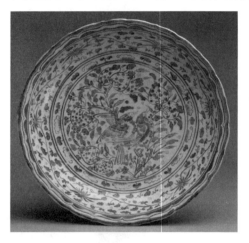

图 8-3　越南 15—16 世纪石榴禽鸟纹彩绘大盘（大都会艺术博物馆藏）

17 世纪的越南青花瓷器由于釉药中杂质非常多，高温时青花发色易流淌，温度不足易失透，所绘纹样变得极简单，有时仅在口沿足底等处画数条弦纹、一只蜻蜓而已。虽在日本茶道中极受欢迎，但从青花制造技术来说却是每况愈下。

多彩色釉陶瓷器在 16—17 世纪的越南兴起，器皿多为祭祀用的香炉、花瓶等。它们似乎与广东的佛山窑有联系，但其构成的复杂，花叶饰与动物纹样的繁缛富丽及耽于幻想的气质，又透露出印度文明影响的端倪。

（四）雕刻印花单色釉陶瓷器

这种瓷器在 18 世纪的越南压倒了多色釉而成为时尚，纹样中印度的影响已经淡出。青花器虽没有了 17 世纪因流淌而导致的形象模糊，但仍乏善可陈。19 世纪的越南陶瓷更多地呈现出世俗化与多元化的特征。儒家的格言、道教的仙人、民间的神话、山水、花鸟、日常生活场景都出现在匠师们自在得有几分稚拙的笔下。因为青花发色始终不甚理想，为了扬长避短，越南工匠们多采取雕刻与色釉结合的技巧，使陶瓷器皿显得精巧、多彩而热烈，形成本民族陶瓷艺术最强烈的特色。

越南古陶瓷的产地有海防、北宁、河内、顺化、归仁、西贡（今胡志明市）等。其中河内的巴弄窑是最大的陶瓷生产地，直至近代还烧制青花瓷器。15—16 世纪的越南青花瓷曾大量外销西亚及南欧，很多精品均出土于西亚，并被保存在当地的博物馆。17 世纪的越南陶瓷则多销往日本，日本茶道常用的道具，如花瓶、茶碗、水盂等，

图 8-4　越南 15 世纪白瓷印花菊花碗（台北故宫博物院藏）

均多出自越南。这些道具被日本人称作"安南绞手"。日本的濑户、萨摩、御深井等地的瓷窑，以及日本的陶瓷名家，如长次即、陈元斌、奥田颖川、青木木米等还仿照越南瓷器的形制、花纹及技法烧制瓷器，这些瓷器被称作"安南写"。可见，越南的陶瓷及其技术在历史上还曾经为日本陶瓷的发展做出了积极的贡献。

第四节　中国印刷术在越南的传播及其影响

中国发明的印刷术，被世人誉为"文明之母"，先后传入朝鲜、日本、越南等近邻。13 世纪时越南的印刷术也得到发展。中国印刷术的传入，对越南政治、经济、文化教育事业的发展起了巨大的推动作用。

一、雕版技术的传入

中国印刷术传入越南，是跟越南对于中国书籍的需求紧密相连的。而早期的书籍印刷又是靠雕版来完成的。

　　由于长期受中国文化的濡染，越南人对中国书籍均喜爱有加，把中国书籍看作必需的精神食粮。正如黎文老所说的那样："诗书所以淑人心，药石所以寿人命，本国自古以来，每资中国书籍、药材，以明道理，以跻寿域。今乞循旧习，以带来土产香味等物，易其所无，回国资用。"结果是"从之"。①

　　越南人对中国书籍的需求，中国政府往往尽可能地满足他们。例如，北宋时期，宋徽宗大观元年（1107），越南李朝圣宗李日尊派使者到东京"乞市书籍"。越南求购中国书籍时，除了中国政府当时的禁书、卜筮、阴阳、历算、术数、兵书、敕令、时务、边机之外，"余书许买"。②越南人为了购买书籍，尤其是经传诸书，甚至不惜重金。对于《三国演义》等通俗小说，越南人尤其喜爱，"来华使节多带回满箱满箧的书籍"③。

　　北宋时期，中国的印刷业取得长足发展。北宋出版儒家经典及《大藏经》后，越南不止一次地请求这些印刷品。据张秀民先生考证，越南早在前黎朝黎龙铤（1005—1009 年在位）时，就向宋真宗求过《大藏经》。李公蕴掌握政权后，又向宋真宗求得《大藏经》及《道藏经》。仁宗李乾德请求《释藏》，宋神宗命令印经院印刷完成后送给他。在不到 80 年的时间里，越南就先后从中国请去三部《大藏经》、一部《道藏经》。到了陈朝初年，因藏经毁于蒙古兵火，所以又向元朝请求。英宗陈烇兴隆三年（1295）从元朝"收得《大藏经》部回，留天长府（今南定），副本刊行"④。过了 4 年又命印行佛教法事道场新文，及公文格式颁布国内。⑤这些史实说明越南早期印刷业的发展与佛教的传播和普及有着直接的关系。

　　据《大越史记全书·本纪》卷六《陈纪》记载："（陈朝明宗）大庆三年（1316）春二月，阅定文官及户口有差。元丰年间（1251—1258）木印帖子者，

①　《明英宗实录》卷二七九，参见李国祥主编《明实录类纂》，武汉：武汉出版社，1991 年，第 750 页。

②　郭振铎、张笑梅主编：《越南通史》，北京：中国人民大学出版社，2001 年，第 304 页。

③　张秀民：《中国印刷术的发明及其影响》，北京：人民出版社，1958 年，第 152 页。

④　《大越史记全书·本纪》卷六《陈纪》，第 374 页。

⑤　《钦定越史通鉴纲目》卷八。

阅定官以为伪。上皇闻之曰：'此诚官帖子也。'" 这是越南历史上"第一次记载印刷品"①。由此可见，越南 13 世纪时，已经可以使用木刻技术来完成印刷品的制作了。

但是，这种官方印制的"帖子"使用的范围比较有限。印刷技术大规模推广与使用则是后黎朝的事情。后黎朝是儒家学说在越南的兴盛时期，所以，儒家著作的流传与印刷术的盛行之间构成互为因果的紧密关系：印刷术的普及与推广，使得儒家学说广泛流传，而儒家学说的流行同时也刺激了印刷术的普及与提高。

黎朝太宗黎元龙绍平二年（1435），越南政府所雕刻的四书大全板，是越南政府正式出版的儒学著作。黎圣宗光顺八年（1467）又将官方的五经刻板颁发给国子监。而光顺、洪德年间（1460—1497），当时因书板太多，无处存放，只好在文庙（孔子庙）内另外修造仓库以贮藏。黎朝纯宗（黎维祥，1732—1735年在位）龙德三年（1734）依照中国的板式（越南常称为"北板"②），重新刻印五经，印刷颁行，在越南士子间传授。刻板完成后，珍藏于国学。

到阮朝时，越南的雕版技术已经较为成熟。据《钦定越史通鉴纲目》记载，阮儆、范谦宜等人曾经分别将四书、诸史、诗林、字汇等刻印成书并颁行全国。③

西山阮朝（1778—1802）时，阮光缵景盛六年（1798）春天，诏令在北城④刻印五经、四书及"诸史"，以供全国使用。这一时期，越南官方所刻印的书籍，根据刻书地点的不同，被后人分为"国子监本""集贤院本""内阁本""史馆本"等。越南现存的刻板书籍大多是在这一时期完成的，所以又常被人们统称为"西山板"。除了印刷儒教书籍外，越南还印行历书等。如大南维新十年（1916）岁次丙辰《协纪历》，封面为黄色纸张印制，内容有"宜

---

①　张秀民：《中国印刷术的发明及其影响》，北京：人民出版社，1958 年，第 153 页。

②　在历史上，越南经常将中国称为"北国"，将居留越南的中国人称为"北客""北人"，将来自中国的书籍称为"北书"，来自中国的刻书木板则被称为"北板"，等等。

③　《钦定越史通鉴纲目》卷三十七。

④　即河内，因阮朝的京城在中部的顺化，故名。

祭祀、结婚姻、会亲友、沐浴、剃头，不宜出行、动土"等字句，与我国旧历几乎一样。

从以上史实可见当时越南儒学之盛，也可见越南人已经掌握了足够的刻板技术，可以基本满足自身需求。但是，经过一个时期的发展之后，当越南的印刷技术可以自给自足时，越南政府就开始下令禁买"北书"，以达到用越南版书籍代替中国版书籍之目的。

上述主要是越南官方印刷技术的发展情状。同时，越南民间的印刷业也有了较大的发展，尤其是河内的民间刻书业十分发达，书肆林立。这些书坊大多集中在行核庯和扶拥望祠①一带，其中著名的有"会文堂""广盛堂""观文堂""盛文堂""福文堂""乐善堂""聚文堂""锦文堂""柳文堂"等。我们从这些书坊所使用的名字，既可以一目了然地看到其行业的特点——差不多每一个名字中间都有一个"文"字，也可以看出他们与中国刻书业之间的模仿痕迹以及传承关系——所用名字跟中国书坊的几乎一样。河内的"聚文堂"等直至 20 世纪初期仍继续操刻书之业②，可见其历史之悠久，生命力之旺盛。

除了名字相类似外，越南民间所刻印的书籍，大多会仿照中国的样式，常常会在书本上题写某某堂、某某斋，或某地某家藏板等字样。所刻以经书、儿童读本、诗文集、家谱为多，兼及历史、地理、人物传记、小说等。

越南的刻书业经过一个时期的发展获得较高水平的进步，与 13 世纪中期相比，到陈朝（1225—1400）以后，越南刻书业除依照"北板"翻刻、印刷外，越南人也将自己国人的作品加以刻印，其中甚至有部分妇女的作品流传行世。③

历史上，河内和顺化都曾经是著名的刻书中心。19 世纪初，随着阮朝（1802—1945）定都顺化，顺化成为越南的政治、经济和文化中心。因此，继河内之后，顺化成为新的刻书中心。

---

① 行核庯、扶拥望祠均为河内之地名。
② 张秀民：《中国印刷术的发明及其影响》，北京：人民出版社，1958 年，第 156 页。
③ 张秀民：《中国印刷术的发明及其影响》，北京：人民出版社，1958 年，第 154 页。

此外，在越南的印刷史上，字喃（又称"喃字"）作品的印刷及其流传，也是值得注意的现象。

陈朝阮诠及胡朝的胡季犛均曾用字喃书写诗文。西山阮氏王朝（1778—1802）又曾经把字喃定为正式文字，应用到公文中。西山板小字《资治通鉴》及《诗经越音注解》，都是用字喃注释的。

据张秀民先生的研究，这一时期的越南板本，大约可分为三类：①纯粹汉文；②汉文喃字对照；③纯喃字。越南人所翻刻中国的经书及佛经，多属于第一类（见图8-5）。启定六年（1921）福安堂刻越南人评述中国历史的史论《阳节演义》与《三字经注解》等，每行每句旁有汉字及喃字小注，这些属于第二类。阮朝嗣德丙子（1876）黎氏遵刻河内福平锦文堂藏板《歌筹体格》以及阮朝启定六年（1921）聚文堂本《金云翘列传》等是第三类。[①]

图8-5　柳文堂藏板成泰十七年（1905）《三字经六八演音》

---

① 张秀民：《中国印刷术的发明及其影响》，北京：人民出版社，1958年，第155—156页。

二、活字板的传入

随着活字印刷技术的发展，越南也逐步学会了这一技术。据日本东洋文库《安南本目录》，现在所知较早的越南的木活字印刷品，是黎朝黎裕宗永盛八年（1712）印制的《传奇漫录》。[①]

另据张秀民先生介绍，越南曾经在阮朝绍治年间（1841—1847）向中国购买木活字一副。阮翼宗嗣德八年（1855）所印制的《钦定大南会典事例》96册，以及嗣德三十年（1877）所印制的《嗣德御制文集》、《诗集》68册等就是用这一副木活字完成的。

中国的铜版印刷技术也传入越南。阮朝成泰年间（1889—1907）抄本《圣迹实录》《法雨实录》上刻有"奉抄铜板，只字无讹，嘉福成道寺藏板"字样，应是很好的说明。[②]

三、套版的传入

套版印刷技术自中国传入越南后，越南人主要用来印刷彩色年画。至于"越南套印书籍"，按照张秀民先生的说法是"没有见过"。[③]可能是这类书籍在历史上虽然曾经存在，但是没有通过各种渠道进入中国并得以留存，导致中国学者"没有见过"。希望随着中越文化交流的不断加深，有朝一日，当越南发现套版印刷品时，会将这一信息交流到中国。

与中国年画相比，越南人所套印的彩色年画，不但在刻印方法上与中国几乎相同，就连题材和内容也多类似。总体说来，这些年画除了传统的神像、观音、佛画及家畜动物画外，还有歌颂生产劳动、讽刺社会以及美女画、滑稽

① 张秀民：《中国印刷术的发明及其影响》，北京：人民出版社，1958年，第157页。
② 张秀民：《中国印刷术的发明及其影响》，北京：人民出版社，1958年，第157页。
③ 张秀民：《中国印刷术的发明及其影响》，北京：人民出版社，1958年，第158页。

画等。

　　所不同的是，越南套版画中，描绘农业生产程序的农耕之图中间除了写着"农者天下本也"等字眼外，还对耕田、耙田、撒种、插秧、舂米等中文字加有"喃字"的注解。

　　越南所做的套版美人画，一般采用上诗、下图的范式，画美人吹笛、弹弦或拍板，用行草各题七绝诗一首。例如万美春所画的《开场入学图》就十分滑稽、调皮，而且极为生动、活泼。这幅画将老师画成一只大青蛙，蹲在讲台上，一群小青蛙趴在桌子上写字，还有偷看老师的书的，用扇子扇风炉烧茶的，加上旁边的四只小青蛙在那里调皮地玩耍……这幅青蛙学校的画作，初见令人忍俊不禁，看后无不捧腹大笑。从中可以看出，尽管套版印刷传入越南的时间有限，但是其创作水平却并不低劣。

　　中国年画的一些传统题材，在越南的年画作品中也得到反映。越南画家凭烈所刻的《老鼠娶亲图》，栩栩如生，送礼的、吹号的、抬轿的、骑马的新郎，都由老鼠扮演，样子煞是可爱，"这完全是中国年画的翻版"。[1]

　　越南人所作的年画中，美女画、摘椰子等图则发挥了他们艺术家自己的风格，具有南国情调。这种接近群众、生动有趣的彩色年画，在阴历过年时，受到越南广大人民群众的欢迎，至今犹然。[2]

　　由于没有机会见到张秀民先生所介绍的年画，下面附上两幅越南年画。（见图 8-6、图 8-7）

---

　　① 张秀民：《中国印刷术的发明及其影响》，北京：人民出版社，1958 年，第 158 页。
　　② 作者曾经获得越南朋友阮氏所赠送的越南北方年画若干张，对此颇有印象。学习越南语时，在所用的课本里也曾经见过类似的插图。

图 8-6　老蜗讲读

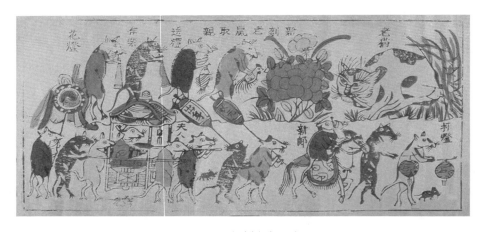

图 8-7　新刻老鼠娶亲

　　历史上，越南人还用从中国学的印刷术印制钞票。胡季犛掌握陈朝政权后，实行币值改革，禁绝铜钱，仿洪武宝钞，行使"通宝会钞"。胡氏所印纸币的票面分为十文、三十文、一陌、二陌、三陌、五陌、一缗等七种。每种票面上各画有藻、水波、云、龟、麟、凤、龙等不同图样。当时这些纸币全国通用，发行量庞大。遗憾的是，只因历代兵火以及地方暑湿，木板容易虫蛀腐朽，这些最早的带图印刷品、印本书籍及木板大部分已亡佚。

四、印刷术在越南的发展与影响

（一）印刷术的传播，早期以印刷宗教读物为主

越南对于中国印刷品的需求，早期是因为宗教传播的需要[①]。北宋时期越南朝廷曾经先后请去三部《大藏经》和一部《道藏经》，可见越南国内对于佛教和道教书籍需求的饥渴程度，从另外一个侧面也能够反映出道教和佛教在越南的普及水平。

元朝至元二十五年（1288），陈圣宗派遣使臣陈克用向元朝求取《大藏经》。频繁的宗教活动伴随求经活动而展开，同时，求经活动又推动了宗教的传播速度。

随着印刷品的输入，越南对于中国印刷品的需求被激发，当这种需求不能被完全满足时，必然会刺激他们自己印刷书籍的欲望。越南历史上第一次记载的印刷品，是陈朝元丰年间（1251—1258）木印的户口帖子。这是中国印刷技术在越南传播后所绽放出来的第一朵花，此后就逐步地成长起来了。

即令是已经开始尝试自己印刷书籍，但是，因为技术不成熟等，越南对于中国书籍的需求仍然相当旺盛。越南虽没有像朝鲜那样工程浩大、刻工精良的《大藏经》，但民间善男信女们刊刻的佛经为数却相当可观，前河内远东考古学院保存的有四百多种。[②] 这也可以很好地说明因为印刷术的传播，引发了佛教经典作品在越南的流行，从而导致佛教在越南的盛行。

同时，随着儒家学说在越南的传播，儒家经典著作的印行，也是越南印刷事业得以发展的原动力之一。换言之，越南印刷技术的发展与儒家学说在越南传播的需要是紧密相连的。15 世纪中叶，越南人已经可以自己印刷一些儒家的

[①]　此情状与欧洲早期的情况类似，比如德国印刷术即因为印刷《圣经》而兴起。

[②]　陈玉龙等：《汉文化论纲：兼述中朝中日中越文化交流》，北京：北京大学出版社，1993 年，第 373 页。

作品，并且有了五经官定本的刊印和发行。官方正式出版的儒书，有黎太宗绍平二年（1435）刊《四书大全》版本等。此后，黎圣宗光顺八年（1467）颁五经官板于国子监，并诏求遗书，藏诸秘阁。与此同时，先代的书籍也开始在越南印刷。

（二）从越南的印刷业看中国文化的影响

下面，笔者举出历史上中越文化交流史的几个例子，来说明两国之间有关印刷业的友好往来。

其一是号称"越南王安石"的黎贵惇①，他是越南历史上一个著名的人物。乾隆年间，他曾经奉命出使北京，他的四卷本著作《群书考辨》，于越南阮朝成泰年间（1889—1907）在顺化刻板印制，书中有中国人朱佩莲、朝鲜人洪启禧为他写的序文。② 这件事不仅是中越文化交流史上的一段佳话，更说明越南与朝鲜的文人之间因为"同文同种"、文字相通，在历史上也曾经有过友好的交往历史。

第二个例子是关于郑天赐的。祖籍中国广东雷州的郑天赐（也作鄚天赐），对于开辟南越河仙一带有功。他曾经在当地自铸铜钱行使，名"安法元宝"。他曾经于乾隆二年（1737）刊印中越两国诗人所作之诗120首，名《河仙十咏集》。

第三，关于《皇越地舆志》的出版。该书之版本，除"会文堂""聚文堂""观文堂"三个外，另有一个版本的封面标有"明命十四年（1833）著"，上额横书"岁在壬申年（1872）新镌"，下旁有"粤东佛山福禄大街金玉楼藏板，在堤岸和源盛发客"等字样。据张秀民先生推测，"此书疑为广东佛山书铺代刻，印成后运往南越堤岸华侨商店发卖者"。③

在学习中国印刷术的同时，越南人在刻书的时候，还模仿中国书籍中的一

---

① 有关黎贵惇的介绍请参阅本书第七章《中国史学对越南的影响》之第三节《黎贵惇：中国史学对越南影响的一个范例》。

② 张秀民：《中国印刷术的发明及其影响》，北京：人民出版社，1958年，第159页。

③ 张秀民：《中国印刷术的发明及其影响》，北京：人民出版社，1958年，第159页。

些做法。越南人在印制书籍时，不仅像中国人一样使用本国年号，同时还学会了"避讳"的用法，且更加谨严。比如，在印制书籍的过程中，为了避讳①，常常把"宗"字改为"尊"字，或者是把"宗"字中间的一横去掉，写作"宗"字；把历书中的"芒種"改为"芒植"，连铅印本"種"字也改成"種"，因为旧阮世祖皇帝阮福映乳名"種"，避同音字。可见中国文化的影响具体而又细微！

越南刻印的书，曾有一些流传到中国。尽管只有寥寥数种，但是我国明朝的《文渊阁书目》还是把越南人陈兴道所著录的《经史互记》，以及明初《交趾总志》《十七府志》等书籍收入进去，这或许也可看成越南文化对中国文化的一种反馈。遗憾的是这些书籍都已经亡佚了。

总之，中国印刷术在越南的传播，极大地促进了越南文化的发展，对越南封建社会的政治、经济、文化、教育、宗教等方面起到了推动作用，当然，也在客观上为中国古代文化在越南的传播和二者之间的文化交流扮演了重要的角色。

第五节　中国建筑技术在越南的传播和影响

一、中国古代建筑技术传入越南

传说公元前 257 年，安阳王"筑城于越裳，广千丈，盘旋如螺形，故号螺城，又名思龙城。唐人呼曰昆仑城，谓其城最高也"②。但是，由于建筑技术较差，所建筑的城池"随筑随崩"，需要有金龟化作神人来帮助才能成功。这种传说与中国所说张仪筑成都城，秦人建筑马邑（朔县）需要有神龟、神马相助，如出一辙。此记载虽有神话的成分，却可以看出早期中越之间交流的影子。

---

① 有关越南人文字方面的避讳，可与本书第二章、第七章中的相关内容相互参阅。
② 《大越史记全书·外纪》卷一《蜀纪》，第 100 页。

自秦朝至 968 年越南建立自主封建国家的一千多年间，越南北部（即交趾地区）属中国领土，受中国历代封建王朝的直接统治。在这一时期，越南建筑技术明显受到中国影响。

自公元前 214 年，秦始皇略定南越，交趾地区划为中国的版图之内。此后，历代郡守在交趾筑城事迹便史不绝书。据《安南志原》载："后汉马援调立城廓，今三带州有所筑茧城、望海城故址"，"汉士燮筑羸陵城，事故陆胤筑朱鸢城，陶璜筑龙编城，杜慧度筑龙城，李元嘉筑苏沥城，唐张伯仪筑大罗城，张舟、高骈继续增修"，可见越南历代筑城事迹代有记载，建筑技术不断提高。

汉代是中国建筑技术传入越南的重要时期之一。越南北部和中部曾发现大批的汉代砖墓，并有烧砖瓦窑址多处。唐朝李复将烧砖之法传到越南，于是越南开始有了瓦屋的建筑。[①]

中国式的城郭、渠灌建筑技术也传入越南。汉建武十六年（40），交趾郡征侧、征贰姐妹因不满交趾太守苏定反叛，九真、日南、合浦、蛮里皆应之，凡略 65 城，自立为王，后由伏波将军马援"所过辄为郡县治城郭，穿渠灌，以利其民，条奏越律与汉律驳者十余事，与越人中明旧制以约束之。自后骆越奉行马将军故事"[②]。马援建筑城郭，开辟水陆交通，兴修水利，灌溉农田，不仅有利于发展经济，改善当地人民生活，还把汉代先进的建筑技术传入越南，功莫大焉。

林邑（即占城），是今天越南中部的一个古老国家，后来被纳入越南的领土之内。据史书记载，西晋末年，范逸为林邑国王时，日南郡西卷县的范文曾随商贾来到中国内地，正是范文把中国先进的建筑技术带入今越南中部的林邑。

《晋书·林邑传》载，范文"见上国制度，至林邑，遂教逸作宫室、城邑及器械。逸甚爱信之，使为将"[③]。范逸死后，范文自立为林邑王。范文虽是一个篡位之君，但他欣赏中国的文物制度和技术，借鉴过来用以建造宫殿城邑、制

---

① 陈玉龙：《中国和越南、柬埔寨、老挝文化交流》，载周一良主编《中外文化交流史》，郑州：河南人民出版社，1987 年，第 694 页。

② 《大越史记全书·外纪》卷三《属西汉纪》。

③ ［唐］房玄龄等：《晋书》卷九十七《林邑传》，北京：中华书局，1974 年，第 2546 页。

造兵器等。

唐朝在越南设安南都护府。唐末大将高骈于懿宗咸通年间（860—873）出任安南都护、静海军节度使，镇抚安南。史书记载，高骈曾施用法术呼唤雷电劈开江中巨石以疏通航道。所谓法术可能是使用炸药爆破的技术，可惜其术无传。①

高骈在安南都护府任上，多行善政，疏通广州、交州的江道，使得来往舟楫畅通无阻，最为商旅称便，长期以来为当地人民所感念。越南史学家吴时仕对此评价道："高骈在我交南，破南诏以拯一时之生灵，筑罗城以壮万年之都邑，其功传矣。"② 高骈修筑罗城，整治江道，不仅保障了越南人民的生命安全，而且引进中国的建筑技术，有助于越南建筑技术的发展。

二、越南对中国建筑技术的体认

在中国古代建筑技术的影响下，越南人得以较早地掌握了建筑技术。

李公蕴（1010—1028 年在位）建立李氏王朝后，"因见花间狭窄，不能发展成为都会，遂决定迁都罗城"③。顺天元年（1010）七月初下诏迁都升龙。

李太祖这次迁都是以大罗城为基础的。当抵达大罗城时，李太祖因为见到黄龙出现，视为吉兆，遂改大罗城为升龙城。这次迁都，李太祖参照中国城市的建设布局，使得升龙城呈现出东、西两市并存的局面，后来又依照专业性的分工，比如手工作坊和商业区等，逐渐将城市扩展为36坊，即36个专业区域。

越南李朝常遣使至北宋的东京（今河南开封）索取佛教经典和佛教寺院建筑技术。宋仁宗天圣九年（1031），越南李朝在全国重镇造寺观 150 座。1011年，京都升龙建太清宫、万寿寺、镇福藏，在升龙都城外建四天王寺、衣锦寺、龙具圣寿寺。④

---

① 李未醉：《中外文化交流与华侨华人研究》，北京：华龄出版社，2006 年，第 132 页。
② 参见何成轩：《儒学南传史》，北京：北京大学出版社，2000 年，第 153 页。
③ ［越］陈重金著，戴可来译：《越南通史》，北京：商务印书馆，1992 年，第 65 页。
④ 郭振铎、张笑梅主编：《越南通史》，北京：中国人民大学出版社，2001 年，第 304 页。

对于升龙城的建设，历代越南王朝也在不断地做着努力。据《大越史记全书·本纪》卷五《陈纪》记载：陈朝太宗建中六年（1230），"定京城左右伴坊，仿前代为六十一坊，置评泊司"①。陈英宗兴隆七年（1299），越南使臣邓汝霖到北京密画宫苑图本等，作为升龙城建设、改造时的参考。

黎裕宗永盛时，安南仿中国建筑风格，"重修天老寺，命掌奇宋德大等董其役。其制由山门而天王殿，玉皇殿，大雄宝殿，说法堂，藏经楼，两傍则钟鼓楼，十王殿，云水堂，知味堂，禅堂，大悲殿，药师殿，僧寮禅舍不下数十所。皆金碧辉煌，一年完工。上亲制碑文记之"②。

越南阮朝都城顺化的规模及其形制，大部分是模仿中国的古都北京，是东方著名的中越合璧都市，顺化城内王宫的规模和结构，又仿佛是一个具体而微的北京故宫，就连帝妃陵墓也跟中国明清时期的陵墓相似。

如果我们拿唐代长安城，日本平城京（奈良）、平安京（京都）和越南河内城乃至旧阮首都顺化城做一番比较的话，就不难看出古代中国、日本和越南在建筑艺术和城市布局方面的共同渊源。③

三、越南建筑的特点

如上所述，尽管越南历代封建王朝的建筑与中国同类建筑有相似之处，但也有越南自己的特点。

据贺圣达先生介绍，越南李朝的建筑主要分为两类：第一类是为适应封建王朝需要而建立的城垒，包括城墙、宫殿和楼台等；第二类是由于当时佛教兴盛而在越南全国各地建造的佛塔。

第一类建筑的典型代表是首都升龙（今河内）城。河内自李太祖定都至黎

---

① 《大越史记全书·本纪》卷五《陈纪》，第 325 页。
② 《大南实录·前编》卷八。
③ 陈玉龙：《中国和越南、柬埔寨、老挝文化交流》，载周一良主编《中外文化交流史》，郑州：河南人民出版社，1987 年，第 694—695 页。

朝，一直是越南的首都，是越南历史上重要的城市。李朝时期的升龙城规模巨大，分为内外两城，总长约有 25 千米。皇城内有高达 4 层的宫殿。

第二类建筑是佛塔寺庙。寺庙通常是正方形布局，如海防祥隘寺、河内香海寺、招禅寺等。其中建于 1049 年的河内独柱寺最具特色，整个寺建筑在湖心的一根高 4 米、直径 1.2 米的大柱上，有如盛开的莲花。（见图 8-8）

图 8-8　河内独柱寺

注：传说李太祖年高无子，有一次梦见端坐在荷叶上的观音菩萨递给他一个男婴。不久李太祖娶年轻的农家女为妻，她后来为李太祖生了个男孩儿，竟然与梦中的男婴一模一样，于是李太祖便下令建造独柱寺以感恩。现在独柱寺仍然完好地矗立在越南河内。

越南陈朝时期的建筑艺术是在继承了李朝传统的基础上发展起来的。寺庙佛塔是陈朝最具艺术特色的建筑。广宁安子山在陈朝成为佛教圣山，建有禁植寺、楼洞寺、解宽寺等。建造于李朝的华安寺经过重建后，改名为云安寺，供奉"竹林三祖"[1]；坐落在南定、建造于李朝的普明寺，陈朝时在原有的基础上得到了大

---

[1]　即陈仁宗、法螺、玄光。这三个人物被认为是越南历史上佛教界的"三祖"。

规模改造和扩建，成为一座包括九厢前堂、三厢烧香殿和正殿呈"工"字形的建筑群。普明寺系用砖头砌成，寺门前面有普明塔，共 14 层，高 21 米，其布局严密而又对称，木门上雕刻的龙形图案躯体茁实饱满，美观大方。

随着道教和佛教在越南的进一步流行，越南黎朝的建筑艺术也随之得以发展。与宗教有关的庙宇、寺院和佛塔仍是主要的建筑形式。据贺圣达先生介绍，黎朝时兴建的各种寺庙保存至今的有：甘蔗寺（河西）、天府—香山寺（河西）、天姥寺（顺化）、碎云山圣禄寺（顺化）、敕赐报恩寺（顺化）、隆庆寺（平定）、宝将寺（富安）、敕赐金山寺（庆和）、使馆寺（河西）以及大规模重修的笔塔寺（河北）、西方寺（又称崇福寺）和豆季寺（河西）等。

河内的文庙，虽始建于李朝，但现在的规模和格局却是在黎朝时期定下来的。文庙占地 26000 多平方米，由飞檐高耸的大门、二重门、魁文楼、天光井、大城殿等部分组成。其中，魁文楼东西两侧有 82 块石龟做底的石碑，题刻黎朝各次中举的进士名录；大门、二重门和殿门前有多副对联和多个题匾。河内文庙的风格与中国的文庙大致相若，但却具有自己的特色。例如，进士题名碑、天光井等均为中国所无、越南所独有。（见图 8-9）

图 8-9　1928 年的河内文庙

在整个阮朝统治时期（1802—1907），越南的建筑艺术和雕刻艺术获得高度的发展，其精华集中体现在首都顺化。[①]

顺化的外城是由三重城墙，众多的壕沟和渠道，数以千计的门、门楼以及砖石结构的拱形桥所构成的完整城墙系统，这个城墙系统是越南民族建筑中唯一保存至今的文化遗产。内城的太和殿、隆安殿（如今用作博物馆）是越南独一无二的宫殿建筑，也是越南民族建筑遗产中最大的木建筑物。

顺化位于越南的中部，城的南面有著名的香江潺潺流淌。顺化城被三道城墙环抱：京城、皇城和紫禁城，周长共约 15 千米。其中心地带是皇城和紫禁城（合称为大内），平面如正方形，每边的长度大约 600 米。大内有 100 多座大大小小的建筑物，每座建筑物都有自己的功能、独特的装饰和建筑形式，形成了既多样化，但又对称、融洽的建筑群体。大内是皇朝的行政和政治生活中心，同时也是皇室居住的地方。因此，这里的建设规划严格遵守儒教的哲理和政治观念，体现皇帝至高无上的地位。

顺化城内的大内部分是皇室生活、起居的重要地方。各个部分被一人多高的墙体分割开来，成为相对独立的区域。各部分分别是：①午门到太和殿之间是朝廷举行隆重典礼的地方，登基、祝寿、贺年、阅兵以及每月初一和十五举行的大朝在这里举行。②祀庙区：有兆庙、太庙、兴庙、世庙和凤仙殿等。③延寿宫：皇太后居住的地方。④长青宫：太皇太后居住的地方，大约有 10 座建筑物。⑤内务府：包括许多安放贵重物品的仓库以及为皇室服务的手工作坊。⑥紫禁城（见图 8-10）：是皇帝一家生活的地方，四周一堵 3.5 米高的砖墙将它与外部世界截然隔离开来。紫禁城内拥有最巍峨壮丽的 18 座宫殿，其中的勤政殿是皇帝日常办公的地方，后面有文明殿、武显殿、东阁殿、左雩殿和右雩殿等，分列两边。接着是勤诚殿（皇帝住的地方）、钦泰宫（皇后所住），都位于主轴线上。沿着这两个宫殿，两边依次分别为光明殿、贞明殿、养心殿、静观堂、阅示堂（看戏的地方）、尚膳（给皇帝做饭的地方）、太医院、六院、太平

楼（皇帝读书和写诗的地方）和上苑（皇帝游乐的花园）。

图 8-10　顺化紫禁城一角

综上所述，越南顺化的阮朝紫禁城同中国北京明清紫禁城有着十分相似的地方，就连宫殿的名称也仿效中国，受中国文化影响的迹象一目了然，清晰可见。

第六节　中国古代天文学在越南的传播和影响

一、中国古代的天文历法

中国古代很早就有天文记录了。《尚书·尧典》所载鸟、火、虚、昴四个中星，《春秋》所载 242 年中的 37 次日食，被近代天文学家研究证明为很有价值的天象记录。秦汉以降，中国历史上精心研究天文者不乏其人，张衡、郭守敬等人更是人们耳熟能详的大科学家，在世界科技史上占有重要的一席之地。

在历法方面，古代即有黄帝、颛顼、夏、殷、周、鲁六家历，汉代以后，中国先后推行过的历法有 50 余种。① 历法越来越精准、严密，《太初历》《宣明历》《授时历》《大统历》《时宪历》等各有其特殊的历史意义。其中的《太初历》（前 104）以 $365\frac{385}{1539}$ 天为一年，跟罗马恺撒所颁布的儒略历一样，但比它早约 60 年。《授时历》（施行于 1281 年）每年有 365.2425 日，与地球实际绕太阳一年周期只差 26 秒，与现在全世界通行的格里历的一年周期相同，却比格里历早了 300 多年。

二、中国天文历法在越南的传播

据《尚书·尧典》记载："申命羲叔，宅南交，曰明都。平秩南讹，敬致。日永，星火，以正仲夏。"五代时，越南大概还有一段时间使用中国的历法。明代李文凤所著《越峤书》记载了宋文帝时到交州测量天文现象的事迹："宋文帝元嘉中，南征林邑。五月立表望之，日在表北九寸一分，交州影在表西二寸三分，交州去洛阳水陆七千余里，盖山川回折使之然也。以表取其弦直，当下千里。唐开元十二年，测交州夏至影，在表南三寸二分，与元嘉所测略同。"

北宋初年越南立国后，一直到被法国殖民者占领期间，越南与中国始终保持着"宗藩关系"，定期向中国中央政府朝贡。越南进贡的物品以当地的土特产为主，而中国历朝政府则遵循"厚往薄来"的原则，回赠给他们丝织品、鞍马、钱币、甲胄、书籍等大量具有实用价值的生活、生产用品。

北宋大观元年（1107），安南李朝皇帝李仁宗曾经派遣使者到开封"乞市书籍"。据《宋会要》记载："闰十月十日诏交趾进奉入乞市书籍，法虽不许，嘉其慕义，可除禁书卜筮阴阳历算术数兵书敕令时务边机地理外许买。"南宋淳熙三年（1176），赐安南国历日，这种颁历制度，一直延续到清代。

---

① ［清］张廷玉等：《明史》卷三十一《历志》，北京：中华书局，2000 年，第 347 页。

元朝成宗和仁宗时代，对天文历法实行奖励和保护政策。元代天文学家郭守敬（1231—1316）总结了中国古代天文历法的先进成果，并根据他个人的实际观测，编著了一部精确的新历法《授时历》。他以 365.2425 日为一年，29.530593 日为一月，将一年的二十四分之一作为一气。他推算的节气比以前的历法更为准确，对农业生产有着重大贡献。《授时历》是当时世界上最精确的历法，影响极大。东方诸国学习中国历法者络绎不绝。

元惠宗（顺帝）元统二年（1334），元朝派遣吏部尚书贴住、礼部郎中智熙善出使安南，将《授时历》赐予当朝的陈宪宗陈旺。自此，安南历朝使用中国天文历法。《授时历》的输入，对于安南农业生产和人民日常生活有着重大帮助。①

陈开祐十一年（元至元五年，1339），陈朝皇帝采纳了太史令邓辂的建议，改《授时历》为《协纪历》。《大越史记全书·本纪》卷七《陈纪》曰："（开祐十一年己卯）春，改《授时历》为《协纪历》。时候仪郎太史局令邓辂以前历皆名授时，请改曰协纪，帝从之。"②

越南陈朝时期在天文历法方面有较高的水平。黎澄是陈朝皇帝的王子，明朝永乐五年（1407）被平安南的张辅俘获，他长期为明朝服务，官至尚书。晚年有《南翁梦录》行世。该书引述元至正年间（1341—1368）交趾人陈元旦"通晓历法，尝著《百世通纪书》，上考尧甲辰，下至宋元日月交蚀、星辰躔度，与古符合"③。

胡季犛取得政权后，废除《协纪历》，改行《顺天历》。1407—1427 年，越南被中国明朝再次统治后，恢复中国制度，行《大统历》。

清代康雍时期，安南与中国历法交流甚少。嘉庆初年，由于越南没有掌握推步之法，不能预测天象，每逢日食、月食等天文现象出现，都要等到清朝的牒文传到之后才能够知道。《大南实录·正编》第一纪《世祖实录》卷三十二

---

① 郭振铎、张笑梅主编：《越南通史》，北京：中国人民大学出版社，2001 年，第 359 页。
② 《大越史记全书·本纪》卷七《陈纪》，第 419 页。
③ 韩琦：《中越历史上天文学与数学的交流》，《中国科技史料》1991 年第 12 卷第 2 期。

记载："嘉隆六年（1807）四月，谕曰：推测天度，在乎识之于豫；若象纬已形，而始知之，不几旷厥司乎！先是每值日食月食，清人牒至，钦天监方以奏报，故戒之。"

《大南实录》的另外一条记载说明了越南朝廷为改善这种被动局面所采取的积极措施。"嘉隆九年（1810）四月，阮有慎自清还，以大清《历象考成》书进言：我《万全历》与大清《时宪书》从前用明《大统》历法，三百余年未加改正，愈久愈差，清康熙年间参用西洋历法，汇成是编，步测精详，比之《大统》愈密，而三线八角之法又极其妙，请付钦天监令天文生考求其法，则天度齐而节候正矣。帝称善。"①

出版于康熙、乾隆年间（前编出版于康熙年间，后编于乾隆年间增订）的《历象考成》，是中国一部论述历法的专著。书中论述了有关行星的椭圆运动定律和面积定律。该书于嘉庆十五年（1810）传入越南，越南人根据《历象考成》的计算方法，把《万全历》改为《协纪历》，明命元年（1820）刊刻钦定万年历，这是一部用以考定其本国的节日、大典和有关天气变化之历法。②

越南阮朝钦天监监副阮名砷，请遵《大清星历》造《七政经纬历》。《大南实录》第二纪《仁祖实录》卷十八有记："三年（1822）冬十一月，以翰林院检讨阮名砷为钦天监监副，砷尝陈历法，请遵《大清星历》造《七政经纬历》，以考验五星行度凌犯，详录其实于史书，传之来世，再考协纪，辨方书旧式制造春牛，颁行天下，以明农候早晚，且复古人出土牛送寒气善法。"

中国明朝和清朝设立的钦天监，是掌管观测天象，推算节气、历法的官署，设有监正、监副等官。越南阮朝钦天监的设置和职掌，大体跟中国清朝相同。1809 年，安南阮福映任命礼部昭义侯邓德超掌管占候事务，阮玉璘等十二人为占候管官。1813 年，以礼部尚书安全侯郑怀德掌管钦天监事务。③

钦天监所用"官书"，除了《历象考成》之外，几乎全部使用中国的书籍，

---

① 《大南实录·正编》第一纪《世祖实录》卷四十。
② 郭振铎、张笑梅主编：《越南通史》，北京：中国人民大学出版社，2001 年，第 581 页。
③ 郭振铎、张笑梅主编：《越南通史》，北京：中国人民大学出版社，2001 年，第 582 页。

比如《直指原真》《月令粹编》《钦定仪象考成》《高厚蒙求》《管窥辑要》《御制数理精蕴》《新制灵台仪象志》《五类秘窍》《物理小识》《格致镜源》《地球说书》等。①

越南钦天监在使用中国历书的过程中，有时候还能够指出其中的一些错误。《钦定大南会典事例》卷二五九"钦天监"条有云："（明命）十一年（1830）谕钦天监等员：前者推算历法乃能于月食复圆分秒，摘出清人差谬之处，颇属可奖。"可见越南的天文学家水平之一斑。

19世纪初，越南还从中国的广东带回去西洋历法。据《大南实录·正编》卷四十六记载："嘉隆十二年（1813）二月，陈震、阮皓自广东还，献玛瑞书西洋历，帝令阮文胜译以进。"

占城，古称林邑，位于今越南中部地区，我国史书称为"占婆"或"占不劳"，曾经跟中国有着密切的关系。元朝时进行的天文观测活动，最南就到过那里。占城历法也是由中国传入的。明太祖洪武二年（1369），赐占城王玺书，并以《大统历》一本、织金绮纱罗绢五十匹用专人护送占城的使者回国。按照韩琦先生的考证，这是中国历法传入占城的开始。自此以后，只要占城国有新的国王即位，或者派人来中国朝贡时，中国常常将历书赐予占城，"故其国亦通行中国历法"。②

此外，二十四节气是中国历法家的杰出创造，直到今天在中国民间仍然广为使用。越南阮朝所颁行的《协纪历》也加以采用，其名称也与中国历法完全相同。中国古代历法的另一创造"干支纪日"，也同样为《协纪历》所采用。例如大南维新十年（1916）的历书上写道："正月大（庚午）三日壬申巳正一刻十四分立春。正月节十八日丁亥卯正一刻十三分雨水。"历法、二十四节气和干支纪日，越南民间和广大农村都普遍采用，影响深远。

---

① 韩琦：《中越历史上天文学与数学的交流》，《中国科技史料》1991年第12卷第2期。
② 韩琦：《中越历史上天文学与数学的交流》，《中国科技史料》1991年第12卷第2期。

三、中国天文历法在越南的影响

从上述可知，历史上中国与越南之间在天文历法上有着极为密切的关系。这里，引用历法学家高平子先生的话，来作为本节的结束语：

"安南历法实即中国旧历，大概公元前 111 年即汉武帝元鼎六年征服南越时所建立，嗣后行用千年，至 10 世纪安南自立王朝仍继续行用。所以安南历法亦是每年十二个太阴月，大月三十日，小月二十九日，每三年或二年插入一个闰月。安南历和中国历有时可能歧异之点，就是插入这个闰月的月份。安南也和中国一般纪年有六十周期及任意建立的'年号'，从第一个王朝起直到现在都是效法中国在年历上称某某几年，例如 1802 年称'嘉隆元年'，1820 年称'明命元年'，1847 年称'绍治七年'……"①

第七节　中国古代数学在越南的传播和影响

一、先进的中国古代数学

像其他自然科学一样，古代中国的数学也走在世界的前列。

早在商代，我国已经有了十进位制数系统。《周官·保氏》中说教国子以六艺，"数"是其中之一，数学被确定为贵族子弟教育的六门必修课（六艺）之一，似乎可以作为周朝将算数列为国人教育必修科目的证据。传说西周初年，

_____

① 高平子：《从越南三邦历法看汉化南行》，《大陆杂志》1951 年第 3 卷第 6 期。

人们对勾股定理已有初步的认识，并已熟悉九九乘法表和整数四则运算。[①]

《周髀算经》相传是周公所撰，后人多有疑问，但是至少可以作为先秦时期中国先民研究具有相当进步的数学知识的佐证。

春秋战国时期创立了筹算。汉魏时期，中国数学的成就远远超过当时世界上的任何国家，《算经》中的《九章算术》《孙子算经》《张丘建算经》《夏侯阳算经》等，都成于此时。尤其是张苍、耿寿昌编定，刘徽注释的《九章算术》特别值得重视。《九章算术》总结了先秦和秦汉时期中国数学的辉煌成就，形成了东方数学的完整体系，奠定了此后中国数学领先世界千余年的基础。正因为如此，国际数学界把《九章算术》和西方的《几何原本》并称为辉映世界的两颗明珠。

此后中国出现了一大批数学家。南北朝时期数学家何承天创造了先进的分数近似方法，被数学界称为"何承天法"。祖冲之在前人研究的基础上，更精确地推算出圆周率的值，领先世界一千多年，他还编写了数学专著《缀术》。

宋元明三代，精研数学者不乏其人。南宋人秦九韶作《数学九章》，提出了一系列先进的数学原理和定理。元代人朱世杰的著作《四元玉鉴》，提出了天元术、二元术、三元术、四元术及多元高次方程。外国科技史家评价朱世杰是所有中世纪数学家中最伟大的一位。[②]

明代程大位所写的《直指算法统宗》是一部关于珠算的入门书，该书于康熙五十五年（1716）翻刻，流传全国及周边国家，当时研究算术者几乎人手一册，可见其影响之大，对越南珠算的运用方法影响极为深远。

元代还发明了珠算，比之以前的算筹更加方便。明朝末年，西方传教士逐渐进入中国，他们带来了较为先进的西洋数学，李之藻、徐光启首先予以介绍，成绩也蔚为可观，为中国近代数学的发展做出了开拓性的工作。

---

① 王怀兴主编：《中国文化简史》，济南：齐鲁书社，2002 年，第 7 页。
② 王怀兴主编：《中国文化简史》，济南：齐鲁书社，2002 年，第 12 页。

二、中国数学在越南的传播和影响

数学作为一门古代社会重要的实用学科，由于跟社会生活的关系极为密切，一直受到历朝政府的重视。政府在丈量土地、征收赋税等实用方面的需求，既是数学得以受到重视的原因，又是数学作为学科得以不断发展的动力。

历朝中国古代政府均比较重视数学，唐朝时期科举制度考试还设立"明算"一科。越南于公元 10 世纪中期立国后，也十分重视数学之学。越南李、黎各朝均仿效中国举行数学考试，遴选专门人才。

黎朝政府特别重视并大力提倡数学，所以中国数学和珠算在越南各地得到广泛传播，在民间也得到广泛普及。

越南李朝时，李高宗贞符四年（1179）己亥孟冬测试国中黄男（即年满 18 岁的男青年）写古人诗词和运算，以提高其汉学的能力，一度确有成效。同年底，再一次令殿试三教子弟书古汉文诗句、赋、经文、运算等科。比以前更有发挥，为此后学习汉文古诗、经、赋、运算的推广奠下了基础。[①]

陈圣宗绍隆四年（1261）试吏员以书算。胡汉苍开大二年（1404）举行了乡试，试法仿元，前四场试文字，第五场试书算。黎太宗绍平四年（1437），"考试书算，中试六百九十人，补内外各衙门属掾，试法第一场暗写古文，第二场真书，第三场算法"。黎圣宗洪德八年（1477）试从官应得入流子孙以书算，许充各衙门吏如文武子孙试中例。黎威穆宗端庆二年（1506），考试军色民人书算于讲武殿廷，应考者 3 万余人，取中阮子萁等 1519 人。[②]

安南属明时期曾经有利于中越两国数学的交流。在 1400 年，胡季犛废黜年幼的陈少帝（1398—1400 年在位）而自立为帝，结束了陈朝在安南的统治。1406 年 7 月，明成祖历数胡季犛父子的 20 项大罪，分别由广西和云南两路出兵安南。1407 年 5 月，明军在陈朝残余势力的支持下，俘获胡季犛父子，灭亡了

---

① 郭振铎、张笑梅主编：《越南通史》，北京：中国人民大学出版社，2001 年，第 304 页。

② 朱云影：《中国文化对日韩越的影响》，桂林：广西师范大学出版社，2007 年，第 94 页。

胡朝，开启了对安南的直接统治，加强了中国文化在安南的传播。明成祖要求交趾有关官员，悉心访求交趾当地的"怀才抱德、山林隐逸、明经能文、博学有才、贤良方正、孝弟力田、聪明正直、廉能干济、练达吏事、精通书算、明习兵法、武艺智谋、容貌魁梧、语言便利、膂力勇敢、阴阳术数、医药方脉之人"，"以礼送赴京师擢用"。永乐时期（1403—1424），先后有 16000 余名交趾人被送至京师，他们为安南文化在明朝的传播和明朝的建设付出了很多艰辛的劳动。这些人中一定有精通书算的越南数学家。

越南黎朝从明朝大量购买儒学经书，其中就有数学书籍。明人严从简在其《殊域周咨录》卷六中提到当时交趾汉籍为数众多，他做了如下统计："如儒书则有少微史、《资治通鉴》史、《东莱》史、五经、四书、胡氏、《左传》、《性理》、《氏族》、《韵府》、《玉篇》、《翰墨》、《类聚》、韩柳集、《诗学大成》、《唐书》、《汉书》、古文四均、四道、《源流》、《鼓吹》、《增韵》、《广韵》、《洪武正韵》、《三国志》、《武经》、《黄石公》、《素书》、《武侯将苑百传》、《文选》、《文萃》、《文献》、二史纲目、《贞观政要》、《毕用清钱》、《中舟万选》、《太公家教》、《明心宝鉴》、《剪灯新余话》等书。若其天文、地理、历法、相书、算命、占择、卜筮、算法、篆隶、家医药诸书，并禅林、道录、金刚、玉枢诸佛经杂传并有之。"可见当时中国"算法"书籍已经在越南广泛流传。

由于中国数学著作的传入，越南历朝政府的重视，数学在越南得到了普及和发展。到 15 世纪时，越南产生了两位重要的数学家，一位叫武有（音译），他写了一部著作《大成算法》，讨论水稻种植面积的计算；一位叫梁世荣，发展与重版了前者的著作，并把中国的计算方法介绍到了越南。[1]

越南古代皇帝中有许多精通数学者。陈仁宗是陈朝第四代皇帝。据记载，陈仁宗"圣性聪明多能好学，涉历群书，通内外典。及长，学通三教而深于释典，至于天文、历数、兵法、医药、音律，莫不适其阃奥"。

---

① P. Huard, M. Durand, "The Beginning of Science in Viet‐Nam", in *Science in the Nineteenth Century*, ed, R. Taton（New York：Basic Books, 1965）, p.528.

　　珠算是中国人民在数学领域内的一项杰出的创造发明，在全世界享有崇高的声誉，具有广泛的实用价值。它发轫于元代，盛行于明代。大约在明清之际，算盘南传到越南。珠算的输入，对于越南数学的发展起到了推动作用，同时还直接影响到人们的日常生活和商业、经济活动。明代程大位所写的《直指算法统宗》是一部关于珠算的入门书，它传入越南后，有力地推动了珠算的实际应用。

　　清康熙五十二年（1713），中国设立算学馆，选送八旗贵族子弟学习计算方法，每年四个季度举行小考，岁末举行大考，五年期满。这种算学制度对越南的影响很大。乾隆二十六年（1761），安南黎朝总国政郑楹下令官府仿照中国清朝的做法，举行数学考试，考平分、差分方法，每次考试，取用120人。[①]

　　根据中国科学院自然科学史研究所韩琦先生介绍，越南算数之书流行至今的有14种之多。这些书籍大多数是18世纪、19世纪所作。大部分为原河内远东博古学院图书馆所藏，也有一部分是中国数学家章用先生于1938年左右途经越南河内时在市场上购买的，这些书籍后来经过李俨先生节录重新抄写，现在珍存于中国科学院自然科学史研究所资料室。

　　这14种书籍是：①《算学底蕴》；②《意斋算法一得录》，阮有慎撰；③《笔算指南》（新编）五卷，范文裕撰；④《指明立成算法》，潘辉框撰；⑤《指明算法》，作者不详；⑥《意斋算法》，阮有慎撰；⑦《大成算学指明》，范嘉纪撰；⑧《算法奇妙》，作者不详；⑨《算法大成》，梁世荣撰，15世纪；⑩《九章立成算法》，范有僅撰；⑪《立成算法》，范有僅撰，与⑩为同书，黎朝永盛年（1705—1719）刊行；⑫《九章算法立成》，作者不详；⑬《总聚诸家算法大全》，作者不详；⑭《笔算指南》，阮谨撰。

　　中国社会科学院所收藏越南算书全部为节抄本，计有8种。

　　①《算学底蕴》一册，无撰人。此书分算数、方田、平立、九数、宫室、黄钟等六类，称"又奉辑国朝法例，印定成宪别本"，"算数首篇总说"言：

　　① 见黄国安等：《中越关系史简编》，南宁：广西人民出版社，1986年，第107页。又见郭振铎、张笑梅主编《越南通史》，北京：中国人民大学出版社，2001年，第582页。

"其书莫不本于易范，故今推明直指算法，辄揭河图洛书于首，见数有原本云。"可见中国明清算书中把河图、洛书置于书首的情形也被越南沿袭。"恒河沙、阿僧祇、那由他"等数目单位，均与中国相同。

②《算法大成》一册，进士梁世荣著（15世纪）。有九九歌诀、九归歌、归除法。

③《意斋算法一得录》一册，明命十年（1829）。据自序，阮有慎自小就对算学有很好的悟性，"及成人，则几探尽大统历囊之底矣"。阮有慎于1809年到达中国购得《历象考成》一书后，"不倦披阅推算，始知历学之渊，此书洵备，奇妙而无余蕴矣"。当他从钦天监任上退休后，写成此书。由此可见越南的算学与中国算学、天文学之间的密切关联。

④《九章算法立成》一册，无撰人。有九归歌、撞归法。完全是中国明清时期珠算术的翻版，同时也可以看出当时在越南也相当流行使用算盘进行运算。

⑤《大成算学指明》一册，范嘉纪撰。内有浅拟六方算式，并附有各种立方体体积的图示。

⑥《指明立成算法》一册，潘辉框撰，明命元年（1820）。作者受中国明朝数学家程大位《算法统宗》影响很大。书中附有算盘图"初学盘式"。共分四卷，内容为加减乘除、开平方法、差分法、盈不足术，大多与日常生活密切相关。

⑦《立成算法》又名《九章立成并法》，一册，范有僙撰，黎朝永盛年间（1706—1719）刊行。目录包括：九章法、官田法、私田法、平分法、差分法、截田法、多于少于法、内脏折纸法、黍通为谏法、谏淮为黍法、开方法等，尚有算筹、九九口诀。

⑧《笔算指南》一册，阮谨撰，维新三年（1909）镌。署名"广安巡抚香畦阮谨著"。据韩琦先生考证，此书大概是"西洋算学传入中国后，再传入越南的作品"。①

---

① 本节论述主要参考了韩琦《中越历史上天文学与数学的交流》，《中国科技史料》1991年第12卷第2期。

上述这些越南算书，几乎完全承袭了中国的《九章算术》《算法统宗》的传统，反映了中华文化输入越南后被当地人们接受的情形，由此可见中国文化对越南文化影响何其深刻。

第八节　中国古代的生产工艺在越南的传播和影响

在中越古代科技交流史上，尚有许许多多的生产工艺方面的交流，现叙述如下，以期从侧面反映中越两国之间的友好交往。

一、织锦技术

蚕丝由中国南传越南，到唐代，越南民间已普遍养蚕种桑。

中国的织造业，在北宋时期有高度的发展。越南独立后，李太宗曾组织宫女学习中国的织锦技术。据《大越史记全书·本纪》卷二《李纪》"太宗"条记载：乾符有道二年（1040）"二月，帝既教宫女织成锦绮。是月，诏尽发内府宋国锦绮为衣服，颁赐群臣，五品以上锦袍，九品以上绮袍，以示不复服御宋国锦绮也"①。李太宗此举，不仅使交趾宫女很快吸收了宋朝的织锦技术，而且解决了交趾官僚阶层的服装衣料问题。

19世纪时越南工匠仍继续向中国学习织造技术。据《皇越地舆志·顺化条》载："香茶县有操芒坊、居富春江东柑之后间山西、宜春、万春三社地，分为三邑。每邑十家，织工十五人，学织于北客②。世传古花采缎锦秀（绣）诸花样，皆妙巧。"同书还谈到广南府的织造说："人工精巧，所织绢布绫罗，华

---

① 《大越史记全书·本纪》卷二《李纪》，第229页。
② 此处"北客"指的是来自中国的纺织技术工人。因为中国在越南的北方，越南史书常常称中国为"北国""北朝"等，称中国人为"北客""北人"等。

彩巧丽，不减广东。"①可见广南府织造业之发达。

二、货币

近年在越南东山出土文物中有汉代五铢钱，这种五铢钱有可能是在汉朝平定南越时传入交趾的。在其他的发掘中，也有不同历史时期的古钱币出现。如"开元通宝"是唐代币制。据《新唐书》卷五十四《食货四》载，唐初仍沿用隋之五铢钱。"武德四年（621），铸开元通宝，……得轻重大小之中，其文以八分、篆、隶三体。洛、并、幽、益、桂等州皆置监。"这是通宝钱使用的开始。唐代桂州与越南近在咫尺，桂州设立有铸造钱币的工场，制作方法极容易传入越南。

越南古代流通的货币，主要为铜钱，或称制钱。传世最古的有前黎朝黎桓天福五年（984）所铸的"天福镇宝钱"，背文镌一"黎"字。越史书称为"此南钱之始"。黎氏天福钱，宋代曾在广州流通，称为"交趾国黎字钱"。越南自主后的历代王朝均以中国汉、唐币制为依据，以汉、唐铸币技术为基础先后铸制其"通宝""元宝"，称得上是对中国古代制钱技术的继承与发展。

陈朝曾经先后铸造过"建中通宝""绍丰通宝""大治通宝"等铜钱。后黎朝太祖（黎利）十分重视货币的作用。他说："钱乃生民之血脉，不可无也。"他即位后就铸"顺天元宝"。其子孙多自铸钱，钱货充足。黎圣宗更仿"开元通宝"铸"洪德通宝""光顺通宝"。后黎朝末代皇帝黎维祁铸"昭统通宝"。新阮（西山阮）又铸"泰德通宝""光中通宝"。阮朝（旧阮）世宗阮福映铸"嘉隆通宝"，不但在国内使用，且大量流入中国，冲击市场，引起中国统治者的密切注视。

越南钱币在其本国流通时，往往并非足陌，这也是受中国影响所致。中国

---

① 陈玉龙等：《汉文化论纲：兼述中朝中日中越文化交流》，北京：北京大学出版社，1993年，第383页。

在南北朝时就出现"钱不足陌"的现象。梁武帝大同年间，"物价腾贵。交易者
以车载钱……自破岭以东，八十为百，名曰东钱。江、郢已上，七十为百，名
曰西钱。京师以九十为百，名曰长钱。中大同元年，天子乃诏通用足陌。诏下
而人不从，钱陌益少。至于末年，遂以三十五为百云"①。陈朝交易用唐宋时钱，
七十文为一百，七百文为一贯，可谓如出一辙。越南不但行使制钱，为适应商
业发展需要，阮朝还铸造银锭与金锭。嘉隆初年，户部监造钱币及金银币。初
仅有十两银锭。随着铸币技术不断提高，嘉隆十一年（1812）又增加了铸造一
两的银锭。嘉隆、明命年间，还铸造有金锭。明命十九年（1838）造黄金伍拾
两、捌岁②，被称为"大南元宝"。③

三、文房四宝及其他

在中越两国长期的历史交往中，中国的笔墨纸砚等深受越南人民喜爱。宋
朝时，中越两国间的贸易往来较为频繁，中国人常用笔墨纸砚"文房四宝"与
越南人进行交易。后来，越南人也学会了制作技术，越南古代产鸡毛笔、玳瑁
笔与交趾墨等，质量上乘。越南上幅、白莲等地出产的毛笔，庆和省出产的烟
墨，北宁省嘉林县骁骑村出产的墨锭，河东省环龙县安泰制造的纸张等都曾经
享誉一时。

这里尤其要指出造纸术传到越南后的情形。众所周知，纸是中国人最早发
明的，南传到越南后，交趾人在此基础上又有新的创造和改进。他们最早是用
谷树皮造纸，后来发展到使用香树皮造纸。他们旧时的纸分为四种：除黄色的
敕纸外，令纸、示纸、本纸等均可以印刷书籍。3世纪时，交趾地方出产的蜜香
纸，以蜜香树皮造纸，微微带有褐色，还有像鱼子那样的纹理，味道香醇且具

① ［唐］魏征等：《隋书》卷二十四《食货志》，北京：中华书局，2000年，第467页。
② 意谓合纯金八成，非足赤也。
③ 陈玉龙等：《汉文化论纲：兼述中朝中日中越文化交流》，北京：北京大学出版社，1993年，第384—385页。

有坚韧性，用水侵蚀而不会腐烂，质量可谓上乘。①

越南的清化省以出产商陆纸闻名，这种纸张以商陆木树皮制作而成，精白坚韧，质量比以楮树皮所造纸张更佳。越南还出产过少量的金龙黄纸。但是，总体上看，本国所造的纸张笔墨数量较少，需要从中国进口部分产品才能够满足需要。总之，越南本地所造的纸张"不甚白，略带棉性，如广西、云南纸。多纸捻装订的小册子书名页上往往附细目，有时可圈点"②。

越南人较早地从中国学会了制作纸扇的技术。明代时，越南制作纸扇的技术已经相当成熟。在 1370 年黎朝皇帝献给中国明太祖的贡例中，就曾规定有纸扇一项。1407 年以后的几十年当中，越南北部的六个府，每年贡纸扇一万把。③1730 年，越南为了答谢清朝雍正所赐的书籍、缎巾、宝玉器皿，回敬了金龙黄纸二百张、玳瑁笔百支、斑色砚二方、土墨一包④，贡品甚丰。

---

① ［晋］嵇含：《南方草木状》，参见陈玉龙等《汉文化论纲：兼述中朝中日中越文化交流》，北京：北京大学出版社，1993 年，第 360 页。

② 陈玉龙等：《汉文化论纲：兼述中朝中日中越文化交流》，北京：北京大学出版社，1993 年，第 397 页。

③ 《交趾总志》卷二，参见陈玉龙等《汉文化论纲：兼述中朝中日中越文化交流》，北京：北京大学出版社，1993 年，第 397 页。

④ 《越南辑略》卷一，参见陈玉龙等《汉文化论纲：兼述中朝中日中越文化交流》，北京：北京大学出版社，1993 年，第 397 页。

第九章
互动与反哺：越南文化对中国的影响

在前面几章的论述中，我们主要从精神文化、制度文化以及物质文化三个层面，较为全面地探讨了中国文化对越南影响之情状。但是，仅仅注意到中国文化在越南的传播和影响是不够的。这样做既不尊重史实，在方法论上也是错误的。正如谭志词教授所言："目前，在对'中越文化交流史'这一课题的研究中，许多学者只注意到汉文化南披越南的情况，而对'越南文化北上'的问题则鲜有论及，这样做很容易走向'中国中心论'，引起越南学者的反感。"①

历史上，深受中国古代文化影响的越南，经过对中国文化的吸收、消化，并加以创造，产生了辉煌的富于民族特色的文化。同时，越南文化又反哺于中国文化，使得两国之间的文化交流产生了良性的互动关系。越南文化对中国的反哺现象，为古代中越文化交流史增添了新的内容，也谱写了中越文化交流的新篇章。

在本章中，我们拟对"越南文化北上"的问题进行探讨。

---

① 谭志词：《中越语言文化关系》，广州：世界图书出版广东有限公司，2014 年，第 248 页。

第一节　越南农业生产对中国的影响

一、越南的占城稻和安南稻先后传入中国

在宋代，南方农民培育了许多优良稻种，并引进外来的优良品种。引进的外来优良稻种中，著名的有从越南引进的"占城稻"和从高丽引进的"黄粒稻"，而尤以"占城稻"的影响最大。"占城稻"又称早禾或占禾，属于早籼稻，原产越南中南部（旧称"占城"，故名），北宋初年首先传入我国福建地区。

《宋史》对此记载道："大中祥符四年（1011），……帝（真宗）以江、淮、两浙稍旱即水田不登，遣使就福建取占城稻三万斛，分给三路为种，择民田高仰者莳之，盖旱稻也。内出种法，命转运使揭榜示民。后又种于玉宸殿，帝与近臣同观。毕刈，又遣内侍持于朝堂示百官。稻比中国者穗长而无芒，粒差小，不择地而生。"①

从这段记载中，我们会发现"占城稻"有很多特点：一是"耐旱"；二是适应性强，"不择地而生"；三是质量较好，"穗长而无芒"。不久，今河南、河北一带也种上了占城稻。南宋时期，占城稻遍布各地，成为早籼稻的主要品种。占城稻成为广大农民常年食用的主要粮食。

安南稻是通过两国人员往来而传入中国的，首先传入福建漳州地区，据《福建通志》记载："安南稻，明成化（1465—1487）初，郡人得安南稻一种。五月先熟，米白。"

"占城稻"和"安南稻"成功地引进中国，既丰富了中国农业的物种，又

---

① ［元］脱脱等：《宋史》卷一七三《食货志》，北京：中华书局，2000年，第2788页。

在一定程度上解决了中国的粮食问题。这一重要交流成果，值得史家大书特书。

二、越南的果树、药物类传入中国

龙眼、荔枝。史传，汉武帝曾经在长安建造扶荔宫，将百株安南荔枝移植于此。南海献龙眼、荔枝，五里一亭，十里一站，人马疲惫，死者相继，汉和帝降诏免除这种贡献。唐朝著名诗人杜牧在《过华清宫绝句》中的"一骑红尘妃子笑，无人知是荔枝来"的"荔枝"据说是产于四川盆地。广东从化地区的"玉荷包"荔枝被称为"妃子笑"，另外，宋代大诗人苏东坡的"日啖荔枝三百颗，不辞长作岭南人"之句，也可以从侧面佐证荔枝引种中国的成功。

槟榔。晋代嵇含在其《南方草木状》中记述说，槟榔"出林邑"。林邑，即今天的越南中部地区。贾思勰《齐民要术》卷十引《南方草木状》云："槟榔，三月华色，仍连著实，实大如卵。十二月熟。……以扶留藤、古贲灰合食之，食之即滑美。亦可生食，最快好。交趾、武平、兴古、九真有之也。"据林明华先生研究，"槟榔传到我国，不晚于晋代"。①

香蕉。贾思勰《齐民要术》卷十引《广志》云："芭蕉，一曰'芭苴'，或曰'甘蕉'，茎如荷芋，重皮相裹，大如盂升。叶广二尺，长一丈。子有角子，……剥其上皮，色黄白，味似蒲萄，甜而脆，亦饱人。其茎解散，如丝，织以为葛，谓之'蕉葛'。……出交趾、建安。"3 世纪时，交趾女工人用香蕉树叶里面的丝纺织成葛，被称为"蕉葛"或者"交趾葛"。

橄榄。贾思勰《齐民要术》卷十引《广志》云："橄榄。大如鸡子，交州以饮酒。"《太平御览》引《南方草木状》曰："橄榄，子大如枣。二月花，八九月熟。生食味酸，蜜藏乃甜美。交趾、武平、兴古、九真有之。"

椰树。贾思勰《齐民要术》卷十引《广志》云："椰出交趾，家家种之。"椰子，原产于马来西亚。大约在汉代从越南传入中国。② 唐代诗人沈佺期被贬骊

---

①　林明华：《槟榔与中越文化交流》，《东南亚学刊》1989 年试刊号。
②　李璠编著：《中国栽培植物发展史》，北京：科学出版社，1984 年，第 223 页。

州期间，作诗《题椰子树》："日南椰子树，香袅出风尘。丛生调木首，圆实槟榔身。玉房九霄露，碧叶四时春。不及涂林果，移根随汉臣。"

此外，还有许多热带水果，比如鬼目、桷子、沈藤等，从越南传入中国。

药物类计有：薏苡、黄姜、风姜、火姜、高凉姜、蒲黄、郁金、益智、沉香、苏合香、丁香、丁香油、白花藤、水安息、胖大海等。其中"薏苡"这种药物还跟中国历史上的一个成语有关。据《后汉书》卷二十四《马援列传》记载："初，援在交阯，常饵薏苡实，用能轻身省欲，以胜瘴气。南方薏苡实大，援欲以为种，军还，载之一车。时人以为南土珍怪，权贵皆望之。援时方有宠，故莫以闻。及卒后，有上书谮之者，以为前所载还，皆明珠文犀。"[1] 马援由此获罪，且累及妻儿，后来查明真相，马援获得昭雪，史称"薏苡之谤"，成语"薏苡明珠"源于此。

第二节　阮安：参与建筑明初北京城的越南建筑家

明永乐年间（1403—1424），张辅先后三次网罗交阯人才 16000 多人到南京，参与南京城的建设工作。其中包括胡朝皇帝胡季犛的儿子黎澄在内。明永乐十一年（1413），交阯工匠 130 多人携带家属到南京。越南人范弘、王谨、阮安等 3 人到南京后得到妥善安置，明成祖派官员教他们读书，攻研中国经史。后来，范弘和王谨曾在明朝任职，而阮安则对明初北京城的建设做出不容磨灭的贡献。

明永乐四年（1406），明成祖开始营建北京城，阮安担任总设计师一职。据明郎瑛（仁宝）撰《七修类稿》卷十四《国事类》"本朝内官忠能"条载："阮安，交阯人，清介善谋，尤长于工作之事，北京城池九门两宫三殿五府六部及塞杨村驿诸河凡语诸役一受成筹（算）而已。"

---

① ［南朝宋］范晔撰，［唐］李贤等注：《后汉书》卷二十四《马援列传》，北京：中华书局，1965 年，第 846 页。

明初大北京城的建设无论是在草创时期或是完成时期，阮安始终是一个负责全部工程的主要人物。当时的重点工程是兴建紫禁城（即宫城）和皇城。由阮安设计的紫禁城南北长 960 米，东西宽 760 米。其中有前三殿（奉天殿、华盖殿、建极殿。建极殿初名谨身殿，嘉靖时改名建极殿，清顺治时改名保和殿）和后三殿（乾清宫、交泰殿、坤宁宫）。他在短短的四年当中初步完成了这项繁重的工程。经过修建的北京城建筑群，布局匀称，庄严雄伟，是继我国古代历史文化名城长安之后的又一座饮誉全球、世人向往的名城，巍然屹立于世界的东方。

明正统五年（1440），明英宗下令重建北京宫殿中的奉天、华盖、谨身三个宫殿。该项工作仍然由阮安设计。阮安在已有的基础上，再接再厉，精思擘画，重建后的三大殿比原来的建筑更为雄伟、壮观。阮安实是东方建筑史上不可多得的奇才。史书上说他巧思神算，令人叹服。今天当人们观赏瞻仰庄严雄伟的北京故宫时，不禁要缅怀这位越南天才建筑家。

阮安在明初参与北京城的建筑和设计，一方面表现了越南具有高超的建筑技术，另一方面说明了中越建筑技术交流密切。两国人民的传统友谊促进了文化交流的不断发展的史实再一次得到证明。

第三节　越南兵制和火器制造技术对中国的影响

一、李朝兵制对中国的影响

越南李圣宗时期（1054—1072），其兵制方面颇有特色。据《越南通史》记载："圣宗定军号，分左右前后四部，合为 100 队，每队有骑兵和投石兵。至于番兵，则另行组成队伍，不准相互混杂。当时李朝兵法甚为有名，中国的宋朝也不得不效法。"①

对此，作者陈重金感慨地说："这对我们国家来说是多么光荣啊！"

戴可来先生在翻译这段文字时，加了如下注释：

> 《钦定越史通鉴纲目》，正编，卷三载："戊戌五年，定军号。黎贵惇《云台类语》：《宋蔡延庆传》载，延庆尝仿安南行军法，部分正兵弓箭手人马团为九将，每将步骑器械皆同，分左右前后四部，合百队，队有驻战、拓战。其番兵人马分为别队，毋得相杂，以防其变。各随所近，分隶老弱，留外城砦，具为书以上，神宗善之。李朝兵法见取于中朝②如此，……良有以哉！"③

二、黎澄：将越南火器制造技术传入中国者

越南的火药制造技术最初从中国学得，却能够"青出于蓝而胜于蓝"。在中国明代时期，越南人黎澄将其国内的火器制造技术传入中国，成为与阮安齐名的对中国文化做出重要贡献的越南人。

黎澄，字孟源，号南翁，也叫胡澄，是越南陈朝末年权臣胡季犛的长子，官判上林寺事。大虞朝时，官至左相国。永乐五年（1407）与其父胡季犛、兄胡汉苍一起被明军俘获，送入南京。他谙悉越南的火器制造技术，为了讨好明朝政府，就主动介绍了他在这方面的能力，于是，明政府任命他为"行在工部营缮司主事"，专门督造兵仗局的铳箭、火药等兵器。此后，黎澄历任明朝工部郎中、右侍郎、左侍郎，正统十年（1445）升工部尚书，次年去世，享年73岁。其子黎叔林继承乃父之职，仍督造火器，官工部右侍郎，亦70岁以后破例留用。关于黎澄传入的越南火器，《明史》卷九十一《兵志四》有这样的记载：

---

① ［越］陈重金著，戴可来译：《越南通史》，北京：商务印书馆，1992年，第70页。
② 此处指中国。——作者注
③ ［越］陈重金著，戴可来译：《越南通史》，北京：商务印书馆，1992年，第70页。

"制用生、熟赤铜相间，其用铁者，建铁柔为最，西铁次之。大小不等，大者发用车，次及小者发用架、用桩、用托。大利于守，小利于战，随意而用，为行军要器。"① 清人赵翼对这段话进行解释，称"用车"者即当时"大炮"，"用架、用桩"者即"鸟机炮"，"用托"者则是"鸟枪"。但据后人研究，当时传入的"用托"者是没有照门、准星及枪托的"神枪"之类，而非鸟枪。

越南火器制造技术传入中国后，中国大量仿制，对提高明朝部队战斗力、抗击侵略发挥了一定作用。因此，成化年间兵部侍郎藤昭说："克敌制胜，率赖神枪，永乐、宣德间操演得法，最为虏贼所惧。"同时，中国军队编制也受其影响。当时，京军有所谓"三大营"，其中"神机营"即专门操演越南火器。由于黎澄把越南火器技术传入中国，因此明代军中凡祭兵器，必定要祭拜黎澄，将其奉为"火药之神"。②

---

① ［清］张廷玉等：《明史》卷九十一《兵志四》，北京：中华书局，2000 年，第 1513 页。
② 张秀民：《中越关系史论文集》，台北：文史哲出版社，1991 年，第 57 页。

余　论

前面几章，我们就中国古代文化在越南的传播和影响，以及中越两国在历史上文化交流的情况做了论述，并就其中某些重要的史实和问题做了分析探讨，基本上厘清了古代中越之间文化交流的脉络和大体情状。这里，笔者还想把本书在写作过程中的一些思考所得略作陈述，列于文末，权作全书的结语。

一、中国古代文化确曾对越南产生重要影响

中国古代文化具有相当的先进性和极强的吸引力。越南与中国山水相连，中国封建统治者曾经长期在越南中北部地区设置郡县，10 世纪中叶以后，中国历代封建王朝与越南长期保持"宗藩关系"，中国古代文化必然会对越南产生长期、全面而又深刻的影响。

这种影响从上古到近现代，直至今天，绵延数千年，未曾中断。这种影响是深刻而全面的，它波及越南社会的方方面面：从物质生产到社会制度、意识形态等。这种影响又是巨大而具体的，巨大到关乎其整个国家的命运和历史发展的方向，具体到越南人日常的衣食住行、宗教信仰、民风民俗等。

在不同历史时期，中国文化对越南影响的情况不尽相同，侧重点也各有不同。在漫长的"郡县时期"，越南（交趾地区）对中国文化的接受主要集中在生产技术等物质领域和技术层面；独立建国以后，则主要表现在接受中国文化

中的意识形态领域方面，比如儒学、佛教、道教等。

越南吸收较为先进的中国文化，是循序渐进的。初期采取"拿来主义"，经过一段时间的吸收和消化，为己所用，形成越南文化的一部分，再进一步接受中国新的文化。例如，儒家学说和佛教、道教经义的传入，就经历了这样的过程，从最初的"拿来"，到不断地吸收和消化，深入越南社会上至王宫贵族，下到黎民百姓的各个阶层，经过长期的"磨合"，最终形成具有越南特色的儒教、佛教和道教文化。

越南与中国毕竟是两个不同的国家。无论中国文化的影响有多么巨大、强烈和持久，在长期的历史发展过程中，越南毕竟形成了自己的民族文化，有着自己不同的民族心理素质，走过了不同于中国的历史发展道路，形成了自己的历史积淀。因此，我们不能够把越南文化看成中国文化的翻版或者摹刻。

由于中越两国之间文化上的差异，中国文化尽管向越南输出得多一些，但是，越南某些方面的长处和优点，也为中国封建统治者所肯定而加以学习和吸收，因而出现了中越关系史上的文化反哺现象。这也是我们应该注意到的。

二、优秀的民族文化遗产属于全人类

本书用了较大的篇幅来论述中国古代文化在越南的传播和影响，这是一个探讨中越文化交流史的过程，同时也是一个重温中国优秀民族文化遗产的过程。

所谓的民族文化遗产，"是一套道德和心理素质的体系，是活着的、能动的东西，表现为在一个新环境下对生活的某种哲学态度和对生活的反应与贡献。应该勇敢地站在这样一个立场上：现代世界有一个精神体系，现代文化是全世界的共同遗产。无论是科技、医药、哲学、艺术还是音乐等各方面，中国都不可能游离于全世界的共同遗产之外"[1]。事实上，中国也正是坚定不移地用全世界的现代文明不断地充实自己。

———————————

① 林语堂著，郝志东、沈益洪译：《中国人（全译本）》，上海：学林出版社，1994 年，第349—350 页。

不同的民族都以自己的方式，为全世界共同的文化遗产做出过独特的贡献。例如，中国的四大发明为全人类的进步做出了巨大的贡献。优秀的民族文化遗产不应该是博物馆内的收藏物和展览品，它不应该被涂上防腐剂，并加上罩子而被束之高阁。中国的历史已经表明，中国的民族文化遗产具有旺盛的不寻常的生命力，任凭各个不同时代政治上的冲击，它都没有失去自身的连续性，而是以其无与伦比的魅力向四周发散，闪耀着熠熠光芒。

中国的优秀文化遗产，在古代对越南、日本、朝鲜等东南亚、东亚国家产生过巨大的影响，并通过这些传入国发扬光大。"越是民族的，越是世界的"，这些遗产不只属于中国，更属于全世界！

三、以开阔的胸怀和气度看待历史

在《绪论》部分，我们说到中国的一些学者，尤其是老一代的学者，因为受到传统观念的影响较大，而常常会对越南问题怀着一种较深的成见，这种成见极有可能导致越南学术界和普通民众的反感。我们的看法是：不必怀着狭隘的民族心理去对待历史文化，而应当以开阔的胸怀和气度看待历史，看待国与国之间的关系，这样会赢得更多的尊重。

承认历史、尊重历史，是国家与国家之间、民族与民族之间彼此认可、相互尊重的基础和前提。文化虽有先进后进之分，民族却无孰优孰劣之别。

对于中国而言，以大国的气度、开放的心态和宽广的胸怀，直面过去，立足当下，方能更加清晰地展望未来。唯其如此，中国才能在世界这个大舞台上发挥更大的影响和作用。

无论哪个国家、民族，首先应该对自己的文化怀有充分的自信，同时以虚怀若谷的姿态，学习他人的长处。这样的做法并不会毁灭自己的文化，也绝不会长他人的志气，灭自己的威风。相反，每一个国家和民族都应该带着自己丰厚的文化遗产，以宽容的心态和宽广的胸襟，阔步走入当下全球化的洪流之中。

应当指出的是，在本书的论述中，我们对于中国文化在越南的传播和影响所用的篇幅很多，但是对于越南文化对中国的反哺的论述却显得用墨较少。这跟"民族主义"无涉，只从历史事实出发。

四、以正确的民族文化心态对待过往

中越两国的历史渊源和联系，对于越南民族文化心态的形成具有很大影响。一方面，越南人追溯其民族起源，认为自己是神农之后，发展到后来甚至也以"华""汉"自称；另一方面，他们又尽量突出民族的特征，强调自己文化的优秀传统和与中国文化的差异。陈荆和先生的观察颇为准确："作为越南文化史的一贯特色，越南文人、史官在一直全面地接受中国文化和中国历代制度的同时，在细节上却为与中国不同煞费苦心，有着主张保持越南独立性的传统态度。"[1]比如，越南阮朝时期的一些避讳，故意以中国的俗字代替正字使用，正是这一心态的具体体现。这种矛盾的文化心态表现为民族自尊意识与自大心理的相互交织。

越南后黎朝末期及阮朝的统治者常常以"华""汉"自谓，将越族以外的其他民族，尤其是邻近的弱小国家均视为"蛮夷"，封建士大夫也常常夸耀越南为"文献之邦""礼乐之国"。越南史学家黎贵惇认为，"越邦肇启，文明无逊中国"，发展到后黎时代"谟烈训诰之盛，文物章程之懿，不逊中国"。黎贵惇在其著作《抚边杂录》中，将汉代交趾之户口、地域与南海、苍梧、合浦（广东）、郁林（广西）等郡的户口、地域的数量、范围进行了比较，认为交趾发达于南海等郡，并以交趾刺史兼统两广而治于龙编为据，得出结论说，其时已经是"以本国都城为中正之地，四方之所凑会"。这种以其国都为四方之中的观点，正是中国封建统治者自以为处天下之中的思想的再版。[2]

在封建时代，越南人常常将外国人视为"夷"，而当他们自己被"夷"时则异常敏感。

---

① 陈荆和：《〈大南实录〉与阮朝硃本》，《中国东南亚研究会通讯》1987 年合刊。
② 于向东：《黎贵惇的著述及其学术思想》，《东南亚研究》1991 年第 3 期。

明命十二年（1831），越南人李文馥在福州曾经作《夷辨》，当年闽县县尹黄宅中认为《夷辨》"议论正大，佩服之至"，立刻把使馆改名为"粤南国使官公馆"；而李文馥那篇理直气壮、洋洋洒洒近八百言的原文，就附在李文馥《闽行杂咏》第 42 首诗《抵公馆见门题夷字作》的后面："自古冠裳别介麟，兼以天地判偏纯。尼山大笔严人楚，东海高风耻帝秦。斗次辉华文献国，星槎忝窃诵诗人。不怜一字无情笔，衔命南来愧此身。"由此可见，李文馥面对在中国被称为"夷"时的鲜明态度：极陈治法本之二帝三王、道统本之六经四子，"家孔孟而户朱程"的越南，是"华"而非"夷"。

然而，在面对西方时李文馥却认为当时"又举之国而端之，而于吾人之纲常道义一弃而不顾"的"东西洋黠夷"："称之曰夷，故其所也！"在撰写《夷辨》前后，李文馥曾经到过小西洋，写下《西行见闻纪略》《西行诗纪》等，记述了西人的科技进步与船坚炮利，当他再次造访吕宋殖民地以及到达澳门时，不仅写下诸如《吕宋风俗记》《西夷致富辨》，而且在此后的《粤行吟草》《镜海续吟》等诗篇中表达了"西去几番劳问俗，东游又见讲超魂；华夷到底乾坤限，诡异纷纷曷足论"，"文人笔墨还宜贾，胜国冠裳孰变夷"的态度。

与在中国时的怒气冲天、理直气壮形成鲜明对比的例子，发生在绍治七年（1847）春二月。当时法国的船只在越南中部的广南省沱瀼汛所公然寻衅滋事，阮宪祖命令身为礼部左参知的李文馥前往处置，没承想他却表现得胆小如鼠，未能有效阻止以拉别尔为首的一小股入侵者，致使数十名法国人公然携带枪剑，长驱直入汛所挑衅。结果李文馥受到严厉处罚："帝怒其有亏国礼，命锦衣枷禁于左待漏，解职，下廷议。"

由此我们可以看出，身处东西文化交汇且处于新旧交替时代的越南儒家李文馥面对中国与西方不同的态度："华夷之辨"的理直气壮表明他面对中国时是超越种族的；面对西方时却是畏首畏尾，不敢直面外敌肆虐，不敢对来犯之敌"亮剑"，最终因为"有亏国礼"而遭遇最高统治者的严惩。

我们认为，李文馥的这种矛盾心态，既是中国传统华夷观念在越南文人身上的折射，同时，又反映出在时代的剧烈变革中，东方传统文化的局限性：面对来自外界尤其是西方的"蛮夷狄戎"文明的极度焦虑、不适应、无所适从。此时此刻，崇洋媚外、挟洋自重等心态尚未形成，那么，采取躲闪、回避的"鸵鸟政策"，或许是一个最好的方式。而东方的知识分子们通过"睁眼看世界"后所出现的两个极端文化现象：或者盲目崇拜，或者极端排外，就可以有一个很好的解释了。

其实，不唯越南，中国的情形也大致差不多，晚清时期中国朝堂之上与广大的民间均出现了这种两极分化的现象，即所谓的保守派与洋务派。当然，保守派与洋务派并非传统意义上的知识分子，而是这样的心态在中国传统知识分子身上的反映。

由此可见，中国文化在传统越南知识分子内心深处之影响深刻程度。

另一个例子发生在黎贵惇身上。在出使清朝期间，黎贵惇对清朝官员在文书中用"夷官夷目"来指称越南使臣非常不满，并向广西布政使叶存仁提出了抗议。①这表明黎贵惇是一个有着强烈民族自尊意识的知识分子。但自尊与自大常常只有一步之差，自尊进而导致自大，是封建统治阶级和士大夫普遍的文化心理特征之一。中国如此，越南也不例外。值得注意的是，越南士大夫的这种心理特征还包含有力图摆脱、减弱中国的影响，宣扬和保持自己的独立性的内容。②

五、把握文化交流的特点及意义

季羡林先生认为："文化有一个很突出的特点，就是，文化一旦产生，立即向外扩散，也就是我们常说的'文化交流'。文化决不独占山头，进行割据，从而称王称霸，自以为'老子天下第一'，……文化是'天下为公'的。……人类到了今天，之所以能随时进步，对大自然，对社会，对自己内心认识得越来

---

① 于向东：《黎贵惇的著述及其学术思想》，《东南亚研究》1991 年第 3 期。
② 于向东：《黎贵惇的著述及其学术思想》，《东南亚研究》1991 年第 3 期。

越深入细致，为自己谋的福利越来越大，重要原因之一就是文化交流。"① 季羡林先生的这一精辟论述十分深刻地揭示了文化交流的特点。

国家无论地域大小，人数多寡，民族构成如何，都有自己的长处和短处。文化交流的过程，就是一个相互取长补短的过程。中国与外国在物质文化和精神文化上的交流，对各自的国家均会产生一定的影响，正是有了这些交流，中外双方的物质生活和文化生活才变得更加丰富多彩。

世界上各个民族在文化成长过程中都会面临一个外来文化和自己固有的传统文化之间的关系问题，即文化交流中自我文化的地位问题。对此，我们不仅应正视外来文化，而且应该注意保持自己的固有文化；不仅应该关注多种文化的异同，而且应该探究其相互影响的程度，以及由此带来的发展与变化。

人类文化并非上帝所赐，也非得自遗传，而是通过后天的学习和创造所得。人类文化的这种后天获得性，决定了文化发展必须进行交流与传播。世界上各个民族之间的文化正是在不断地交流、传播过程中，产生不同质文化的刺激、碰撞、影响、吸收、整合与变迁，才共同促进了人类文化的发展。这既是一种文化现象，也是文化发展的一般规律。

就中越两国而言，文化的相似使得文化的交流成为可能而且更为便利，而具有各自特色和优势的文化，通过交流也会相得益彰：两国在文化领域里的交流与合作不仅有利于两国文化的发展和各自文化特色的发扬，而且还可以为保持世界文化的多样性做出各自应有的贡献，在全球化程度日益加深的今天，更是如此。

六、"中越是邻居，谁也不可能搬家"

近年来，中国的改革开放和越南的革新开放均取得了骄人的成就。两国关

---

① 季羡林：《〈东方文化集成〉总序》，载梁志明等《古代东南亚历史与文化研究》，北京：昆仑出版社，2006 年，第 5 页。

系已经全面实现正常化。同时，中国与东盟各国的政治、经济等各方面的交往也日益频繁。作为东盟的主要成员，越南是中国的主要合作伙伴之一。正视过往的历史，厘清文化的脉络，不仅对理解目前的两国关系有利，对展望未来的两国关系也大有裨益。我们既不能否认中越两国之间在地缘、历史等方面的血肉关联，也不能怀着"大国思维"去鸟瞰、俯视越南及其文化。

如《绪论》中所述，在部分前辈学人的眼中，那个叫"越南"（交阯、交趾、交州、安南）的地方，俨然就是我们大中华一个不可分割的重要组成部分。严格说来，这不能称为"大国思维"，充其量是一种历史思维的惯性。但正是这种思维的惯性，对于国人，尤其是对于负有传承文化重任的后辈学人有着深刻的影响。

而对于生活在当代、放眼于未来社会的年轻学人而言，这种思想是不合时宜的。过分地强调此类概念，在我们或许能够起到振奋国人的作用，但是对于其他国家会产生怎样的影响呢？在全球化日益全面推进的今天，我们一定要充分考虑、顾及、关注其他国家，尤其是在历史上跟我们曾经有过恩恩怨怨的周边国家，比如越南等国的感受。

因为我们是邻居，谁也不可能搬家。

无论历史上还是现实中，乃至于悠远的将来，我们都必须跟他们永远地相处下去；两者之间的关系越是和谐，就越是有利于双方的生存和发展，就越是能够最大限度地和谐共处，互利双赢。

七、全面研究越南文化中的其他因素

从地理位置上来看，越南不仅是中国的邻邦，也是东南亚其他国家的邻国。越南既是东南亚国家，也是世界大家庭中的一员。所以，在研究越南文化的过程中，我们也应该看到世界上其他文化对越南产生的影响。

历史进入近代，西班牙、葡萄牙、法国等西方列强先后进入越南，特别是法国殖民者的侵入，使得濡染中国传统文化甚深的越南文化不可避免地遭受了强大的冲击——一个最为明显的例子是越南语言文字的拉丁化。文字的拉丁化，固然有着殖民者为达其殖民目的的技术考量，也折射出越南人自身企图摆脱中国几千年来影响的心理。其最终的结果，则是割裂了越南传统文化与其母体的供血系统，导致越南与中国的血肉联系的阻断与分离，同时渗进了欧洲文化，尤其是法国文化的成分，从而导致越南文化出现多元化和东西交融的特质。这也是我们在全面研究越南文化时应该关注的重要问题之一。

同时，越南在逐渐向中部、南部拓疆扩土的过程中，古老的真腊文明，尤其是水真腊①的文化，也无形之中渗入越南文化。此外，在漫长的历史进程中，古老的印度文化②，以及泰国、老挝、缅甸、柬埔寨等周边国家的文化对越南也不同程度地产生过影响，这也是不容忽视的。

第二次世界大战期间，日本人曾经占领越南达数年之久；20 世纪 60 年代，美国军队入侵越南。日本文化和美国文化，也同样为当代越南文化注入了新的内涵。

八、古风遗韵：现代越南知识阶层的中国情结③

越南知识阶层的中国认知既有对中国文化的认识和理解，也有以中国为媒介，对本国、本民族乃至世界文化的认识和理解。这种认知是在中越长期交往

---

① 柬埔寨是一个有着悠久历史和文明的国家。17 世纪以前，柬埔寨分为"旱真腊"和"水真腊"两部分。水真腊，亦名下柬埔寨，即今越南南部地区，面积约有 6 万平方千米。

② 有关印度文化对越南的影响可参阅梁立基《世界四大文化对古代东南亚的影响》、李谋《试析中国文化、印度文化与古代东南亚》、聂槟《印度文化在越南的传播与融合》、张洁《印度文化对占婆古国的影响》等文章。上述文章均载梁志明等《古代东南亚历史与文化研究》，北京：昆仑出版社，2006 年。

③ 台湾大学政治学研究所曾经进行过一个"中国学的知识社群"研究计划，包括对越南从事中国研究的 25 位学者进行的口述采访。通过这 17 篇采访稿，可以在某种程度上了解越南知识阶层获取中国知识的途径及其对中国的认知。受台湾大学石之瑜教授约请，郑州大学于向东、成思佳利用这些口述史资料，结合他们自身多年来对越南研究的体会和在越南学习、工作经历的感受，以中越两国交往历史和文化发展为宏观背景，探讨越南知识阶层尤其是其从事中国研究的学者对中国的认知。参见于向东、成思佳《越南知识阶层的中国认知述略——以 17 位越南学者为例》，《国外社会科学》2016 年第 5 期。

的过程中形成的。当代越南知识阶层尤其是从事中国研究的学者，大体可分为三种：北越知识阶层群体、南越知识阶层群体和统一后新生代知识阶层群体。

越南知识阶层的中国认知有着更为丰富的内涵，包括：①对中国本身的认识和理解。②透过中国对越南本国、本民族的认识与理解；这种认知不仅是对中国传统与现实的全面认识和把握，还包括透过中国对本国、本民族的认识与理解。③以中国为媒介对世界的认识和理解。

当代越南从事中国研究的学者大都具有较为渊博的知识和深厚的学养，在越南学术领域颇有建树。他们对中国的认知水平，既可以在某种程度上折射出中国文化在越南官方和民间的影响，又说明中国文化以及长期以来所形成的中国认知成为越南民族文化体系中的一部分，尽管这些影响必然受到越南文化、民族思维特征和方式的制约。

了解历史上，尤其是当代越南知识阶层对于中国认知的水平与现状，不仅能够帮助我们认识和理解越南这个亲密的邻邦，还有助于我们正确理解越南知识阶层对自身传统历史文化的态度，有助于探讨解决当前全球化背景下中越之间所共同面临的政治、经济、文化等社会发展中的诸多问题。关于越南知识阶层的中国认知，是一个需要以后更深入研究的问题。同时，中国知识阶层的越南认知及其越南观也是值得深入研究的问题，也有需要批判和超越之处。如此，才能有助于两国人民更深入地相互理解和交流。

九、对宗藩关系的几点认识

在中国古代对外关系史上，形成了一种长期而且牢固的"华夷观念"，建立在这种观念之上的是对于周边国家的宗藩关系。

北京大学何芳川先生认为："发轫于上古时代的'华夷'观念，在汉帝国时期开始引入中华帝国的对外关系中去。汉朝的使节前往南亚、东南亚，要不断换乘'蛮夷贾船'，而这些'蛮夷'之国，又都遣使来华'献见'。中华与'蛮夷'之间，逐步发展起一种古代类型的国际关系体系，即所谓'华夷'秩序。"①

这种以中国为中心、以宗藩关系为主要内容的"华夷秩序"是中国社会、文化的产物。这种文化被越南统治者在中南半岛的其他邻居国家那里"发扬光大"，形成了一种被著名越南史研究专家戴可来教授称为"亚宗藩关系"的新型国际关系："越南深受中国文化的濡染，政治制度仿效中国，实行皇帝集权制，在对外关系方面，也如法炮制，与比它弱小的周边国家占城、真腊（柬埔寨）、哀牢（老挝）等建立了同样的宗藩关系。我们可以称之为'亚宗藩关系'。"②

自 10 世纪越南立国以降，尤其是在越南的李朝时期，越南政治、经济、文化发展迅速，专制主义中央集权的封建制度不断完善，使得其国力日益强大。在对外关系中，其一边向中国修职朝贡，接受中国皇帝的册封；一边要求那些比自己国力弱的周边国家，比如占城、真腊、哀牢、牛吼、暹罗等，向其朝贡并接受越南国王的册封。按照戴可来教授的解释："宗藩关系为主要内容的'华夷秩序'是中国社会、文化的产物，是一种不平等的关系，是儒家'君臣父子''忠孝节义'理念在对外关系中的延伸，要求周边国家对中国以臣事君和以小事大。"③

越南深受中国文化的影响，在处理与周边国家关系时将这种宗藩关系运用于自身，形成了以"越式华夷秩序"为内涵的亚宗藩关系。④

日本学者山本达郎认为："在越南和中国的关系中，双方势力消长，尤其是在初期，是和以中国式的宗主国、藩属国关系为宗旨的传统以及关于越南王朝和君主地位的正统论，密不可分地联系在一起的。"⑤

---

① 何芳川：《"华夷秩序"论》，《北京大学学报（哲学社会科学版）》1998 年第 35 卷第 6 期。
② 戴可来：《略论古代中国和越南之间的宗藩关系》，《中国边疆史地研究》2004 年第 14 卷第 2 期。
③ 戴可来：《略论古代中国和越南之间的宗藩关系》，《中国边疆史地研究》2004 年第 14 卷第 2 期。
④ 王继东：《中国传统涉外思想对越南的影响》，《郑州航空工业管理学院学报（社会科学版）》2013 年第 32 卷第 3 期。
⑤ ［日］山本达郎著，陈选节译：《〈中越关系史〉结束语》，《印支研究》1984 年第 1 期。

中国与周边国家的"宗藩关系"与越南对周边国家"亚宗藩关系"的区别主要有如下几点。

（1）中国对于周边国家"重形式多于内容"。中国的周边国家对于历代中国皇帝的"朝贡"大多是象征性的，中国的皇帝往往看重的是朝贡国的"态度"，至于每一次的朝贡带来了哪些贵重物品或者多少贵重物品并不十分介怀，政治意涵远远多于实质意涵。

（2）中国对周边国家"薄来厚往"。每一次朝贡国家带来的物品往往没有返国时赏赐的东西多，甚至相差悬殊。这在某种意义上"激励"或者是"刺激"了朝贡国家的"朝贡"热情，甚至出现过中国皇帝因为越南朝贡次数太多、过于频繁而专门下诏书不让他们频繁"朝贡"的现象。甚至有学者认为越南对于中国皇帝的朝贡行为，或多或少地具有贸易的性质，只不过这种贸易关系并非"以货易货"的直接贸易而已。

（3）中国对周边国家的"宗藩关系"较为稳固，而越南不够牢固。以越南对于其周边国家占城为例：占城（占婆）受印度文化影响较深，在整个中南半岛上属于一个具有悠久历史和较为深厚文化的古老国家，越南历代王朝无不希望将其收入彀中。法国著名历史学家马司帛洛曾经在他的名著《占婆史》中如此描述越南与占婆之间的关系："综计两千年来，越南隶中国千余年；自主之时亦近千年。自主以后，以中国文化南布占婆，古占婆所受印度之文化，逐渐消灭。则一部越南史，实一部越占交争史。实言之，中国印度文化交争史也。"①

（4）在许多时候，越南统治者为了使周边国家臣服，采取武力手段而非怀柔政策。比如，1043年（越南李朝明道二年，中国宋朝庆历三年），越南李朝的李太宗曾经因为占城长期未来"朝贡"而决定率军亲征。"一〇四三年，其舟师侵寇瞿越海岸，劫掠居民，兵至始遁。越帝佛玛亦以占城十六年来不修藩礼欲讨之，治龙凤鱼蛇虎豹鹦鹉之舟百余。一〇四四年一月十二日，名长子开皇王日尊（1054—1072在位）监国，亲讨占城。占城将卒遁走，斩占城王首。占

_____

① ［法］马司帛洛：《占婆史》，北京：中华书局，1956年，《译序》第2页。

城人死者三万余，俘五千余……占城第八王朝遂亡。"[1]

据《大越史记全书》记载，此次征战主要是因为李太宗听信了臣子的建议才进行的："臣等以为陛下之德虽加，而威未广故也。何者？陛下即位以来，彼逆命不庭，惟布德施惠以怀之，未尝信威耀武以征之，非所以威远人也，臣恐海内异姓诸侯皆如占城，悉膋占人哉。"[2]

当然，这次征伐效果还是不错的，占城第九王朝国王此后数年进贡方物，李圣宗登基之后还遣使朝贺。

越南对于其他的周边国家如真腊、哀牢的关系也大致如此。

（5）因为越南国力不稳定，时好时坏，但又刻意强调这种宗藩关系，只是在表面学习中国，缺少强大的经济实力做后盾，因此，这种关系往往是不持久的，缺少可持续性的。一旦其国内时局出现较大的动荡，其他小国便会抛弃前嫌，团结一致，共同对付越南。

（6）越南往往不注重"礼尚往来"，不像中国的统治者那样"薄来厚往"，而是"注重实效"，在朝贡的方物上只重"索取"，不重"奉献"，导致关系不长久，使得宗藩关系难以生发出内在动力，从而导致与周边国家的关系难以达到"和平共处"之效果。

（7）除了经济等方面的硬实力外，越南与中国相比，整个社会的文明程度相对较低，与其他周边国家相比，其综合实力，尤其是文化软实力并不比其他国家胜出太多。对于国际关系而言，文明的发达与否，历来都是决定孰弱孰强，甚至是决定何方主动"慕义来朝"的关键因素。

与中国相比，越南缺乏物质的"硬度"，也缺少文化的"软性吸引力"。何芳川先生认为："（东南亚诸国）不像罗马、波斯，没有帝国的国力，没有高度发达的古典文明，它们与中华帝国的交往，从一开始就存在着国势、文明发展程度等方面梯次上的差距。正是这些梯次上的差距，使它们有可能被吸纳入中

---

[1] ［法］马司帛洛：《占婆史》，北京：中华书局，1956 年，第 62 页。

[2] 《大越史记全书·本纪》卷二《李纪》，第 232 页。

华帝国长期营造的'华夷'秩序中去。"①

（8）由于越南历代王朝统治者更迭较频，大部分朝代享国甚短，国祚不平，内乱频仍，自顾不暇，对外关系往往缺少连续性，且经常出现"新官不理旧账"的情形，导致关系国不满，更多的时间甚至是因轻慢而导致其不守"君臣之礼"。

据《大越史记全书》记载，越南李英宗大定十三年（1152）"冬十月，占城国人雍明些叠诣阙，请命为王。诏上制李蒙领清化府乂安州五千余人如占城，立雍明些叠为王。蒙至占城，为其主制皮啰笔所拒，雍明些叠、蒙皆死之"②。

作为"宗主国"的国王，李英宗在处理此类问题上却表现得相当没有"宗主范儿"：不仅没有对自己的臣子李蒙的死有所表示，反而在1154年制皮啰笔向其进献其女为妃子时，竟然欣然"纳之"！连史臣黎文休也看不下去了，对此有如下的评论："夫帝王之于夷狄，服则绥之以德，叛则示之以威。英宗使李蒙领五千余人，援立雍明些叠为占城王，而为制皮啰笔所杀，义当兴师问罪，择立一人，代王其国。则威加殊俗，而德在后王，今乃受其女，而不问其罪，可谓逸矣。其后占城、真腊连年入寇，乂安一路，不胜其弊，英宗实启之也。"③

总之，作为一个历史研究者，我们应该本着实事求是的态度，在尊重历史事实的基础上，通过研究得出客观、真实、可靠、经得起历史检验的结论。从这个意义上来说，历史学者既是历史的研究者，也是历史的参与者——我们正在研究历史、书写历史，同时，我们的研究成果本身也构成了历史的一部分，也要接受历史的检验。欲使我们的研究成果能够经得起历史的考验，就应该摒弃某些根深蒂固、先入为主的偏见，正确地对待历史和未来。唯其如此，我们的研究才是有意义、有价值的，才能对研究的发展和深入有所裨益。

---

① 何芳川：《"华夷秩序"论》，《北京大学学报（哲学社会科学版）》1998 年第 35 卷第 6 期。
② 《大越史记全书·本纪》卷四《李纪》，第 293 页。
③ 《大越史记全书·本纪》卷四《李纪》，第 294 页。

参考资料

一、古籍

（一） 越南古籍

［越］黎崱著，武尚清点校：《安南志略》，北京：中华书局，2000 年。

［越］潘清简等编：《钦定越史通鉴纲目》，阮朝建福元年刻本，1884 年。

［越］潘叔直编，陈荆和点校：《国史遗编》，香港：香港中文大学新亚研究所，1965 年。

［越］吴士连等撰，陈荆和编校：《大越史记全书》（校合本），东京：东京大学东洋文化研究所，1983 年。

（二） 中国古籍

［汉］班固：《汉书》，北京：中华书局，1962 年。

［汉］司马迁：《史记》，北京：中华书局，1959 年。

［明］严从简著，余思黎点校：《殊域周咨录》，北京：中华书局，1993 年。

［南朝宋］范晔撰，［唐］李贤等注：《后汉书》，北京：中华书局，1965 年。

［清］大汕著，余思黎点校：《海外纪事》，北京：中华书局，2000 年。

二、著作

（一）中文著作

陈尚胜主编：《中国传统对外关系的思想、制度与政策》，济南：山东大学出版社，2007 年。

陈文：《越南科举制度研究》，北京：商务印书馆，2015 年。

陈耀庭：《道教在海外》，福州：福建人民出版社，2000 年。

陈益源：《越南汉籍文献述论》，北京：中华书局，2011 年。

戴可来、于向东：《越南历史与现状研究》，香港：香港社会科学出版社，2006 年。

戴可来、于向东主编：《越南》，南宁：广西人民出版社，1998 年。

戴可来主编：《21 世纪中越关系展望》，香港：香港社会科学出版社，2003 年。

冯承钧：《中国南洋交通史》，上海：上海古籍出版社，2005 年。

高亨：《文字形义学概论》，济南：齐鲁书社，1981 年。

耿相新：《书界无疆》，北京：中华书局，2011 年。

耿相新：《中国简帛书籍史》，北京：生活·读书·新知三联书店，2011 年。

郭明主编：《中越关系演变四十年》，南宁：广西人民出版社，1992 年。

韩振华：《中国与东南亚关系史研究》，南宁：广西人民出版社，1992 年。

何光岳：《百越源流史》，南昌：江西教育出版社，1989 年。

贺圣达：《东南亚文化发展史》，昆明：云南人民出版社，1996 年。

胡德智、万一编著：《灿烂与淡雅：朝鲜·日本·泰国·越南陶瓷图史》，南宁：广西美术出版社，1999 年。

黄国安等：《中越关系史简编》，南宁：广西人民出版社，1986 年。

黄文欢：《黄文欢汉文诗抄（增订本）》，北京：人民文学出版社，1988 年。

黄铮：《中越关系史研究辑稿》，南宁：广西人民出版社，1992 年。

姜伯勤：《石濂大仙与澳门禅史——清初岭南禅学史研究初编》，上海：学林出版社，1999 年。

姜跃滨、章也：《浮出翰海——汉语与汉文化的建构》，西安：陕西人民教育出版社，1989 年。

金克木：《比较文化论集》，北京：生活·读书·新知三联书店，1984 年。

柯银斌、包茂红主编：《中国与东南亚国家公共外交》，北京：新华出版社，2012 年。

李白茵：《越南华侨与华人》，桂林：广西师范大学出版社，1990 年。

李璠编著：《中国栽培植物发展史》，北京：科学出版社，1984 年。

李谋、杨保筠主编：《中国东南亚学研究：动态与发展趋势》，香港：香港社会科学出版社，2007 年。

李未醉：《中外文化交流与华侨华人研究》，北京：华龄出版社，2006 年。

李未醉：《中越文化交流论》，北京：光明日报出版社，2009 年。

李永强、马慧玥：《中国传统法律文化对东南亚之影响》，北京：中国人民大学出版社，2013 年。

梁启超：《饮冰室合集》，北京：中华书局，1989 年。

梁志明：《东南亚历史文化与现代化》，香港：香港社会科学出版社，2003 年。

梁志明等：《古代东南亚历史与文化研究》，北京：昆仑出版社，2006 年。

梁志明主编：《面向新世纪的中国东南亚学研究：回顾与展望》，香港：香港社会科学出版社，2002 年。

刘玉珺：《越南汉籍与中越文学交流研究》，北京：中国社会科学出版社，2019 年。

刘玉珺：《越南汉喃古籍的文献学研究》，北京：中华书局，2007 年。

刘志强：《越南古典文学名著研究》，北京：商务印书馆，2018 年。

刘志强：《中越文化交流史论》，北京：商务印书馆，2013 年。

陆凌霄：《越南汉文历史小说研究》，北京：民族出版社，2008 年。

罗树宝编著：《中国古代印刷史》，北京：印刷工业出版社，1993 年。

吕思勉：《吕著中国通史》，上海：华东师范大学出版社，1992 年。

马冬编著：《中外文化交流及语用分析》，北京：北京大学出版社，2006 年。

马勇：《越南社会主义的理论与实践》，北京：中国书籍出版社，2015 年。

牛军凯：《王室后裔与叛乱者——越南莫氏家族与中国关系研究》，广州：世界图书出版广东有限公司，2012 年。

钱穆：《中国文化史导论》，北京：商务印书馆，1994 年。

邵循正：《中法越南关系始末》，石家庄：河北教育出版社，2000 年。

佘德余：《浙江文化简史》，北京：人民出版社，2006 年。

苏相君等：《中外佛学文化交流史略》，北京：宗教文化出版社，2019 年。

孙宏年：《清代中越宗藩关系研究》，哈尔滨：黑龙江教育出版社，2006 年。

谭志词：《中越语言文化关系》，北京：军事谊文出版社，2003 年。

汤其领：《汉魏两晋南北朝道教史研究》，开封：河南大学出版社，1994 年。

田昌五：《古代社会形态研究》，天津：天津人民出版社，1980 年。

万明：《明代中外关系史探研》，天津：天津古籍出版社，2019 年。

王怀兴主编：《中国文化简史》，济南：齐鲁书社，2002 年。

王介南：《中国与东南亚文化交流志》，上海：上海人民出版社，1998 年。

王介南：《中外文化交流史》，太原：书海出版社，2004 年。

王士录主编：《当代越南》，成都：四川人民出版社，1992 年。

王星光主编：《中原科学技术史》，北京：科学出版社，2016 年。

王增永：《华夏文化源流考》，北京：中国社会科学出版社，2005 年。

王志强：《李鸿章与越南问题（1881—1886）》，广州：暨南大学出版社，2013 年。

吴淑生、田自秉：《中国染织史》，上海：上海人民出版社，1986 年。

武斌：《中华文化海外传播史》，西安：陕西人民出版社，1998 年。

徐扬杰：《中国家族制度史》，北京：人民出版社，1992 年。

许树安：《古代选举及科举制度概述》，天津：天津人民出版社，1985 年。

许永璋：《中国与亚非国家关系史考论》，香港：香港社会科学出版社，2004 年。

杨保筠：《中国文化在东南亚》，郑州：大象出版社，1997 年。

杨宽：《中国古代冶铁技术发展史》，上海：上海人民出版社，2004 年。

杨天宇译注：《礼记译注》，上海：上海古籍出版社，2016 年。

杨天宇译注：《周礼译注》，上海：上海古籍出版社，2016 年。

姚楠主编：《东南亚历史词典》，上海：上海辞书出版社，1995 年。

游明谦：《当代越南经济社会发展研究》，香港：香港社会科学出版社，2004 年。

于在照：《越南文学史》，北京：军事谊文出版社，2001 年。

俞慎初：《中国医学简史》，福州：福建科学技术出版社，1983 年。

宇汝松：《道教南传越南研究》，济南：齐鲁书社，2017 年。

张步天：《中国历史文化地理》，长沙：湖南教育出版社，1993 年。

张海林编著：《近代中外文化交流史》，南京：南京大学出版社，2003 年。

张加祥、俞培玲：《越南文化》，北京：文化艺术出版社，2001 年。

张礼千：《中南半岛》，上海：商务印书馆，1947 年。

张文和：《越南华侨史话》，台北：黎明文化事业股份有限公司，1975 年。

张秀民、韩琦：《中国活字印刷术》，北京：中国书籍出版社，1998 年。

张秀民：《中国印刷术的发明及其影响》，北京：人民出版社，1958 年。

张秀民：《中越关系史论文集》，台北：文史哲出版社，1992 年。

张玉春主编：《中国古文献与传统文化学术研讨会论文集》，北京：华文出版社，2005 年。

赵玉兰主编：《东南亚文化研究论文集》，北京：经济日报出版社，2004 年。

中国东南亚研究会编：《东南亚史论文集》，郑州：河南人民出版社，1987 年。

周宝荣：《宋代出版史研究》，郑州：中州古籍出版社，2003 年。

周建新：《中越中老跨国民族及其族群关系研究》，北京：民族出版社，2002 年。

朱杰勤：《中外关系史论文集》，郑州：河南人民出版社，1984 年。

朱云影：《中国文化对日韩越的影响》，桂林：广西师范大学出版社，2007 年。

［新］尼古拉斯·塔林主编，贺圣达等译：《剑桥东南亚史》，昆明：云南人民出版社，2003 年。

［日］忽滑谷快天著，朱谦之译：《中国禅学思想史》，郑州：大象出版社，2017 年。

［越］陈辉燎著，范宏科、吕谷译：《越南人民抗法八十年史》（第一卷），北京：生活·读书·新知三联书店，1973 年。

［越］陈重金著，戴可来译：《越南通史》，北京：商务印书馆，1992 年。

［越］黎春德评注，梁远、祝仰修译：《胡志明汉字诗全集》，南京：江苏人民出版社，2017 年。

［越］明峥著，范宏贵译：《越南社会发展史研究》，北京：生活·读书·新知三联书店，1963 年。

［越］明峥著，范宏科、吕谷译：《越南史略（初稿）》，北京：生活·读书·新知三联书店，1958 年。

［越］潘嘉纮著，何廷庆译：《越南手工业发展史初稿》，北京：商务印书馆，1959 年。

［越］阮志坚著，郑晓云编：《越南的传统文化与民俗》，昆明：云南人民出版社，2012 年。

［越］陶维英：《越南文化史纲》，胡志明市：胡志明市出版社，1992 年。

［越］陶维英著，刘统文、子钺译：《越南古代史》，北京：商务印书馆，1976 年。

［越］陶维英著，钟民岩译：《越南历代疆域》，北京：商务印书馆，1973 年。

越南社会科学委员会编著，北京大学东语系越南语教研室译：《越南历史》（第一集），北京：人民出版社，1977 年。

（二）英文著作

Chapuis, Oscar：*A History of Vietnam：From Hong Bang to Tu Duc*, Westport, Conn.：Greenwood Publishing Group, 1995.

Chapuis, Oscar：*The Last Emperors of Vietnam：From Tu Duc to Bao Dai*, Westport, Conn.：Greenwood Publishing Group, 1995.

Chen, King C.：*China and Vietnam 1938-1945*, Princeton, New Jersey：Princeton University Press, 1969.

Hall, D. G. E.：*A History of Southeast Asia*, New York：St. Martin's Press, 1964.

Hickey, Gerald C.：*Village in Vietnam*, New Haven, Conn.：Yale University Press, 1964.

Hinton, Harold C.：*China's Relations with Burma and Vietnam：A Brief Survey*, New York：Inst. of Pacific Relations, 1957.

Huynh Sanh Thong：*The Heritages of Vietnamese Poetry*, New Haven, Conn.：Yale University Press, 1979.

Karnow Stanly：*Vietnam：A History*, New York：Penguin Books, 1983.

Marr, David G.：*Vietnamese Tradition on Trial：1920-1945*, California：University of California Press. 1981.

Victon Purcell：*The Chinese in Southeast Asia*，New York：Oxford University Press，1965.

Woodside，Alexander Barton：*Vietnam and the Chinese Model*：*A Comparative Study of Vietnamese and Government in the First Half of Nineteenth Century*，Cambridge，Mass.：Harvard University Press，1988.

（三）越南文著作

Huỳnh Công Bá：*Lịch Sử Việt Nam*，Huê：Nhà xuât bản Thuận Hóa，năm 2002.

Ngô Đăng Lợi：*Nghiên Cứu Lịch Sử Việt Nam*，thành phố Hải Phòng：Nhà xuất bản Khoa học xã hội Hải Phòng，1975.

Nguyễn Quang Lê：*Từ Lịch sử Việt Nam nhìn ra Thế Giới*，Hà Nội：Nhà xuất bản Văn hóa，2001.

Thích Thanh Từ：*Thiền Sư Việt Nam,* thành phố Hồ Chí Minh：Nhà xuất bản Thành hội Phật giáo thành phố Hồ Chí Minh，1992.

Trần Ngọc Thêm：*Những đặc sắc về văn hóa Việt Nam*，thành phố Hồ Chí Minh：Nhà xuất bản thành phố Hồ Chí Minh，1996.

Trịnh Hoài Đức：*Gia Định Thành Thông Chí*，Sài Gòn：Nhà xuất bản Sài Gòn，1972.

（四）德文著作

Huber，Bert：*Vietnam*，Berlin：Verlag der Nation，1968.

Hülle，Hermann：*Über den alten chinesischen Typendruck und seine Entwickelung in den Ländern des Frenen Ostens*，Berlin，1923.

Littleton，C. Scott（Hg.）：*Östliche Weisheit：Die fünf grossen Religionen Asiens*，München：Friderking & Thaler，1997.

Serges Medien：2000 *Jähre Weltgeschichte：Menschen · Epochen · Kulturen*，

Serges Medien GmbH，Köln，1999.

三、期刊

安东：《越南抗法战争时期的中越关系》，《中国东南亚研究会通讯》1989
年第1—4期。

白兴发：《越南彝族的历史与文化》，《文山师范高等专科学校学报》2005
年第3期。

陈双燕：《中越宗藩关系的历史发展述论》，《南洋问题研究》2000年第
4期。

陈文：《越南黎朝时期的社学和私塾——兼论中国古代基层教育制度对越南
的影响》，《东南亚研究》2007年第5期。

陈文：《越南黎朝时期的武学和武试》，《东南亚》2005年第3期。

陈文：《占城与中国明朝的文化交流》，《东南亚研究》2004年第4期。

陈筱微：《对中越道教的几点认识》，《东南亚》2001年第1期。

陈益源：《汉喃研究院所藏越南汉文小说〈传记摘录〉研究》，《明清小说
研究》2001年第2期。

陈玉龙：《略论中越历史关系的几个问题》，《东南亚纵横》1983年第1期。

陈玉龙：《越南西山阮氏族谱考释》，《中国东南亚研究会通讯》1982年第
4期。

程爱勤：《论汉魏时期中国与东南亚交往发轫的宗教动因》，《东南亚》
2003年第1期。

戴可来、廖宏斌：《1850—1880年越南社会整合情况之分析》，《史学月刊》
2002年第2期。

戴可来、王介南：《中国十年来对东南亚的研究》，《史学月刊》1990年第
3期。

戴可来、于向东：《略论释大汕及其越南之行》，《岭南文史》1994年第

1 期。

戴可来：《略论古代中国和越南之间的宗藩关系》，《中国边疆史地研究》
2004 年第 2 期。

戴可来：《对当前越南政治经济形势的观察》，《中国东南亚研究会通讯》
1992 年第 4 期。

戴可来辑录：《东洋文库安南本目录》，《中国东南亚研究会通讯》1985 年
第 3 期。

董利江、杨春丽：《略论北宋时期的中越关系》，《河南工业大学学报（社
会科学版）》2005 年第 2 期。

冯立军：《古代中国与东南亚中医药交流》，《南洋问题研究》2002 年第
3 期。

冯立军：《古代中越中医中药交流初探》，《海交史研究》2002 年第 1 期。

冯永孚：《从河内看当代越南人的宗教信仰》，《东南亚纵横》2003 年第
9 期。

高伟光：《中华传统文化在东南亚的传承与变异》，《江西社会科学》2005
年第 4 期。

韩凤海：《论越南喃字文学的几个特点》，《解放军外国语学院学报》2002
年第 5 期。

韩振华：《（原）河内远东博古学院所藏越南古史书目录摘录》，《中国东南
亚研究会通讯》1985 年第 3 期。

何平：《古代中国的影响与现代越族的形成》，《世界民族》2004 年第 5 期。

何成轩：《越南史研究的可喜收获——于向东教授主编〈东方著名哲学家评
传·越南卷〉读后》，《中国东南亚研究会通讯》2001 年第 2 期。

何仟年：《中国历代有关越南古籍考述》，《西南师范大学学报（人文社会
科学版）》2002 年第 6 期。

何孝荣：《清代的中越文化交流》，《历史教学》2001 年第 11 期。

华林甫：《略论中国地名文化对越南的影响》，《南洋问题研究》2001 年第

2 期。

　　黄敏、林丽：《道教与越南传统文化》，《东南亚纵横》2003 年第 8 期。

　　黄敏：《科举制度在越南的嬗变及其对越南文化的积极影响》，《解放军外国语学院学报》2003 年第 6 期。

　　黄国安：《中国科举制度对越南的影响》，《东南亚纵横》1986 年第 3 期。

　　黄心川：《"三教合一"在我国发展的过程、特点及其对周边国家的影响》，《哲学研究》1998 年第 8 期。

　　黄心川：《中国与东方周边国家哲学的双向交流及其影响》，《中国社会科学院研究生院学报》1999 年第 4 期。

　　蒋玉山：《后黎至阮初越南封建统治者建构越南主流意识形态——儒学的主要措施》，《东南亚纵横》2007 年第 9 期。

　　雷雨：《从考古发现看四川与越南古代文化交流》，《四川文物》2006 年第 6 期。

　　黎巧萍：《试述外来文化对越南文化的影响》，《东南亚纵横》2002 年第 5 期。

　　黎正甫：《明代安南郡县建置》，《真理杂志》1944 年 1 月第 1 卷第 1 期。

　　李福君：《明嘉靖朝征安南之役述评》，《天津师大学报》1997 年第 2 期。

　　李金明：《明代"东西洋"分界考》，《中国东南亚研究会通讯》1988 年第 3—4 期。

　　李克明：《越南抗法战争（1945—1954）》，《中国东南亚研究会通讯》1989 年第 1—4 期。

　　李未醉、李魁海：《略论古代中越建筑艺术交流的特点》，《曲靖师院学报》2004 年第 5 期。

　　李未醉、余罗玉：《简论古代中越医药交流》，《东南亚纵横》2004 年第 6 期。

　　李未醉、余罗玉：《略论古代中越文学作品交流及其影响》，《鞍山师范学院学报》2004 年第 3 期。

李未醉：《古代越南史学对中国史学的继承与创新》，《阜阳师范学院学报（社会科学版）》2004 年第 3 期。

李未醉：《简论古代中越建筑技术交流》，《东南亚研究》2004 年第 3 期。

梁志明：《论越南儒教的源流、特征和影响》，《北京大学学报（哲学社会科学版）》1995 年第 1 期。

林明华：《槟榔与中越文化交流》，《东南亚学刊》1989 年试刊号。

林明华：《以禅入诗，以诗化禅——越南李朝僧侣诗浅析》，《中国东南亚研究会通讯》1991 年第 1 期。

林明华：《越南文字浅谈》，《中国东南亚研究会通讯》1984 年第 1 期。

刘伯奎：《中越关系之史的探讨》，《新南洋》1943 年 1 月第 1 卷第 1 期。

刘亚林、续建宜：《越南的天主教》，《中国东南亚研究会通讯》1990 年第 1 期。

刘志强：《越南的民间信仰》，《东南亚纵横》2005 年第 6 期。

刘致中：《中国古代戏班进入越南考略》，《文学遗产》2002 年第 4 期。

吕士朋：《明代制度文化对越南黎朝的影响》，《史学集刊》1994 年第 1 期。

马达：《从越南使用汉字的历史看汉文化对越南的影响》，《中州学刊》2004 年第 5 期。

马达：《历史上中医中药在越南的传播和影响》，《医学与哲学（人文社会医学版）》2008 年第 3 期。

马达：《论汉字在越南的传播及其影响》，《河南社会科学》2008 年第 3 期。

马达：《中国印刷术在越南的传播及其影响》，《中州大学学报》2008 年第 6 期。

马达：《论中国古代农业文化在越南的传播和影响》，《华北水利水电学院学报（社科版）》2009 年第 1 期。

马克承：《儒学与越南文化》，《中国东南亚研究会通讯》1999 年第 1 期。

聂槟：《外来文化在越南的传播与融合》，《东南亚纵横》2003 年第 12 期。

牛军凯：《安南莫朝与中越关系制度的变化》，《南洋问题研究》2004 年第

2 期。

牛军凯：《安南莫氏高平政权初探》，《东南亚》2000 年第 3—4 期。

牛军凯：《三跪九叩与五拜三叩：清朝与安南的礼仪之争》，《南洋问题研究》2005 年第 1 期。

农学冠：《神龟信仰：中越民间文化中的一个母题》，《广西民族学院学报（哲学社会科学版）》2005 年第 3 期。

彭胜天：《中越关系之史的考察》，《南洋研究》1940 年第 2—3 期。

普忠良：《越南的彝族及其历史文化述略》，《世界民族》2003 年第 2 期。

祁广谋：《越南喃字的发展演变及其文化阐释》，《解放军外国语学院学报》2003 年第 1 期。

秦钦峙：《华侨对越南经济文化发展的贡献》，《历史研究》1979 年第 6 期。

史阳：《甘薯传入考：从甘薯传入的路线看中国与东南亚的文化交流》，《华侨华人资料》2004 年第 6 期。

苏彩琼：《传统庙会在越南现代社会中的价值》，《东南亚纵横》2004 年第 5 期。

孙宏年：《论康雍乾时期清朝对安南政治避难者的"一个安南"原则》，《中国东南亚研究会通讯》2001 年第 1 期。

孙宏年：《清代越南政治避难者问题初探（1644—1885）——兼论"一个安南（越南）"原则》，《南洋问题研究》2000 年第 2 期。

孙建党、王德林：《试析越南阮朝明命时期的禁教政策及其影响》，《河南师范大学学报（哲学社会科学版）》2001 年第 3 期。

孙衍峰：《论越南人的祖先崇拜》，《当代亚太》2005 年第 9 期。

孙衍峰：《越南人的城隍信仰》，《解放军外国语学院学报》2003 年第 5 期。

谭志词：《汉语对越南语的影响》，《中国东南亚研究会通讯》1996 年第 3 期。

谭志词：《论汉字对字喃的影响》，《中国东南亚研究会通讯》2000 年第 2 期。

谭志词：《越南河内李国师寺及其汉文匾联》，《世界宗教文化》2005 年第 3 期。

谭志词：《越南闽籍侨僧拙公和尚出国的原因》，《东南亚纵横》2007 年第 5 期。

谭志词：《中国高僧与越南"少林寺"》，《东南亚纵横》2005 年第 5 期。

王杰：《日南郡——汉代海外贸易的窗口》，《中国东南亚研究会通讯》1991 年第 2—3 期。

王苇：《后黎王朝时期儒学对越南教育的影响》，《零陵学院学报》2005 年第 1 期。

王武：《试论中国文化对越南的影响》，《许昌学院学报》2005 年第 6 期。

王民同：《越南西山农民起义与清朝出兵干涉之目的质疑》，《东南亚》2001 年第 1 期。

王祥春、赵双全：《两宋时期的中越贸易》，《东南亚纵横》2007 年第 4 期。

吴凤斌：《越南使用汉字的由来》，《中国东南亚研究会通讯》1982 年第 4 期。

吴受祥：《试论越南采用拼音文字的历史过程和原因》，《中国东南亚研究会通讯》1991 年第 1 期。

吴同永：《越南闽籍华侨史略》，《侨史资料》1990 年第 9 期。

萧源锦：《古代朝鲜和越南的科举制》，《文史杂志》1990 年第 4 期。

萧源锦：《古代朝鲜和越南的科举制补遗》，《文史杂志》1994 年第 6 期。

熊义民：《略论先秦畿服制与华夷秩序的形成》，《东南亚纵横》2002 年第 3—4 期。

徐方宇：《越南民间传统财神信仰的象征意义及其变迁》，《解放军外国语学院学报》2006 年第 5 期。

许永璋：《论道教在越南的传播和影响》，《史学月刊》2002 年第 7 期。

许永璋：《中医中药在东南亚的传播和影响》，《黄河科技大学学报》2004 年第 1 期。

逊之：《中国与安南贸易之观察》，《商业月报》1936 年第 3 期。

杨保筠：《越南汉喃铭文汇编第一集：北属时期至李朝·概览》，《中国东南亚研究会通讯》2002 年第 2 期。

杨保筠：《越南汉文史籍中有关其他东南亚国家的记载——以〈海程志略〉为例》，《中国东南亚研究会通讯》2001 年第 2 期。

杨立冰：《中越宗藩关系之我见》，《中国东南亚研究会通讯》1993 年第 2—3 期。

于向东：《〈泉志〉所录丁、前黎朝铜钱与越南早期货币史的若干问题》，《东南亚纵横》2007 年第 7 期。

于向东：《河内历史上的唐人街》，《东南亚纵横》2004 年第 7 期。

于向东：《越南思想史的发展阶段和若干特征》，《郑州大学学报（哲学社会科学版）》2001 年第 3 期。

于在照：《试论潘佩珠的哲学思想》，《中国东南亚研究会通讯》1990 年第 2—3 期。

袁仕仑：《近年越南史学研究动态》，《中国东南亚研究会通讯》1985 年第 3 期。

袁运福：《略论北属时期中国文化对越南的影响》，《天中学刊》2004 年第 3 期。

袁运福：《略论越南莫朝文化》，《美与时代》2004 年 2 月下半月刊。

张磊屏：《东西方文化冲突的反映——越南嗣德时期的禁教政策》，《美与时代》2003 年 6 月下半月刊。

张小欣：《浅谈禅宗在越南历史上的传播及其文化影响》，《东南亚》2003 年第 2 期。

张秀民：《安南内属时期职官表自序》，《中国东南亚研究会通讯》1996 年第 1—2 期。

张秀民：《安南书目提要三种》，《中国东南亚研究会通讯》1995 年第 1 期。

张秀民：《安南书目提要十一种》，《中国东南亚研究会通讯》1996 年第 1—

2 期。

张秀民：《安南书目提要十一种（续）》，《中国东南亚研究会通讯》1996 年第 3 期。

赵玉兰：《从越南的社会生活看中越文化关系》，《东南亚纵横》1998 年第 4 期。

郑琪：《从前四史看古代越南所发生的战争》，《洛阳师范学院学报》2005 年第 4 期。

郑琪：《从前四史中看中原往来交阯人员构成及其作用》，《成都教育学院学报》2005 年第 8 期。

钟小武：《明朝对安南莫氏的政策（1536—1542）》，《江西师范大学学报（哲学社会科学版）》2002 年第 2 期。

朱宏斌：《秦汉时期传统稻作农业科技文化在东南亚的传播》，《东南亚纵横》2002 年第 11 期。

朱杰勤：《中国陶瓷和制瓷技术对东南亚的传播》，《世界历史》1979 年第 2 期。

朱亚非：《明初中越关系与成祖征安南之役》，《烟台大学学报（哲学社会科学版）》1994 年第 1 期。

庄国土：《略论朝贡制度的虚幻：以古代中国与东南亚的朝贡关系为例》，《南洋问题研究》2005 年第 3 期。

［美］E.S.安雅思著，塔娜译：《从神话到历史：十四世纪越南所想象的古代政体》，《中国东南亚研究会通讯》1991 年第 2—3 期。

［美］布兰德利·沃麦克著，宋鸥译：《可持续的国际领导权：来自 968—1885 年中越关系的经验教训》，《史学集刊》2004 年第 1 期。

［美］卢西恩·派伊著，董敏译：《东南亚的政治基础：社会结构分析》，《中国东南亚研究会通讯》1991 年第 4 期。

［日］陈荆和著，塔娜译：《〈大南实录〉与阮朝硃本》，《中国东南亚研究会通讯》1987 年第 1—4 期。

［日］陈荆和著，塔娜译：《〈大越史略〉：它的内容与编者》，《中国东南亚研究会通讯》1983 年第 3—4 期。

［日］桃木至朗撰，武尚清编译：《越南李、陈王朝与占城》，《中国东南亚研究会通讯》1994 年第 2—3 期。

［日］藤原利一郎著，陈奉林译：《越南与明朝的民间贸易和华侨问题》，《中国东南亚研究会通讯》1991 年第 4 期。

［越］陈文玾著，梁志明译：《铜鼓与越南的奴隶占有制度》，《中国东南亚研究会通讯》1982 年第 1 期。

［越］范氏荣著，游明谦译：《"越南"国号始于何时?》，《中国东南亚研究会通讯》1994 年第 1 期。

［越］黄批著，王金地摘译：《越南拼音文字的历史》，《中国东南亚研究会通讯》1982 年第 2—3 期。

［越］黄氏珠著，韦德星译：《中国的越南研究》，《中国东南亚研究会通讯》2001 年第 1 期。

［越］潘辉黎著，林明华译：《黎文休与〈大越史记〉》，《中国东南亚研究会通讯》1987 年第 1—4 期。

［越］潘辉黎著，曾广森译：《〈大越史记全书〉的正和版与其他版本》，《中国东南亚研究会通讯》1987 年第 1—4 期。

［越］阮名筏著，于向东译：《丁部领统一祖国的事业》，《中国东南亚研究会通讯》1987 年第 1—4 期。

［越］阮氏翠娥、杨泰明著，于向东、施维国译：《由〈越史纲鉴考略〉看阮通的贡献》，《中国东南亚研究会通讯》1991 年第 2—3 期。

［越］阮维馨著，林明华译：《李朝的思想体系》，《东南亚研究》1987 年第 1—2 期。

［越］陶维英著，于向东译：《〈抚边杂录〉及其译本》，《中国东南亚研究会通讯》1989 年第 1—4 期。

［越］文新著，武尚清译：《阮朝国史馆与西山起义》，《中国东南亚研究会

通讯》1996 年第 1—2 期。

[越] 武元甲著，戴可来译：《关于"越南学"的一些思考》，《中国东南亚研究会通讯》1998 年第 2 期。

四、学位论文

陈文：《科举在越南的移植与本土化——越南后黎朝科举制度研究》，暨南大学，2006 年。

陈文源：《明朝与安南关系研究》，暨南大学，2005 年。

邓昌友：《宋朝与越南关系研究》，暨南大学，2004 年。

何仟年：《越南古典诗歌传统的形成——莫前诗歌研究》，扬州大学，2003 年。

牛军凯：《朝贡与邦交——明末清初中越关系研究（1593—1702）》，中山大学，2003 年。

释清决：《越南禅宗史论》，中国社会科学院研究生院，2001 年。

孙宏年：《中越关系研究（1644—1885）》，复旦大学，2000 年。

谭志词：《越南闽籍侨僧拙公和尚与十七、十八世纪中越佛教交流》，暨南大学，2005 年。

附录一　关于越南"郡县时期"的时间

　　中国学者，尤其是研究东南亚问题和越南问题的学者，在论述越南"郡县时期"时，一般采用较为模糊的叙述方式，写作"一千多年""千余年""超过千年"等。只有少数学者在论述时，会写出具体的时间。但是因为计算方式的不同，诸说不一。

　　我国著名越南史学专家张秀民先生在《安南王朝多为华裔创建考》中认为："自秦始皇三十三年（前214）至五代天福三年（938），明永乐五年（1407）至宣德二年（1427），交趾为中国郡县者凡1172年。越史称为'北属时代'。"①

　　此谓"1172年说"。

　　另外一些学者的说法，略有不同。广西社会科学院原副院长古小松是国内研究越南问题，尤其是研究越南现当代问题的专家，以越南社会主义和越南经济改革方面的研究见长。古小松先生在其论文《睦邻友好　合作双赢——展望21世纪初的中越关系》中说："越南公元10世纪才从中国版图独立出去，它曾在中国版图内有长达1182年的历史。"②

　　此谓"1182年说"。

　　张秀民先生的"1172年说"，给出了明确的计算方法，即"前214年+938

---

　　①　张秀民：《安南王朝多为华裔创建考》，《印度支那》1989年第3期。
　　②　古小松：《睦邻友好　合作双赢——展望21世纪初的中越关系》，《东南亚纵横》2002年第1期。

年＝1152 年";再加上 1407 到 1427 年的 20 年时间,合在一起,共计"1152＋20＝1172 年"。由此得出"1172 年说"。

古小松先生的"1182 年说",因为没有注明所据为何,笔者不敢妄加猜测。但是,据分析,大概是将公元前 214 年这个数字,加上 968 年,即"214＋968＝1182(年)"而得出的。

张秀民先生的计算方法有一个不妥,其原因是将越南独立建国的时间认定为 938 年;而古小松先生的不妥,则是因为没有将 1407—1427 年这 20 年短暂的"属明时期"计算在内所致。

笔者认为,正确的计算方法应该是:214＋968＋20＝1202(年)。

这就是我们提出的"1202 年说"。

笔者认为,"郡县时期"的具体年数,并不会对"中国文化在交趾地区的传播和影响"这一课题的研究产生太大的影响,在进行一般性论述时,"郡县时期"千余年的说法也并无大碍。但是,历史研究应尽可能地准确无误,这才是我们所应该采取的态度。所以,笔者在此将这一问题提出,以"附录"的形式记在这里。也希望今后学者在讨论这一问题时,可有所依据。

附录二　越南历史简表

　　为了对越南古代历史中的各个朝代有一个直观的了解，现将 939 年至 1945 年之间的朝代更迭及年代简要列表如下：

序号	朝代名称	起止年代
1	吴氏自主政权①	939—968
2	丁朝	968—980
3	前黎朝	980—1009
4	李朝	1010—1225
5	陈朝	1225—1400
6	胡朝	1400—1407
7	"属明时期"②	1407—1427
8	后黎朝统一时期	1428—1527
9	黎、莫对峙的南北朝时期	1527—1592
10	后黎朝纷争时期	1533—1788
11	西山阮朝③	1778—1802
12	阮朝	1802—1945

---

　　① "吴氏"指的是吴权，939—968 年间，越南处于独立建国前夕的混乱阶段，统称为"十二使君之乱"，我们可以将这一阶段看作越南的"准国家时期"，至 968 年丁部领结束这种混乱局面，建立"大瞿越"国，才是越南真正独立之开始。

　　② 1407 年，明朝出兵讨伐胡季犛，至 1427 年明军撤回，凡 20 年，史称"属明时期"。

　　③ 所谓"西山阮朝"是指阮岳、阮惠兄弟在发动农民起义胜利后所建立的政权，西山是其起义的地点，因此得名。

附录三　十部越南汉文史籍简介

古代越南曾经由中国直接统治了千余年，研究这段越南的历史，以中国史料、史书作为必需的参考书籍是十分重要的。10 世纪中叶，越南从中国独立以后的千余年间，历代王朝仍以汉文作为行政及学术上使用的文字，因此这一时期的史料、史书虽出于越南人之手，但仍然主要使用汉文写成。

这些史籍主要有《安南志略》《大越史记全书》《越史略》《越史通鉴纲目》《历朝宪章类志》《黎朝刑律》《大南实录》《大南会典事例》《大南一统志》《同庆地舆志》等十种。①

上述十种汉文史籍，都是研究越南历史、文化所不可缺少的重要材料。从这些汉籍的编修缘起和体例内容，可以充分看出越南从中国独立以后的一千多年间，史学著作的著述基本上是仿照中国史书的书写模式。虽然其规模不能与中国相提并论，但较诸其他东南亚国家，是相当进步和完备的。因此，有必要对越南人用汉文书写的历史书籍做一介绍，以期考察中越两国之间史学的紧密关系，窥见中国史学对越南史学影响之一斑。

---

① 有关这些史籍的详细介绍，请参见香港浸会大学历史学系周佳荣先生发表在香港《当代史学》（*Contemporary Historical Review*）第 1 卷第 3 期（Vol.1，No.3）之《越南汉文史籍解题》一文。周佳荣先生不仅对其写作年代、著作者姓名、每部书的卷数、主要内容做了详尽的说明，还对一些史籍之间的相互传承关系等做了较为严密的考证，可谓一篇上佳的介绍性文章。因原文较长，兹不一一照录。

一、《安南志略》

《安南志略》属地方志，是越南现存最古的史书。1333 年黎崱撰，1339 年修订。体例仿中国方志，共 20 卷；通行本为 19 卷，但内容与 20 卷本相同。

此书是越南降元以后，越南人黎崱在中国撰写和出版的著作，所载并不仅仅限于历史方面，对于地理、制度和诗文等也多有涉及，是了解陈朝（1225—1400）及此前历史的基本材料，对研究越南古代历史、地理颇有价值。1961 年间在顺化出版的越南音译、语译本，是以通行本为底本，用内阁文库、静嘉堂文库、伦敦大英博物馆所藏的三种写本校勘，书后附有原文。此书另有 1896 年的法文译本。

笔者手头拥有一本《安南志略》。该书由北京师范大学教授武尚清先生点校，作为"中外交通史籍丛刊"之一种，与清代和尚（释）大汕所著《海外纪事》（余思黎先生点校）合为一本书。该书由中华书局以繁体字、横排的方式，于 2000 年 6 月出版发行。为中国学者的研究著述提供了使用、参考上的便利。

二、《大越史记全书》

《大越史记全书》是由越南黎朝史官吴士连等撰修的编年体正史，是研究越南前近代史最基本、最重要的史书。此书是以下列两种著作为基础编成的：

（1）《大越史记》：陈太宗时（1225—1258），榜眼黎文休（又称黎休）奉敕撰，于圣宗绍隆十五年（1272）成书，共 30 卷。此书采用编年体记载公元前 3 世纪末至 13 世纪初的史事，始于赵武帝（207），终于李昭皇（1224），是越南第一部正史。今已失传，只有一些评论以"黎文休曰……"的形式保存在《大越史记全书》之中。

（2）《史记续编》：黎仁宗时（1443—1459），命潘孚先补修《大越史记》，始自陈太宗（1225），终于明朝放弃交趾（1427），共 10 卷，1455 年成书，称

《史记续编》。

黎圣宗洪德年间（1470—1497），复命吴士连重修。吴士连根据前二书，于1479年完成《大越史记全书》。此书分为两编：前编称为"外纪"，有5卷，记事始自传说中的鸿庞氏，讫于平定十二使君（967）；后编称为"本纪"，有9卷，始自丁先皇（即丁部领，968—979），止于黎太祖（1428）；再加《黎太祖纪》1卷，全书共15卷。

1665年范公著奉命续修《大越史记全书》，增加撰者不详的《本纪实录》5卷，及范公著编的《本纪续编》3卷，成为23卷本。《本纪实录》始自黎太宗（1434），讫黎恭皇及莫朝初年（1532）；《本纪续编》起于黎庄宗（1533），至黎神宗（1662）为止。正和十八年（1697）黎僖撰成《本纪续编追加》1卷，又增加1662—1675年黎玄宗和黎嘉宗两朝实录。黎僖所修之书，即为《大越史记全书》的最后修订本，至此全书遂告完成，颁行天下。

《大越史记全书》共有24卷：《外纪全书》5卷，《本纪全书》9卷，《本纪实录》6卷，《本纪续编》3卷，《本纪续编追加》1卷。采用编年体，并仿中国司马迁《史记》之例，在叙事后加作者评论，但无纪、传、志、表。现存越南古代史书中，以此书最为重要。

此书除最初的刻本外，西山阮朝时代、阮朝均有版刻或覆刻。1884年日本人引田利章在日本以活字印刷，成为今日的通行本，但错漏颇多。1967—1968年间，越南社会科学委员会出版全6册的越南语译本。近年有陈荆和编校的《校合本·大越史记全书》行世，以不同版本互校，并加标点和注释，对研究者至为方便。

笔者目前所使用的是陈荆和先生的校合版本，系从郑州大学越南研究所复印得之。

三、《越史略》

《越史略》，又名《大越史略》，是越南最早的编年体史书。撰者不详（有人认为作者是胡宗鷟），是陈朝昌符年间（1377—1388）的著作。全书共有 3 卷，上卷起自传说时代，讫于前黎朝灭亡；中、下卷皆载李朝（1010—1225）史事，记述特详。因陈朝改李姓为阮，故书中李朝之李均作阮及阮朝。书后附陈朝纪年。一般认为，此书是简化《大越史记》之作。无论如何，此书与《大越史记全书》同为考察李朝及前此史事的基本材料。

《越史略》在越南国内已失传，流传于中国，收入《四库全书》。此外，亦为守山阁丛书、皇朝藩属舆地丛书、丛书集成所收。有越南语译本（1960）。日本学者片仓穰编有《大越史略索引》（广岛：溪水社，1990），方便检索。

四、《越史通鉴纲目》

《越史通鉴纲目》，原称《钦定越史通鉴纲目》，是阮朝嗣德帝敕令编纂的编年体越南通史。1856—1859 年间，国史馆总裁潘清简主持其事，经过 1871—1884 年的检订，于建福帝元年（1884）进呈，版刻颁行天下。

此书是越南人用汉文所写的最重要的通史，仿中国《资治通鉴纲目》的体裁，将《大越史记全书》等书所载的史事细分段落，加上标题及提纲；事项、人名、地名等加注，对纲目内容的批评则有谨案；各页上栏的空白，还有嗣德帝的御批。

卷首收谕旨、奏议、凡例；前编 5 卷，始于越南的建国神话，重点是中国历代王朝由汉代至五代支配下"郡县时期"的历史；正编 47 卷，内容始于脱离中国而独立的丁朝（968），至黎朝灭亡（1789）为止。书中引用的若干文献现已不存，又有一些独自的记事，今日已经成为研究越南前近代史的基础文献。

此书在中国台湾有影印本，部分内容有法文翻译（1950）。1957—1960 年间，河内曾经进行现代语译；1965—1974 年间，西贡（今胡志明市）出版过附有原文及音译的越南语译本。日本学者也做过一些索引工作。

五、《历朝宪章类志》

《历朝宪章类志》是越南古代史书中唯一的类书。它是研究黎朝历史的基本史料。阮朝潘辉注撰,于 1821 年完成,以写本传世。共 49 卷,分为舆地志、人物志、官职志、礼仪志、科目志、国用志、刑律志、兵制志、文籍志、邦交志,将有关黎朝的史料和记事分类和整理,并作扼要记述。此书的刑律志和国用志,有法语译注(1908—1932)。1957 年西贡(今胡志明市)出版了官职志、国用志及刑律志的越南语译,附原文及音译;1960—1962 年间,河内则把全书译成越南语相继刊行。

六、《黎朝刑律》

《黎朝刑律》是黎朝时代(1428—1789)官撰,但成书年代不详。共计 6 卷12 章 721 条,是越南现存最古的法典。现存的写本是 1908 年在顺化发现的,其渊源却不甚明确,学者认为应与下列两种文献有关:其一,是以黎朝圣宗时制定《洪德条律》(刑律)为基础,于 1767 年刊行的《国朝条律》。现存的木刻本《国朝刑律》6 卷,几乎与《国朝条律》的内容相同;《黎朝刑律》被认为是后代手写的《国朝条律》,《历朝宪章类志》的《刑律志》亦收录入内。其二,是《律书》6 卷,这可能是 15 世纪的洪德原律,或者是阮廌之作。

《黎朝刑律》的编排,分为名例、卫禁、职制、军政、户婚、田产、奸通、盗贼、斗讼、诈伪、杂律、捕亡、断狱等章别。其内容以唐律为基本,加上明律,及为数颇多的越南固有法的条文而成,充分反映出越南本身的社会习惯,这与 1812 年制定的、直接输入中国清代法典的阮朝《皇越律例》22 卷大为不同。

七、《大南实录》

《大南实录》是越南阮朝历代皇帝的编年体实录，共计 584 卷，阮朝诸臣奉敕撰，是研究阮朝的最重要史料，内有部分涉及中国明清时期的记载可供参考。

阮朝世祖嘉隆帝于 1811 年下令撰修《国朝实录》，至宪祖绍治四年（1844），首先以广南封建领主时代阮氏历代各王的实录作为《前编》12 卷。嘉隆帝以下历代皇帝的实录，由国史馆编修，从嗣德元年（1848）至维新三年（1909），相继刊刻了《正编第一纪》（世祖实录）、《正编第二纪》（圣祖实录）以至《正编第六纪》（同庆帝实录），共计 441 卷。另附《大南正编列传》初集及二集。

《前编》的内容，是把越南分裂为安南、广南南北两个势力圈的二百年历史，从阮氏方面加以叙述。《正编》记载阮朝历史，对阮朝在抵抗法国侵略及逐渐走向灭亡期间的宫廷动向有清楚的交代。因避圣祖明命帝皇后之讳，将书名《大南实录》写成《大南寔录》。

此书除刻本外，另有日本庆应大学言语文化研究所的影印本（1961 年起刊行，至 1981 年共出 20 册）。日本人研究此书的成果，也很方便参考。河内和西贡（今胡志明市）都出版过部分的越南语译本（1962）。

八、《大南会典事例》

《大南会典事例》，原称《钦定大南会典事例》，共 264 卷，阮朝敕撰，1855 年完成。刻本。此书依《大清会典事例》的形式，把阮初至嗣德五年（1852）的事例分类和加以整理，是研究阮代的基本史料，其重要性仅次于《大南实录》。1965 年起，西贡（今胡志明市）出版了附有原文的部分越南语译本。

九、《大南一统志》

《大南一统志》，是一本记述阮朝版图的地志。阮翼宗嗣德十八年（1865）敕令国史馆仿中国清朝敕撰书《大清一统志》进行编述，于嗣德三十五年（1882）完成。其后有所补续，但 1884 年乙酉之役，咸宜帝败于法军，蒙尘之际，稿本亦部分散失。成泰十八年（1906）重修，维新三年（1909）刊刻。成其事者，为国史馆总裁高春育。由于当时越南在法国支配下分割为三个地区，刊刻内容只限于保护王国安南所在的中圻诸省，北圻及南圻各省仍以稿本形式流传下来。

此书共 17 卷，列目 23 条，载录各省的疆界和沿革，及府县的分辖、形势、气候、城池、学校、户口、田赋、山川、古迹、祠庙、陵墓、寺观、关汛、驿站、桥梁、市铺、人物、僧释、土产等。虽然若干地方只有片段记述，欠统一性，但毕竟提供了大量有关 19 世纪末越南地理的贵重资料，可以作为历史研究的参考。1941 年日本印度支那研究会松本信广将本书分两册影印出版。

十、《同庆地舆志》

《同庆地舆志》，是越南重要的地理书，亦称《同庆御览地舆志略》，阮朝官撰，完成于 1885—1888 年间。写本。日本东洋文库出版的《同庆御览地舆志图》上、下（1943），是复制此书的 314 幅地图而成的；书中有山本达郎的《关于安南的地志——同庆地舆志解说》，颇为详尽。

近年来，越南学界的重要工作之一，是把这些汉籍翻译成越南语。现在从事这项工作的主要是"越南汉喃研究院"。据越南汉喃研究院时任院长郑克孟先生介绍，该院自 20 世纪初，已经整理、出版了多种史学类、地志类、文学类、铭文类、理论著作和工具书等类著作的越南语译本。不过，无论是越南音译、语译或法文翻译的版本，其完整性和重要性都不能超过汉文原本。

中国学界在这方面占有很大的优势，事实上，中国学者整理越南汉文史料的贡献，一向受到国际学界关注。例如陈荆和教授在香港整理出版越南人潘叔直的《国史遗编》①、对阮述的《往津日记》② 进行编注，以及主持《大越史记全书》的校勘工作等，不仅为学界所称道，也为学界更好地研究越南历史提供了极大的方便。

令人欣喜的是，近年来国内学术界也开始对越南的汉文古籍（不仅仅局限于史籍）进行研究，且初见成效。南京大学、复旦大学、扬州大学、上海师范大学等高校以及台湾的一些学术机构开始与越南方面合作，对越南的汉文古籍，包括汉喃古籍进行整理和研究。如南京大学域外汉籍研究所与中华书局联手出版"域外汉籍研究丛书"，该丛书由著名学者张伯伟先生担任主编。与越南有关的学术成果有扬州大学 2002 级博士生刘玉珺的《越南汉喃古籍的文献学研究》③，该书考察了中越书籍交流的途径、规模，以及影响其发展的文化因素，介绍了越南古籍目录的编撰特点和分类特点，分析了越南汉籍产生的基本途径，等等。该书对越南古代史籍也多有提及，堪称学术佳作。

---

① 香港中文大学新亚研究所，1965 年出版。
② 香港中文大学新亚研究所，1980 年出版。
③ 刘玉珺：《越南汉喃古籍的文献学研究》，北京：中华书局，2007 年。

附录四　中越医学交流大事记

一、人物事件

（1）公元前 257 年，中国医生崔伟在越南治愈了雍玄和任修的虚弱症，并著有《公余集记》一书，流传于越南，是为中国医学传入越南的开始。

（2）三国（220—280）时，传说名医董奉到越南治愈了交趾太守杜燮的重病。

（3）南朝（420—589）时，阴铿的妻子在越南感受地气卑湿而患下腹胀症，适遇苍梧道士在越南采药，给服"温白丸"而愈，此方遂在越南传开。

（4）唐代，名医孙思邈在越南被当作医神，塑像被放在先医庙中供奉。

（5）南宋绍兴六年（1136），长安僧医明空以精神疗法治愈了越南国王李神宗的"心神恍惚"症，被封为国师。

（6）元代，针灸医生邹庚到越南行医，治病神验，被誉为"邹神医"，后官至宣徽院大使兼太医使。

二、药物交流

（1）汉代（前 206—220）传入中国的药物有：象牙、珍珠、玳瑁、犀角、肉桂、龙眼、槟榔、菖蒲、薏米。

（2）581—960 年间，传入中国的药物有：沉香、琥珀、龟壳、槟榔、鲛鱼皮、蚺蛇胆。

（3）唐代（618—907）的一些本草著作，如《新修本草》《本草拾遗》等书中，收有不少越南药物，如白花藤、庵摩勒、丁香、毗黎香、诃黎勒、苏方木、白茅香、桐木等。

（4）两宋期间（960—1279），从交趾输入中国的药物有：犀角、玳瑁、乳香、沉香、龙脑、檀香、胡椒等。

（5）两宋期间（960—1279），从占城（越南南部）输入中国的药物有：犀角、龙脑、乳香、玳瑁、沉香、胡椒、丁香、豆蔻、茴香、槟榔等。

（6）两宋期间（960—1279），安南国献苏合香、朱砂、沉香、檀香等，同时选送医生来华学习，并从中国引进制药技术。姚文栋《安南小志》说："（安南）国多产药草，但中人不知制之，皆一致于中国，中国制而复送于安南，土人谓之北药。"

（7）《新元史》（1271—1368）记载，占城输入中国的药物有：犀角、龙脑、沉香、乳香、豆蔻等。

（8）清朝（1644—1911）从越南输入中国的药物有：犀角、奇南香、金银香、土降香、檀香、龙脑、苏木香。

（9）赵学敏《本草纲目拾遗》所载越南传入中国的药物有：水安息、加南香、丁南香、胖大海、白缘子、简子等。

三、医学理论及临床

（1）明代（1368—1644），中国医书《医学入门》《景岳全书》传入越南，越南无名氏的《新方八阵国语》，即取材于《景岳全书》。

（2）越南人潘孚先于 1432 年撰《本草植物纂要》，书中收编大部分是中国出产的药材，表明此时中国药材大量出口，已为越南医人所采用。

（3）在 15 世纪以前，越南常采用中国的原版医书。之后，他们开始自己编印医书。《海上医宗心领全帙》是黎朝宰相之子黎有卓在参考了大量中国医药文献的基础上编写成的，书内所论医理多取自《内经》，药物多采用中药。

后　记

　　作为一个中国人，我跟越南结缘，是一个非常小概率的事件。

　　1987—1991 年间，我在豫南确山县第二高级中学做英文教师。1990 年暑假期间，只有一面之缘的同行刘新春兄到邻居王战国兄家里拜访未遇，我热情地将其迎入宿舍。其间聊到报考研究生的事情，我认为自己只是一名专科生，不具备报考研究生的资格，他却一个劲儿地鼓励并提供了他的母校——郑州大学历史系著名教授戴可来先生的名字。其实他们并不认识，只是戴可来先生给全校师生做过关于中越关系的学术报告。那年的硕士研究生考试基本顺利，经过笔试和面试，秋天我顺利进入郑州大学，正式忝列戴可来先生的门墙，成为其入室弟子，开始了有关越南问题的研习。

　　于是，在我的人生履历中，便有了 1991—1994 年攻读硕士研究生的记录，研究方向是越南历史，其中还有半年时间是全职在解放军外国语学院学习越南语（1992 年 9 月至 1993 年 2 月）。三年的硕士学习生活，只是我对越南及其历史、文化开始感兴趣的初始阶段。读硕士期间及毕业以后，发表过一些与专业有关，特别是与胡志明研究相关的文章，也跟随导师戴可来先生、于向东先生参与过几部有关越南问题著作的写作。

　　在一家报社工作几年之后，我获得了一个前往德国攻读博士学位的机会，于 2000 年 5 月赴德国继续读书。在德国攻读博士学位的进程并不顺利，因为种种原因，以德文写作的博士论文《胡志明与中国》（*Ho Chi Minh und China*，*1925-1949*）在写出了序言以及前几章后便终止，我回到国内并在原来的单位继续工作生活。稍事安定之后，"海龟变土鳖"，在郑州大学历史学院教授姜建设先生的鼓励下，再次考回母校历史学院攻读博士学位，研究方向却转为中国古代文化史，导师为我国著名礼学家杨天宇教授。杨天宇先生以研究"三礼之学"（《礼记》《周礼》《仪礼》）闻名学界，是国内学界顶级的礼学家。在最初博士论文题目确定阶段，我与导师商量，将硕士阶段所打下的专业基础和博士阶段关于中国古代史的学术背景加以整合，利用对中国古籍中有关越南的史料较为熟悉的便利，继续对一些问题进行探讨。个人以为，中外文化交流史研究，应该是中国古代文化史的一个合理的分支，是其题中应有之义，选择中越文化关系史作为研究对象，应是顺理成章的事情。

2006 年春天，论文选题初步确定，2007 年元月开题报告时最终决定将中国古代文化在越南的传播和影响作为研究对象，题目确定为《论中国古代文化在越南的传播和影响》。真正开始动手"机耕"，则是 2007 年 11 月中旬的事情。经过几个月的艰苦写作，以及不断修改、完善，终于在 2008 年 3 月底基本"竣工"。因种种原因不能在 2008 年 5 月如期答辩，随后的一年多，我不停地对论文进行修修补补，还能够将其中一些章节摘出来在刊物上发表，也算得上意外之喜了。2009 年 6 月底，我在郑州大学历史学院通过博士学位论文答辩并获得历史学博士学位。

此后，我的工作单位从文化时报社转到中原出版传媒集团总部，再转到销售与市场杂志社，最后落脚到中州古籍出版社，担任副总编辑一职。出版社的工作相当繁重，加上我在社内负有一定的领导责任，经营与管理的压力与日俱增，多年来几乎没有机会再去对当年的学位论文做任何的修改与强化。除了参加与越南历史相关的几次学术会议或者是导师逝世纪念座谈会之外，与越南相关的学术界的联系越来越少，大部分信息只能从订阅的《东南亚研究》之类的学术刊物里获得。

写作一部类似于《中越文化交流史》著作的念头在心中萦绕有年，我也深知，虽然有当年的博士论文做基础，但是毕竟与学术界暌违已久，十几年来学术界的研究有了很多新的进展和新的研究成果，而这些进展和成果分散在各个领域、各个学科里面。好在这么多年来我与学术界并没有完全切断联系，动议一出，即获得了老同学、老朋友的大力支持。各种各样的资料、信息纷至沓来。搜索引擎的强大，购置各种各样图书资料，尤其是所需要的老书、新书的方便程度，大大减少了我对于本书写作的恐惧感和畏难情绪。当当网、孔夫子旧书网的服务质量使我更增添了信心，感觉仿佛又回到了当年撰写博士论文时的激情岁月。

本书能够以今天的面貌示人，首先要对博士阶段的导师杨天宇先生表达我最真诚的谢意。是他，帮助我最终确定选题，并对其中的每一个细节严格要求。可以说，没有杨先生的及时敦促、鼓励、耳提面命、悉心指教和对学问严肃认真的态度，绝不会有我的学位论文和今天的这部著作。我感激他近乎苛刻的严肃与认真，正是这种严肃和认真，才使我体味到这个博士学位的来之不易和其中所蕴含的沉甸甸的分量。

对攻读硕士和博士学位期间郑州大学历史学院所有为我授过课、付出过心血的老师们，我也同样表示由衷的感谢：戴可来先生、于向东先生、许永璋先生、姜建设先生、袁祖亮先生、孙子文先生、王琳女士，以及为我授课的英语老师、政治老师，研究生院的诸位老师等均对我在不同时期的学习和成长付出过大量心血。没有他们的指教和相助，就没有今天的我和我今天的著作。

陈忠海、刘继刚、刘明、门艺、徐昭峰等攻读博士学位期间的同学在收集资料、探讨学术问题等方面给予我不同程度的帮助，对他们也是应该感谢的。

在写作过程中，中央民族大学教授彭勇、信息工程大学洛阳外国语学院教授谭志词、在中国西南大学留学的越南朋友宋文长博士、郑州大学历史学院教授邱普艳等给予我很多帮助和真诚的关心。在此，也一并表示感谢。

我的爱人赵晓蒙，结婚近三十年来一直对我的生活照顾得无微不至，对我不停的"折腾"从无怨言。尤其在论文写作期间，更是包揽了全部家务，也替我分担了很多忧愁和烦恼。交稿之前，她对书稿进行了卓有成效的校对，使很多错讹之处得以及时清除。请允许我在这里对她表示特别的谢意。犬子马一梓对书稿中图片的处理有过帮助，也顺带提一下。

任何一件事情的完成，都是多方因素合力的结果。本书也不例外。一本小小的著作竟然汇聚了这么多人的智慧和辛劳，如不仔细回顾，还真的难以置信。但事实就是事实。在写这篇《后记》时，我对上述相关人物表达了由衷的谢意，对那些没有列举出来的人士当然也心存感念。

令人遗憾的是，戴可来先生、杨天宇先生、姜建设先生均已作古墓有宿草，时时想起他们，耳提面命之态仿佛仍在眼前，不免常生山阳闻笛之感。俱往矣，思之心痛不已矣！

本书最终得以顺利出版，必须感谢母校郑州大学出版社的诸位朋友，孙保营社长、李勇军编审、责任编辑刘晓晓女史，等等。特别要感谢的是责任编辑刘晓晓，她负责认真的职业精神令我钦佩不已，正是这种精神让我这个老编辑在出版这本小书时避免了很多的尴尬。

2022 年 10 月 7 日于郑州